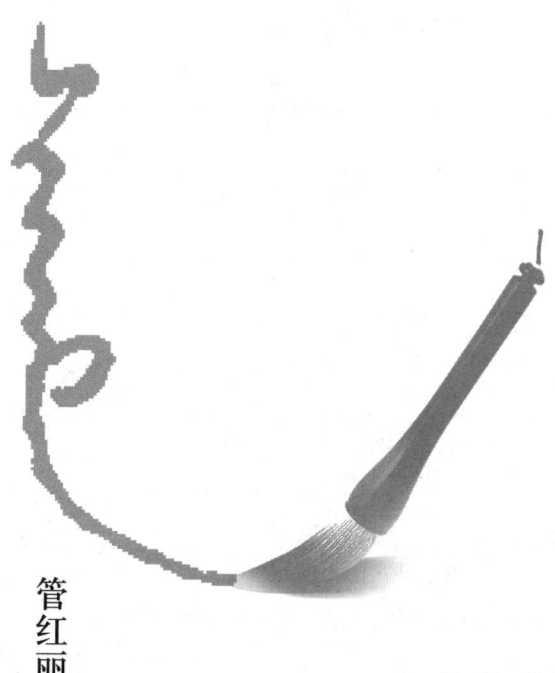

管红丽 ◎ 著

白描语文

我追求既「朴素简洁」又「气韵生动」的语文教学，我崇尚既有「生命的跃动」又有「思维的深度与宽度」的课堂，我向往纯净如水、质朴优雅的教育生活。

光明日报出版社

图书在版编目（CIP）数据

白描语文 / 管红丽著. ——北京：光明日报出版社，2014.10（2021.8 重印）

ISBN 978-7-5112-7414-4

Ⅰ.①白… Ⅱ.①管… Ⅲ.①中学语文课—教学研究—初中 Ⅳ.①G633.302

中国版本图书馆 CIP 数据核字（2014）第 233255 号

白描语文
BAIMIAO YUWEN

著　　者：管红丽	
责任编辑：曹美娜	责任校对：张明明
封面设计：范晓辉	责任印制：曹　净

出版发行：光明日报出版社
地　　址：北京市西城区永安路 106 号，100050
电　　话：010-63169890（咨询），010-63131930（邮购）
传　　真：010-63131930
网　　址：http://book.gmw.cn
E - mail：gmcbs@gmw.cn
法律顾问：北京德恒律师事务所龚柳方律师
印　　刷：三河市华东印刷有限公司
装　　订：三河市华东印刷有限公司
本书如有破损、缺页、装订错误，请与本社联系调换
开　　本：170mm×240mm
字　　数：261 千字　　　　　印　　张：16
版　　次：2014 年 10 月第 1 版　印　　次：2021 年 8 月第 2 次印刷
书　　号：ISBN 978-7-5112-7414-4
定　　价：59.00 元

版权所有　　翻印必究

序　言

　　管红丽老师发来的书稿在我的邮箱里已经有些日子了,因每天被琐事纠缠,我一直没有阅读,但这份时时歉疚的心,也让我有较多时间在脑海里不断变幻管老师的形象:她是一位中学语文教师,每天要考虑理解一篇课文,如何把课上好,把学生的成绩带好;她是一位校长,每天要面对各种各样的人事财政问题,各个学科的发展问题,还须时时应付上级部门的差事;同时,她也是一位母亲、一位女儿、一位妻子,对老人的健康、孩子的成长有些担忧、对亏欠的亲情有些无奈。然而,就是在这样多重角色、多方压力的纠结下,她还在悄悄做着另一件事:在夜深人静时拿起笔或敲击键盘,记下对语文教学的一些心得、构思,对学校语文学科建设的一些设想,体现对语文教育事业的追求。想象一下,一个人要同时完成这些工作是多么不易! 没有顽强的毅力断难持久。但是,管红丽老师却坚持下来了,因为她是一个对语文有些梦想的人,而眼前这本书稿就是她在语文教育乃至整个教育事业上有梦想的见证。我一直认为,无论是对一个普通语文教师还是一个从事教育管理工作的人来说,有梦想都是做好这份工作的先决条件。正是这份敬佩,让我打消了我是否有资格为别人的作品写序的顾虑,愿意为这本书写几句话。

　　20世纪末以来,我国语文教育改革声势颇大、成果显著,例如在教育概念上普遍认同了以人为本的理念,在课程建设上颁布了新的课程标准、推出了新教材,开展了各种形式的教师培训。但是,社会各界对学生语文素养的现状,或者说对语文教学所发挥的作用却不够满意。当然,影响学生语文学习的因素有很多,单从语文学科自身来说,有种倾向应该是比较常见的,其一是,很多人过多地把目光聚焦在引入新理念、提出新说法上,诸如校本课程、转变教学方式、翻转课堂、微课程、慕课等,在语文学科中,也有大语文、本色语文、生命语文。当然,我这里并不是说这些观念本身有什么问题,而是说有的人可能只是想借某种口号去占领语文教育舆论的制高点,或通过某种"改革"一下子就解决长期困扰语文教育的问题;而另有不少人只把心思用在追逐时尚上,而忘记了语文教育最基本的任务。其实,再先进的教育理念、再合理的教学规划,如果离开扎实、有效的课堂教学实践,其功效无疑会大打折扣。而认定一种理念、围绕一个目标,通过长期的努力去切实提高语文教学的成效,让学生在语文素养方面获得发展,这才是最根本的。我认为,管红丽老师所开展的"白描语文",就是这样的思路。按我的理解,所谓"白描",无非就是以课堂教学为主要阵地,强调语文学习的学科特点,突出语文教育中的育人功能,也就是"抓中心"、"去雕饰",从整体上看,这是对抗以往出现的语文教育脱离其本体的弊端、让语文教学回归"语文本体"趋势的。

管洪丽老师基于其特殊的工作背景与自身雄厚的研究能力,从绘画中的"白描手法"的特点触发了语文教学的灵感。书中提到"白描虽没有工笔重彩那样斑斓,但却以其特有的纯净、简洁与质朴引导欣赏者以一种优雅的心境在艺术的海洋中徜徉。白描语文,就是想以纯净、简洁与质朴引导学生在语文学习中流连。"这样的理念,在语文教改东南西北风中的躁乱中注入了一剂强镇静剂。热闹中求平静,繁华中求质朴。这种回归自然,走向至简的教学理念,无疑给语文教学吹进了一股清新之风。这股清新之风是理论联系实际之风,是教育实践工作者真正走向行动研究之风,是校长走向专家型、研究型之风。管洪丽校长在完成繁重的管理任务的同时,能够从学生发展出发,能够真正走进语文教学深处,并探有所得,究有收获,其精神值得弘扬,其行动值得人们学习。

特别应该指出的是,作者在几十年的教育实践经验与体悟的基础上,从教育实践的视角研讨语文教学的本质,提出"白描语文"的理念,可谓新意迭出,可操作性强。譬如"白描语文"的理念:平等思想、对话理念、发展思维。"白描语文"的基本特征:删繁就简、实践历练、内涵丰富。"白描语文"的教学流程:抛出问题,启动思维——任务驱动,独立思考——抓手清楚,合作交流——迁移反馈,巩固提升。文章又分别从"阅读教学、写作教学、拓展课程"展开论述,既有理论指导,又有教学案例,内容翔实,表述准确。总而言之,管洪丽校长提出的"白描语文",试图让教师做到"心是自己的",努力让语文教学"素面朝天",但仍"清新可人"。

当然,凡是开拓工作总有其不完善之处。就以"白描语文"这个口号及内涵来看,与以前有人提出过的"本色语文"、"生活语文"也存在不少相通之处。但这一点也不影响他们在语文教育探索及推动实践上的价值。其一，从事研究有两种价值取向，一种是理论创新，一种是推动实践。前者是知识的首创，以新概念、新方法扩大人类的知识视野，而后者更多地是化用，是以个性理解和有效的组织去实现一个目标。譬如一个团队要去完成一项艰巨的工程，一个响亮的口号和容易辨识的旗帜是至关重要的，有了这面旗帜，一个团队就会有凝聚力、战斗力；有了一个口号，大家的眼光就有聚焦点。如此往往能取得意想不到的成果。其次，我特别赞赏像管老师这样，由校长带头做研究、作学科的领军人。放眼新中国语文教育史，叶圣陶等前辈不用说了，以我有限的了解可知，新时期以来那些在学校建设上有成就的语文出身的校长，老一辈如于漪、钱梦龙、魏书生，新生代如李镇西、程翔、程红兵、窦桂梅、薛法根等，无不是在语文教育研究上倾注了心血、并对语文教育提出过独特理解的人。基于此，我对管老师她们的"白描语文"充满期待，希望她们的探索持续下去并取得好成绩。

郑桂华
2014 年 5 月 26 日

前 言

巫昂说:做老师最大的善,是让学生以各自的自我,学各自的习,发各自的声音,并帮助他们找到真正的自我,教给的是方法而非纯知识,视她们每个人为一朵奇幻的花。——题记

读书时曾记住这样一句话:夫子何为者?栖栖一代中。这是唐明皇为孔子那种"知其不可为而为之"的精神所发出的慨叹。孔子是中国历史上第一位大教育家,他对教育那份执着,以及他在《论语》中留下的那份睿智,感染了无数国人,更深深打动了我。

教师的事业是花的事业,从走上这条路,我就无怨无悔,乐此不疲。林语堂先生说:"人生不能无梦,世界上做大事业的人,都是由梦得来,无梦则无望,无望则无成,生活也就没有兴趣。"为了这份梦想,我愿意如那不知疲倦的老农,不辍地耕作着,收获着一茬又一茬的喜悦。

刚刚离开学校走上工作岗位,我的老师父亲对我说:"要真正的成长为'术有专攻,业有所成'的好老师,需要学习、学习再学习,努力、努力再努力。"韩愈说:"养其根而俟其实,加其膏而希其光"。为了父亲的嘱托,为了自己的梦想,我捧起教育经典,走进名师讲堂,走到老教师桌旁……对我而言,毕业似乎不是学习的结束而是一个崭新的开始。

记得为了构思一堂课,夜深人静,还是双眸炯炯;只记得课后与同事们探讨,一会儿情绪低落,一会儿又喜上眉梢;只记得一堂课上了又改,改了又上。终于,我的付出有了回报:探索出了"整体感知——局部品味——想象拓展"的阅读教

学思路,在全市广为推广,效果显著。

2000年我担任教导主任后,我又给自己加了一副担子:"创新写作教学研究与实验"的课题研究。在研究过程中,我每周听四节研讨课;每月主持一次评课活动;每学期阅读修改十几篇研究论文;每学年举行一次创意作文大赛;每个实验阶段撰写一次研究报告……2004年10月,全国"创新写作教学研讨会"在我校召开。我的专题发言《触动心灵,飞扬创意》得到与会专家的高度评价,与会教师纷纷向我索要发言稿。

不断的实践、研究、反思,教改的路我越走越宽……

我深深的懂得,教育发展的路并没有尽头。为了花儿的如期绽放,我愿意做个快乐的天才发掘者。这样,快乐则如不拒细流的江河,成就容纳百川的宽度。

语文教学研究的路是一条坎坷的路。很多新的教育思想,教学方法像雨后春笋一样涌现出来,可是尝试之后,颇有些东施效颦,南橘北枳之感。我们要寻找一条真正契合学生实际,契合我们教学实际的路。于是我变成了一位永不停歇的赶路者,一位永远的拓荒人,不断检省自己,追求完美。

通过观察我发现,课堂上学生发言的机会是多了,但动笔的时间少了;课堂是活跃了,但是浮躁了。经过一次次的研讨,我和同事们达成共识:课改后我们过分地注重学生学习的外显表现而忽视了内隐变化。一堂好的语文课要做到"听中学""看中学""做中学""想中学""读中学""聊中学",多角度全方位地调动学生,特别是激活学生的思维。我们要让语文课堂"内活"起来。

当我静下心来,暗暗的问自己,语文到底是什么?《语文课程标准》把语文定义为"语文是最重要的交际工具,是人类文化的重要组成部分"。既然是交际工具,我们把语文教成高深莫测,晦涩难懂就失去了意义。这些年来,我一直在寻找一条路,一条让学生学习语文最简单的路。

不经意间,中国画中的白描深深吸引了我。这种单用墨色线条勾描形象而不施彩色的画法,朴素简洁、概括明确。我心一动,"大道至简"。清人刘大据在《论文偶记〉中说:"文贵简。凡文笔老则简,意真则简。辞切则简。理当则简……神远而含藏不尽则简,故简为文章尽境。"既然如此,我决定走出一条跟以前完全相反的路:不尚华丽,务求朴实;不求卖弄,只求高效;不求热闹,突出所得。

百花百性,"育花",真的是一门要用毕生来研修的艺术。"育花"的路,是一条山重水复的路,也是我最喜爱的路。最近的路,有时是最慢的路——走的人多,反而拥堵；最弯的路，有时是最快的路——走得人少，反而快捷。实现心灵的对接，才能倾听花开的声音。最近的"路"，是直截了当地闯入，常吃闭门羹，反而最远；迂回的路，看似绕远，却能登堂入室，反而最快。

语文教学研究这条路比较特殊。怎么特殊？不久前有人告诉我，说王力先生说，语文可以无师自通。这是经验之谈，很对，语文的性质就特殊在这里。能通，说明语文学习还是有一条最简单的路的。这条路的探索过程借用王国维《人间词话》的说法：一是不知如何用力，只好让学生牵着鼻子走，老师无所适从；二是尽力求不凡，修饰，曲折，玩花样，使人一见就知道是老师在大卖力气，卖弄自己；三是炉火纯青，绚烂之极归于平淡，有时也许老师在用力，可是看不出曾经用力，经常是行所无事，只有学生在用力。最后一重境界就是我们白描语文所追求的最高境界。也许是"愚者千虑，必有一得"，二十几年来所得虽然很少，经验和想法还是有一些的。

语文教学就是要让学生会思考、能欣赏。让学生学习文章表达技巧、表达特点，以专业的水准去欣赏文本，思考文字背后的东西。"墨线"是白描的组成，是白描灵魂的外显；"文字"是文章的组成，也是文章灵魂的外显。换言之，文字就如同墨画中的"墨线"，表面上看似乎只是一个"词"，实际上，这个词的"背后"太多的"滋味"。那么，阅读教学就要让学生透过文字"咂"出背后的"滋味"……

无论是中国画中的白描还是中国文学中的白描都是以简胜繁、朴中藏巧、似平实奇、似易实难的。"有真意，去粉饰，少做作，勿卖弄而已。"（《作文秘诀》鲁迅）。语文教学就应该做到"删繁就简"。如何做到"删繁就简"？语文课程标准指出：在写作教学中，应注重培养学生观察、思考、表达和创造的能力。要求学生说真话、实话、心里话，不说假话、空话、套话……

语文学习的外延即生活的外延，生活是一本永远也读不完的书。陶行知先生说得好：活书是活的知识之宝库。花草是活书，树林是活书，飞禽走兽、小虫、微生物是活书，山川湖海、风云雪雨、天体运行都是活的书，活的人、活的文化、活的世界、活的变化都是活的宝库，便是活的书。语文学习不仅仅是学教材，更要开阔眼界，增强积累，语文课程标准中提出："善于通过专题学习等方式，沟通课堂内外，沟通听说读写，增加学生语文实践的机会。"

白描语文就是要让语文教学既"朴素简洁"又"气韵生动"，白描语文，就是想以纯净、简洁与质朴引领学生在语文学习中流连。那么语文教学呢？我也用三个词进行总结:韵味、流畅、变化。韵味,指课堂氛围和谐民主,课堂中无处不渗透着"情",有生命的跃动;流畅,指课堂节奏不急不躁,教师无痕推动,学生不飘不滑,有思维的深度;变化,指学习形式有变化,学习方法灵活而不滞,有思维的空间。

《庄子》的《山木》篇,写道:"弟子问于庄子曰:'昨日山中之木以不材得终其天年,今主人之雁以不材死,先生将何处?'庄子笑曰:'周将处乎材与不材之间。'"作寓言读,可以从多方面得到启示。也许是有点职业病吧,我从中悟出一点教学的道理。教学有法吗?有人说有,没有规矩怎能成方圆?有人说无,教无定法,也可以说是无法。我要学庄老先生,笑一笑说:教学在有法与无法之间。

白描语文是我这么多年一点思考所得,还非常的不成熟。"家有敝帚,享之千金",就把这敝帚拿出来,供需要清路前行的人使用,或仅仅作备用,总不是没有意义的吧?好比一桌丰盛的筵席,读者是搛一箸红煨熊掌,还是舀一匙竹荪双脆汤,要随心所欲才好,也欢迎大家对这本书批评指正。我明白,前方的路依然艰辛难走,可是我却一直秉承走爱走的路,爱在所走的路上,走好所走的路,这是我人生最大的快乐!

在本书的写作过程中,得到了王淑芹、苗春笛、李玉霞等老师的支持与帮助,在此,我谨表示衷心的感谢!

管红丽

2014 年 5 月 19 日

目 录
CONTENTS

第一章　白描语文概述 ⋯⋯⋯⋯⋯⋯⋯⋯⋯⋯⋯⋯⋯⋯⋯⋯⋯⋯ **1**

　第一节　白描语文教学思想的解读　2
　第二节　什么是白描语文？　3
　第三节　白描语文的基本理念　5
　第四节　白描语文的主要特征　10
　第五节　白描语文的教学流程　13

第二章　白描阅读教学 ⋯⋯⋯⋯⋯⋯⋯⋯⋯⋯⋯⋯⋯⋯⋯⋯⋯⋯ **15**

　第一节　白描阅读教学原则　16
　第二节　白描阅读教学的流程　27
　第三节　白描阅读教学的方法　42
　第四节　白描阅读教学的本质　66

第三章　白描写作教学 ⋯⋯⋯⋯⋯⋯⋯⋯⋯⋯⋯⋯⋯⋯⋯⋯⋯⋯ **75**

　第一节　白描写作教学的原则　76
　第二节　白描写作教学流程　85
　第三节　白描写作教学的角度　93
　第四节　白描写作教学的本质　131

第四章　白描拓展课程 ································· **142**

　　第一节　白描拓展课程综述　143

　　第二节　观察课程　146

　　第三节　电影课程　154

　　第四节　名著课程一　161

　　第五节　名著课程二　168

　　第六节　素材课程　179

　　第七节　时事论坛课程　184

第五章　在实践中前行 ····································· **188**

　　第一节　触动心灵　飞扬创意　189

　　第二节　冷眼看语文课堂教学　196

　　第三节　推行教研三步曲，提升研究品质　201

　　第四节　抓住核心问题，走进学习实践　205

　　第五节　学习　反思　前行　211

　　第六节　故事，助教师成长一臂之力　216

　　第七节　平淡中蕴含着神奇　220

　　第八节　躬行践履在平等交流的课堂　226

后　记 ··· **237**

第一章 01
白描语文概述

"大音希声,大象无形"是一种朴素自然而无人为痕迹的真本境界,是一种艺术的最高境界。而白描画法,用墨色线条勾描形象而不施彩色,表现出来的那份"气韵生动",让我们感受到了一份"精神和力度"。我期待语文教学回归"真本",即"朴素简洁"又"气韵生动"。"朴素简洁"就是"扫去粉黛,而光彩动人",即去掉"花里胡哨"的东西,让语文自身的魅力迸发出来,吸引学生走进语文、热爱语文。"气韵生动"就是对语文教学的生命意义的释义。语文教学不仅要有和谐的氛围,还要富有情趣;不仅要有知识的学习,还要有生命的发展。

第一节 白描语文教学思想的解读

在我看来,当今的语文教学有三股风比较盛:一是"浮夸风"。我们老师生怕人家说自己的课堂容量不够大,所以在备课时千方百计面面俱到。曾经听过初一的一节写作指导课——《用细致的描写表现人物》。老师一共讲了五种细致写人的方法:一是肖像、语言、神态、动作、环境描写;二是以事写人;三是加修饰词;四是运用修辞方法;五是于细微处见精神。我不知道对细致写人的方法这样分类是否准确,但我觉得这已经很全面了,可正是这"全面"造成了课堂效率的低下。这节课,老师用心设计了课堂练习,但由于讲的方法太多,每个练习只是讨论了一下:这段文字运用了什么方法?我们老师想想:知道人家怎么写和学生学会这样写有多远的距离?让学生一节课学会所有的细致写人的方法,与"一口就想吃个胖子"有区别吗?二是"热闹风"。走进语文课堂,无论你听到的是常态课,还是公开课,常是教师"问声"不断,学生"热情"讨论。不论可疑还是不可疑,老师都要"问";问题不论粗细,小到一个字词,大到整篇课文的构思和主旨,都要四人小组讨论,整个课堂是"热热闹闹"的。其实,教学的本质在于引导学生去发现、去创造、去升华。上课之前我们老师有没有思考:我教给学生些什么?学生怎样能学到这些?三是"泛滥风"。审视时下我们的语文课堂,太多的课堂是一个拓展接着一个拓展。教师要拓展学生的学习范围、要与学生的生活实际相结合、要打破学科本位是无可非议的,但是,这种拓展应该是有一个中心的,这个中心不是别的,正是语文本身。我们应该围绕语文来拓展,目的是要让学生对语文有更深入的认识和更真切的体验。孔子说过:五色令人目盲,五音令人耳聋……我们的语文教学是不是应该"返璞归真"呢?

《老子》云:大音希声,大象无形。意思是,美妙的声音听起来往往无声,宏伟的形象看起来往往无形。"大音希声,大象无形"是一种朴素自然而无人为痕迹的真本境界,是一种艺术的最高境界。我认为,也应该让语文教学回归"真本",让语文本身的美散发出来!基于此,我提出了"白描语文"。

第二节 什么是白描语文？

"白描"本是中国古代绘画的技法之一，指单用墨色线条勾描形象而不施彩色的画法。由于白描有朴素、简洁、明快的特点，因而也成为一种常见的文学表现手法。其特点是用简单朴素的文字进行形象描摹，而不注重华丽的形象和烘托渲染。正如鲁迅所说："白描却没有秘诀。如果要说有，也不过是和障眼法反一调：有真意，去粉饰，少做作，勿卖弄而已。"

绘画中的"白描"，以传神画骨为要务；文学中的"白描"，以传神勾画人物性格、心理、精神为目的。但无论是绘画白描还是文学白描都是"朴素"的。朴素是一种"至美"。正如庄子说："朴素而天下莫能与之争美。"西方美学思想家惠特曼也说："艺术的艺术，表达的光泽和文学的光彩，都在于质朴。"

这样看来，白描语文是朴素、简洁、明快的，又能够直指语文教学的本质。2011版课标关于语文教学"本质"的表述有很多。"前言"中是这样说的：语文课程致力于培养学生的语言文字运用能力；"课程性质"中是这样阐述的：语文课程是一门学习语言文字运用的综合性、实践性课程；"教学建议"中又提出：语文教学要注重语言的积累、感悟和运用，注重基本技能训练，让学生打好扎实的语文基础……这些都一再地明确了语文课程的核心任务，强调课程的目标和内容须聚焦于"语言文字运用"。

丰子恺对画竹不用绿颜料来画而用墨来画是这样解释的："墨是很好的一种颜料，它是红黄蓝三原色等量混合而成的，故墨画中看似只有一色，其实包罗三原色，即包罗世界上所有的颜色。故墨画在中国画中是很高贵的一种画法。倘然用了绿颜料，就因为太像实物，反而失却神气。中国画不注重像不像，不像西洋画那样画得同真物一样，凡画一物，只要能表现出像我们闭目回想所见的一种神气，就是佳作了。中国画像符号，符号只要用墨笔就够了。""墨线"是最具内涵的符号。白描画是墨线的艺术，就是把线作为艺术语言，在绘画上"清唱"。一幅白描画就是墨线的轻重、长短、粗细、刚柔、虚实、方圆、转折、顿挫、疾徐……有人评"白描大师"李公麟的《五马图》：重在"画神""画骨"，在有限的简略笔墨中凸显出马的精神和力度。也就是说我们从墨线中品出的是"精神和力度"。谢赫的"六法论"之首是"气韵生动"。一幅好的白描作品应该是气韵生动的,那么好的语文教学也应该是朴素简洁而又气韵生动的。

所谓"气韵",《新华词典》的解释是:指文章或书法绘画的意境或韵味。五代的荆浩解释"气韵"二字:气者,心随笔韵,取象不惑。韵者,隐者立形,备仪不俗。而生动就是具有活力能感动人。气韵生动,合起来理解就是作品和作品中刻画的形象具有一种生动的气度韵致,显得具有生命力,也就是神形兼备。那么,对语文教学而言,不仅要有和谐的氛围,还要富有情趣;不仅要有知识的学习,还要有生命的发展。"气韵生动"就是对语文教学的生命意义的释义。

白描语文就是要让语文教学既"朴素简洁"又"气韵生动",那就要研究语文教学的"墨线"的变化。宋代韩纯全在《山水纯全集》中提出:"用笔有三病:一曰板;二曰刻;三曰结。"所谓"板",是指用笔呆滞,绵软无形;所谓"刻",是说线条生硬,缺乏生气;所谓"结",是指落笔僵滞,该行不行,当散不散。用笔犯了这三大忌,美感殆失,趣味全无。与"三病"相反是白描用笔的"三要":要有力、要流畅、要有变化。有力,即好的线条"如铜丝萦盘",不仅从外部看有张力,而且要"内含筋骨";流畅,则指运笔过程中必须顺畅连贯,有连续性。笔走龙蛇,顾盼生姿,互相呼应中生发出美的力量;变化,即指笔迹中的起伏,不同的用笔会产生不同的效果,这些变化主要表现为快慢、提按、转折、顺逆、虚实等。由此,语文教学必须避免"板、刻、结"三病。清初画家石涛曾说:"借笔墨以写天地万物而淘泳乎我也。"是说画家在运笔中,让线条具有了千变万化的姿态,也就让线条具有了抒情写意性。

那么语文教学呢?我也用三个词进行总结:韵味、流畅、变化。韵味,指课堂氛围和谐民主,课堂中无处不渗透着"情",有生命的跃动;流畅,指课堂节奏不急不躁,教师无痕推动,学生不飘不滑,有思维的深度;变化,指学习形式有变化,学习方法灵活而不滞,有思维的空间。

第三节　白描语文的基本理念

白描虽没有工笔重彩那样斑斓,但却以其特有的纯净、简洁与质朴引领欣赏者以一种优雅的心境在艺术的海洋中徜徉。白描语文,就是想以纯净、简洁与质朴引领学生在语文学习中流连。一代文学大师陶渊明最擅长白描手法,如他的《饮酒(其五)》,语言质朴、清新、自然,毫无雕饰和渲染,却把一幅夕阳西下、晚霞满天、群鸟喧闹、采菊篱下、天人合一的美妙图画展现在我们眼前。为了让白描语文达到陶诗的境界,我确定了以下基本理念。

1. 平等思想

长期以来,在一种优势心理的驱动下,教师与学生之间存在着不平等。如,教育学生不是从学生的实际出发,而是千篇一律;教学过程中对于学生的创造性思维和新颖解决问题的办法采取扼杀态度……学生才是"教学的主体",只有学生广泛地参与教学活动,教学活动才能真正地体现出开放性和民主性。所以,想让语文教学"气韵生动",教师就必须放下"长辈"架子,恰当地置身于跟学生平等的位置,"充分发挥师生双方在教学中的主动性和创造性",培育宽松和谐的教学环境。

(1) 白描语文是宽容的

《母校永在》一文有这样一个细节:因为对语文老师有意见,"我"在作文后面写下"我恨你"。中午,我正躲在水泥桥下吃"掺了榆叶的稀粥",语文老师送来两个大白馒头,说"这两个馒头是我特意拿给你,你不许拒绝,不然,我也恨你"。文章结尾写道:它(母校)没有校训。但是在我心里它是有的:它不仅教知识,也教感情、伦理、道德和如何做人。我想,"宽容"应该是母校的校训吧。

据说,最敢顶撞孔子是子路。但孔子不仅从没有放弃对他的耐心教育,还肯定他的勇敢、直爽。后来,孔子发现子路有处理政事的能力,就推荐他担任鲁国一个城邑的长官。这就是一个为师者的"胸怀"。

为师者,是宽容的,是具备"宰相的肚子"的,学生就能感受到来自老师的"爱"。师爱常常不是"大声说出来"的,而是默默地做出来的。师爱正是白描语文的"主题",是白描语文的"生动气韵",或者说宽容是实施白描语文的前提条件。

(2)白描语文是发展的

学习的过程就是感悟生命的过程,白描语文希望在教学过程中师生双方的生命都得到发展,真正实现"教学相长"。"教学相长",就是平等待他人,是教师与学生在教师的教和学生的学中彼此互动、共同提高。

"知之为知之,不知为不知"(《论语·为政》),只有智者才能实事求是地看待自己,才能勇于承认自己有所不足。孔子不只是勇于承认自己的不足,还提出了"教学相长"。孔子在教学过程中,经常与弟子探讨做人、学礼等方面的问题,从来不考虑弟子的年龄,只看重学生发表的意见是不是正确,对于能够积极发表看法的学生给予表扬。孔子通过教学不断提高着自己的学问,也通过言传身教教给了学生更多的知识。学生也就对他更加尊敬,师生关系就更加融洽,真正实现了"教学相长"。教学相长的根本在于师生之间的平等,离开了一种平等、民主的师生关系,教学相长是不可能实现的。

(3)白描语文是公平的

当前"均衡发展"已经成为教育的核心词,教育行政部门推动的是地域与地域、学校与学校之间的均衡发展,而作为一名老师,我们应该认识到个体与个体之间也要"均衡发展",白描语文关注的是每个孩子的发展。

白描语文的公平体现在"有教无类"。孔子曾公开声称:"自行束脩以上,吾未尝无诲焉。"(《论语·述而》)意思是,不管现实生活中将人分为多少"类",要进入我门下接受教育,我都欢迎,绝不会接受某一"类"而拒绝另一"类",一律平等对待。白描语文,会向每一个孩子敞开学习的大门,绝不放弃一个孩子。

白描语文的公平还体现在"因材施教"。孔子认为,因材施教的前提是"知人"。也就是要了解学生的特点,做到既能知道学生的长处,又能知道学生的短处。充分地了解了学生以后,就要从学生的实际出发开展教学。孔子认为,教书要考虑到学生的年龄、个性、心理、资质等方面的不同,有针对性地开展教学。孔子根据学生的个性差异,提出"中人以上,可以语上也;中人以下,不可以语上也"(《论语·雍也》);根据学生的年龄特点,孔子提出"少之时,血气未定,戒之在色;及其壮也,血气方刚,戒之在斗;及其老也,血气既衰,戒之在得"(《论语·季氏》);根据学生资质的不同,提出了"问同答异"的教学方法。从学生实际出发而不是千篇一律的灌输教学,促进了每个学生的发展。让每一个学生得到发展,是白描语文的"立教之本"。

白描语文主张以学生为中心,注重学生的自主性,重视学生间的合作。让每个学生都感到自己处在教学的重心上,与他人是平等的;让每个学生都能体验到自己在群体中的作用,认识到自己的价值;让每个学生获得属于自己的发展,获得心理上的平衡,取得对自己的认可和信任。

2. 对话理念

白描三病之一的"结",是落笔僵滞造成的,给人带来感官上的"不流畅"。"结"在语文教学中的表现为缺乏"交流",人与人之间的思想不能够产生碰撞。在长期的教学实践中,我充分认识到:学生渴望有更多的机会,来展示自己;学生有自己的见解,渴望老师、同学倾听;学生并不是一无所知,并不是容器!课堂不应该是老师的表演场,而应该是学生的发展场!所以,课堂应该是师生之间、生生之间、学生和文本间的深度"对话"!

2011版新课标在"实施建议"部分明确提出:语文教学应在师生平等对话的过程中进行。什么是对话?广义上说,对话是人与人之间的一种平等、开放、自由、民主、协调、富有情趣和新意的交谈。从教育视角去看,对话不仅是教育交往的方式,而且也是教育情境。施颖田是这样论述对话的:在对话中,教师和学生都为教育活动所吸引,他们共同参与、合作、投入和创造着相互交往的活动,因此对话不仅仅是二者之间简单的语言谈话,更多的是相互间的接纳和共同分享,即毫无保留的彼此"敞亮"。

白描语文的对话表现在"反思"。反思是对话的前提,反思能够激发学生的内驱力,开拓学生的思维,使学生勤于思考、乐于思考,进而让学生穿越知识、精神的迷雾。任何事情,只有通过自我思索,才可能顿然领悟、融会贯通,这样得来的收获,比别人告诉的更可贵。

白描语文的对话表现在"追问"。追问,即对某一问题或某一内容,在一问之后又多次提问,"穷追不舍",它是在对问题深入探究的基础上追根究底式的发问。追问是对话的延伸和拓展,是一种更高层次的对话。

白描语文的对话表现在"倾听"。怎样才能"聪明"?从"聪"字的构成,可以看出我们的老祖先认为:"耳"听才是聪明的根本。《语文课程标准》指出:应培养学生倾听、表达和应对的能力,使学生具有文明和谐地进行人际交流的素养。大家知道:读不懂,可以再读;写不到,可以停笔思索;说不清,可以补充。但是,听话却是"风吹耳边过",说话的人不可能为了你把每句话听清都重复多遍。只有认真倾听，不断内化对方的话语、观点或情感，才能做出积极的回应，双方才能产生互动。

"对话"能够唤醒学生的主体意识，让学生积极参与教学过程，充分培养学生的自主性、能动性和创造性。白描语文，试图通过对话理念的介入，让教与学的双方都很宽容，能够接纳对方、倾听对方，平和地表述自己的观点。

3. 发展思维

孔子重视学习，也重视思考。主张学思结合，其学思结合的教学思想集中体现在"学而不思则罔，思而不学则殆"中。话虽简洁，内涵却丰富。有见地揭示了学和思的内在联系和辨证关系。新课标的总体目标和内容的第四条是：在发展语言能力的同时，发展思维能力……语言是思维的工具，思维又对人的智力发展起着决定性作用。语文能力的重点是阅读能力和表达能力，表达能力首先表现出来的是思维能力和创造能力，阅读活动本身就是一种最有效的思维加工过程。白描讲究"以形写神"，留给人无限的想象空间。白描语文亦是"以形写神"，也留给学生足够的思维空间。对学生而言，学习时只有善于思考，才可能达到融会贯通、心领神会的境界，才可能取得较大的学习成就。所以，语文教学不仅要培养学生善于学习的能力，也要培养他们善于思考的习惯。

白描语文倡导"有张有弛"。白描通过线条的变化塑造形象。白描语文通过快慢、疏密来把握学习的节奏。《礼记·杂记下》有这样一句话：张而不弛，文武弗能也；弛而不张，文武弗为也，一张一弛，文武之道也。"不能一味地让学生"严阵以待"，而应该让学生"有张有弛"。"弛"不是放任学生，而是让学生"从容"地思考，让思维走向深入。

白描语文鼓励"怀疑"。白描语文试图让学生能够带着怀疑的眼光去观察世界、发现问题，然后主动地去解决问题，而主动解决问题就必须独立思考。爱因斯坦曾说："提出一个问题，往往比解决一个问题更重要。"思维往往是由问题激发的，一个好的问题能使思维得以产生、维持和深入。由此，白描语文在实施的过程中，鼓励学生提出问题，让思维保持活力。

白描语文主张诱导。叶圣陶先生曾说过："教师之为教，不在全盘授予，而在相机诱导"。诱导，就是要"导"出"思路"，而不是告诉。教学中，教师要放开，让学生去思考、探究，寻找解决问题的方法。应该说探究是人的本能，教师所要努力追求的是促使学生这种天生的探究能力不断提高和完善。那么，在学生探索的过程中,教师就要相机诱导,搭设思维的台阶,引导学生积极主动参与思考,使学生体验到探索的快乐、享受到成功的喜悦。

学生只有认真思考,才会产生疑惑,有疑则生问,有问则求解。在答疑解问的探索过程中,学生不仅增长了知识、见闻,还培养了发现、分析、解决问题的能力。

"悟处皆出于思,不思无由得悟",语文教学一定要引导学生在学习中思考,在思考中学习,才能激起学生学习语文的长久兴趣。学生思维的不断发展,语文学习的意义才得以真正实现。

第四节　白描语文的主要特征

李公麟白描艺术风格兼容并蓄,独树一帜:"扫去粉黛、淡毫清墨"、"不施丹青,而光彩动人"。白描语文亦主张"扫去粉黛,而光彩动人",即去掉"花里胡哨"的东西,让语文自身的魅力迸发出来,吸引学生走进语文,热爱语文。文学中的白描最明显的特征是:简练、质朴、传神,在我看来,这也应该是白描语文的主要特征。

1. 删繁就简

孟子曰:"博学而详说之,将以反说约也。"作为语文教师,我是从两个方面来理解孟子的这句话,一是语文教师必须做到"博学",教学时则必须做到"返约";二是语文教学的任务很重、内容很多,必须做到"返约"。

清人刘大据在《论文偶记》中说:"文贵简。凡文笔老则简,意真则简,辞切则简,理当则简……神远而含藏不尽则简,故简为文章尽境。白描,以简驭繁的典范。所谓简练,就是"力避行文的唠叨",简笔勾勒,以少胜多,表现丰富、深刻的内涵。也就是说,我认为语文教学应该"简简单单,明明白白"。所以,白描语文的第一特征就是:删繁就简。

教学内容简洁。生活是丰富多彩的,但李清照从不浓墨重彩地描摹物象。她往往只抓住一、两个富有特征意义的动作或表情稍加勾勒,便创造出极其生动活泼的艺术形象来。每一篇课文都是编者精心挑选的优秀作品,但我们不能把所有的精彩都作为教学内容。这就需要我们根据课文的特点,运用当代语文教学基础理论研究的最新成果,从"教材内容"中选择、确定甚至拓展、生成出合适的"教学内容",实现课标中所提出的"创造性地理解和使用教材"的理念,从而提高语文教学的效益。

教学过程简洁。白描是"线"的艺术,"线"是生命的运动。白描语文追求教学过程的简洁明快、流畅自然。"行于所当行,止于所不可不止",这是北宋大文豪苏轼的名言。苏轼此语是称赞谢民师的文章在该铺陈的地方浓墨重彩、大笔挥洒,在该简略的地方则惜墨如金、适可而止。正是如此,谢民师的文章如行云流水、酣畅淋漓。现在,人们将这句话意思延伸为:要想做好任何事情,都要审时度势，当行则行、当止则止，以争取主动，做到游刃有余。语文教学也是这样的：抓住重点，删繁就简。

有句话说得好：真理原本是至简至约的。如果我们老师让学生抱怨：你不说我倒还明白，你越说我越糊涂了。恐怕腋下出汗，恨无地洞可钻。白描语文不是把教学简单化了，而是把教学艺术化了、精良化了。

2. 实践历练

白描以什么达意？线条。欣赏者从线条的长短、粗细、强弱刚柔、轻重疾徐、曲直顿挫、虚实疏密可以看出画作的美、思想、内涵。学生以什么来学习语文？实践。语文教学应该让学生多读多写，日积月累，在大量的语文实践中体会、把握运用语文的规律。新课标也明确指出：语文课程是实践性课程，应着重培养学生的语文实践能力，而培养这种能力的主要途径也应是语文实践。白描语文在教学的过程中，以"核心问题"为中心，精心设计"学习实践活动"，让学生在实践中提升语文能力。一般情况下，白描语文有三种类型的活动：自主学习活动、合作学习活动、交流学习活动。

自主学习是学生通过独立的分析、探索、实践、质疑等方法来实现学习目标。自主学习一是要把学习主动权还给学生，让他们自觉地学习，乐于学习；二是让学生学会学习，善于学习，养成良好的学习习惯，掌握一定的学习方法。自主学习不是一放了之，而是应该要做到"三有"：有任务、有要求，有方法指导。

自主学习结束后，如果多数学生有难以解决的问题、多数学生对问题的理解比较肤浅时，则要安排合作学习。也就是说，并不是每次自主学习结束后都要进行合作学习。合作学习的问题仍然是"主问题"，任务则是：交流自己的思考；要求是：必须能够说出自己的思维过程或学习方法；方法是：轮流发言，倾听者要提出自己的不同意见或疑惑。

自主学习或合作学习后，我一定会安排交流学习。交流学习其实就是师生、生生间的深度交流、思考的过程。一是不能只交流小组的共同意见，还要交流形成共同意见的过程，更要交流不同意见，以尽可能多地暴露学生的问题；二是老师善于引导、追问。把握住内容的深浅，保证能够交流得开，交流得深。三是教师该讲时一定要讲。讲在学生的思维障碍处，那他们就不是在被动地听，而是处在积极的思维中。

合作学习、交流学习一定要在自主学习的基础上，因为学习知识，特别是理解和掌握知识必须依靠自己积极的思维实践活动,是任何人不可能替代的。

3. 内涵丰富

中国画讲究"计白当黑"。包世臣论书以为当使字之上下左右皆有字。宋人论崔颢的《长干歌》"无字处皆有字"。优秀的文学作品莫不是"空白的艺术"。作者总是追求:能不说的话就不说。这样作品的容量就会更大了,传达的信息就更多。以己少少许,胜人多多许。短,就是长,少,其实就是多。

白描语文,追求简单朴实,但绝不是"浮浅",而是要有"意"。"意"是教学有"情趣",学生学起来有"兴趣";"意"是教学过程中哲学的思考和审美的判断的交融,是生命的发展;更是教学中"如行云流水,初无定质,但常行于所当行,常止于所不可不止"。

白描语文追求"意趣"。"意"是情思所致,理智和情感相一体,是自然生活的交融与感受所得。清代王夫之《夕堂永日绪论》中说"意犹帅也,无帅之兵,为之乌合",说明"意"在创作中的重要地位。著名女词人李清照的词简约委婉,传达出她内心丰富的情感。所以,语文教学要对学生进行严格的语言训练,要重视学生的感悟、积累和迁移,这是学习语文的基本要求。但是,语文教学还应该重视情趣,重视思维,重视审美。一篇篇课文凝聚着作家的灵感、激情和思想,语文教学要通过课文潜移默化地影响学生的情感、情趣和情操,影响学生对世界的感受、思考和表达方式,最终积淀为学生的价值观和人生观。而要达到这样的目的,在教学的过程中必须注重激发学生学习语文的兴趣。苏霍姆林斯基说过:"有经验的教师往往只是微微打开一扇通向一望无际的知识原野的窗子。"在学习的过程中,应该让学生作一番认真的思考,做一番深入的感悟;应该让学生畅所欲言,充分地说出自己的所思、所想、所感、所悟、所疑、所惑。只有这样,才能有一份收获,获得成功的喜悦;有一份提高,享受到学习的乐趣。

第五节　白描语文的教学流程

白描大师李公麟通过线条的曲直、轻重、粗细、刚柔的变化,达到对客观物象的形象与性格的刻画,创造了简洁明快的艺术效果。白描语文,以教学目标为线,串起一次次的语文实践活动。每一次活动,力争抓住"切入点"激趣启思,让"交流"发生在学生的兴趣点、思维点。从而形成了白描语文的教学流程:抛出问题,启动思维——任务驱动,独立思考——抓手清楚,合作交流——迁移反馈,巩固提升。

"抛出问题,启动思维":师生间、学生与文本间、学生与自己的初次"碰撞";"任务驱动,独立思考":学生围绕"核心问题",和文本、和自己"拉锯"。如果问题较难,教师需要提供"梯子",如,完成"任务"的思路、方法等。这两步,是自主学习,是"学生与文本、与自我的交流"。任务预设是非常关键的,这个任务必须能够引导学生自觉地、理性地走进自己的心灵世界,通过对文本、作者、生活的认识,与心灵交流,从而有自己的独特见解。

"抓手清楚,合作交流"。这里的"抓手",是"交流"的要求、方法。先是小组交流,再是全班交流。是师生间、生生间、师生和文本间的"互动"。这一步,主要是合作学习。合作学习一定要在自主学习的基础上,因为学习知识,特别是理解和掌握知识必须依靠自己积极的思维实践活动,是任何人不可能替代的。当然,并不是每次自主学习结束后都要进行合作学习。只有多数学生有难以解决的问题、多数学生对问题的理解比较肤浅时,才进行合作学习。

其实合作学习时,学会"交流"是最重要的。"交流"是师生、生生间的深度交流、思考的过程。在交流的过程中,一是不能只交流小组的共同意见,一定要交流不同意见,以尽可能多地暴露学生的问题;二是老师要善于引导、追问。把握住交流的深度,保证能够交流得开,交流得深;三是教师要做到该讲时一定要讲。讲在学生的思维障碍处,那他们就不是在被动地听,而是处在积极的思维中。

"迁移反馈,巩固提升"。学生经历了前面三步的学习,习得了方法。此时,再用听说读写各方面的实践活动对自己的学习进行"评价"。这一步,最主要的是学习内容的设计,一定不能为了"迎合"而偏离了语文学习的本质。陈军老师有一句话说得好:拓展的基点是课文,拓展的时空也是课文。

这一流程主要包含了三种形式的学习:自主学习、合作学习、交流学习。其中,自主学习是基础,合作学习是梯子,交流学习是升华,三者之间是"层层递进"的关系。当然,教师要依据学情灵活"组合"学习流程,四个流程可以循环进行,一个流程可以反复进行。

有人说过,"匠"与"家"的区别在于:"匠"的手是自己的,心是别人的,所以技术再高,描摹得再像,活儿做得再精细,还是个匠人;而"家"则不同,有时他的手或许是别人的,但心永远是自己的,所以无论他随意泼墨也好,任意抒写也罢,表达的都是自己的思想。白描语文,试图让教师做到"心是自己的",努力让语文教学"素面朝天",但仍"清新可人"。

第二章 02
白描阅读教学

"墨线"是白描的组成,是白描灵魂的外显;"文字"是文章的组成,也是文章灵魂的外显。换言之,文字就如同墨画中的"墨线",表面上看似乎只是一个"词",实际上,这个词的"背后"有太多的"滋味"。那么,阅读教学就要让学生透过文字"咂"出背后的"滋味"。"整体性原则、一课一得原则、核心问题原则",是白描阅读教学的三个原则。白描阅读教学就是还原阅读的本质,激发学生的创造思维,以积极的态度参与艺术形象的创造,使学生的阅读理解活动具有一种创新倾向。

第一节　白描阅读教学原则

阅读是搜集处理信息、认识外界、发展思维、获得审美体验的重要途径。阅读是认识自然、社会及自我活动的重要组成部分，是学生语文能力的重要体现。现代阅读认知理论认为：阅读是一种积极的主动的建构行为，它促使人原有的思维结构产生变化，并不断形成高一级的思维结构。换言之阅读的本质是创造思维。阅读就是还原，就是再创造。在阅读中，读者以积极的态度参与艺术形象的创造，使自己的阅读理解活动具有一种创新倾向。

语文教学中的阅读必须是专业的。语文阅读教学，就是要让学生会思考、能欣赏。让学生学习文章表达技巧、表达特点，以专业的水准去欣赏文本，思考文字背后的东西。"墨线"是白描的组成，是白描灵魂的外显；"文字"是文章的组成，也是文章灵魂的外显。换言之，文字就如同墨画中的"墨线"，表面上看似乎只是一个"词"，实际上，这个词的"背后"太多的"滋味"。那么，阅读教学就要让学生透过文字"咂"出背后的"滋味"。据此，我确定了白描阅读教学的三个原则。

一、整体性原则

恽正叔在《南田论画》中说："香山翁曰，须知千树万树无一笔是树，千山万山无一笔是山，千笔万笔无一笔是笔，有处恰是无，无处恰是有。"如果我们把一幅白描作品分解开来欣赏，看到的还能是一幅画吗？由此，白描语文主张阅读文章要遵从整体性原则。

现代教学论研究专家刘守立先生在论述"整体性"时指出："阅读心理和发展是一个整体认识的心理活动过程，即浏览语言文字，形成整体印象，然后揣摩文章的谋篇布局、遣词造句，最后再回到文章整体上去，获得发展了的整体印象。"(《"大而化之"阅读教学观刍议》)因此一个完整的阅读过程，是由"整体感知——局部解析——整体把握"三个步骤构成的，是一个由表及里、由浅入深、由粗到细的过程。

《语文课程标准》也将"整体把握"提升到"语文教育"的三大"特点"之一："语文课程还应考虑汉语言文字的特点对识字写字、阅读、写作、口语交际和学生思维发展等方面的影响,在教学中尤其要重视培养语感和整体把握的能力。"大教育学家叶圣陶先生说得好,学习课文第一步应该"通读全文","知道文章之大概"。

一篇文章,作者描绘、塑造的是完整形象,介绍、说明的是完整事物,阐述、议论的是完整事理。不论文体,不论长短,总是一个有机的整体,其中有着义脉贯通的内在联系。每段文,每句话,甚至每个词都是这一有机整体的不可分割的有机成分,因此,在分析这一有机整体的每一个成分时,只有紧扣这一有机整体的主导思维倾向,才能全面、客观、准确、科学地解释词语,理解内容,理清结构,阐发感情,把握全文主旨。所谓"字不离词,词不离句,句不离段,段不离篇"即为此。

阅读教学中的思维创新着重强调的是整体辨识和融会贯通,就是语文阅读教学首要的是要注意指导学生对文本的整体把握,这样才有利于学生对文本思想感情的整体感悟。在平时的阅读中,我们应该注意体现阅读的整体性原则,有意识地进行阅读全过程训练,从而掌握阅读理解的正确方法。

二、一课一得原则

老子说:多则惑,少则得。对于阅读教学而言更是如此,一节课,教学目标与教学内容若安排得过多,学生就会被老师牵着鼻子走,缺少思考的时间,缺少内化的过程,缺少实践的锻炼,结果学生掌握到的知识只是"蜻蜓点水""水过地皮湿"。要知道"浓绿万枝红一点,动人春色不须多",一节课想教给学生的东西不能太多,要勇于放弃,否则"欲速则不达"。白描语文主张语文教师拿出"弱水三千,只取一瓢饮"的气魄,做到"一课一得"。

"一课一得"的"一"要解读为"简"、"明"。所谓简,就是清清爽爽,不贪多求全。所谓"明",就是"明明白白"。合在一起就是简约、明晰、具体的意思。不管语文教师有着怎样美好的愿望,每一堂课的承载能力都是有限的,对于一堂语文课而言,我们不能将所有的任务都放入其中,这样只会造成语文教学举步维艰。白描语文所要做的是,把复杂的内容变得简约,让臃肿的教学过程变得简洁,使花哨的教学方法变得简单,追求一种简约、平实的教学。

黄宾虹说:"对景作画,要懂得'舍'字,追景状物要懂得'取'字,取舍可由人,取舍不由人,懂得此理,方可染翰挥毫。"白描语文认为语文教师需要同样的智慧——懂得取舍,这才有可能让学生"一课一得"。教师要从语文教学的整体要求出发,明确一个学期的目标。再基于对教材地位和作用的理解,把"一课"放到整个单元、整册教材去看,找到文本独特的地方,依据学情,大胆取舍。

"一课一得"看似简单,其实不然。"一得"既是教学目标,也是训练重点。不求面面俱到,但要"楔入"一点,使学生课课有所得,做到简约而不简单。

三、问题核心化原则

文学中的白描要求抓住对象的主要特征,这就要求作者有较高的文学素养,苍鹰一样敏锐的目光和迅速而准确地捕捉事物特征的能力。只有这样,才能随物赋形,笔随意至。铅华尽脱,臻于"尽境"。阅读教学中,如何让学生迅速地抓住文本的主要特征?白描语文教学采用问题核心化原则。

相当长的一段时间,无论你听到的是家常课,还是公开课,常是教师"问声"不断,学生"热情"回答。不论可疑还是不可疑,老师都要"问",问题不论巨细,小到一个字词,大到整篇课文的构思和主旨。有的老师可能觉得只有问题提得多,才能更多地解决学生的疑问,才能实施"对话教学"。但这些问题能够激起学生的思考吗?的确,问题就是思维活动的起点,可这并不表示问题越多越好,过多的问题只能使语文课堂紊乱。白描语文崇尚简单、自然,主张每篇文章的阅读最好是设计一个问题,这个问题即为"核心问题"。新课标指出:语文课程是一门学习语言文字运用的综合性、实践性课程。教师具备了"核心问题"意识,并长期坚持锻炼自己提取核心问题能力,具备了"取舍"能力,就能简化教学头绪,强化学习的综合性,从而有效定位"教学点"。核心问题能从整体参与性上引发学生思考、讨论、理解、品析、创造,能推进教学过程,能引领教学走向深入,真正做到"简化头绪,突出重点"。

李海林老师说:课程与教学改革,无非是以下三个方面:一是为什么教(学),即教学目的的问题;二是教(学)什么,即教学内容的问题;三是怎么来教(学),即教学方法的问题。在整个课改的过程中,我们是非常关注教学方法的,现在应该关注一下教学内容了。设计"核心问题","瘦身"教学内容,避免了"无疑而问",学生也就真正成了学习的主人。

[典型案例]

答谢中书书

学习目标:
1. 反复朗读,把握文章描写的内容。
2. 赏读,学习文章写景的方法。

一、导入(配乐播放优美的山水图片)

师:同学们,祖国江山如此多娇,引无数英雄竞折腰。多少文人墨客,写下了脍炙人口的山水诗歌,请说出你最喜欢的山水名句。

生1(微笑):日照香炉生紫烟,遥看瀑布挂前川。

生2(抑扬顿挫):两岸青山相对出,孤帆一片日边来。

……

师:真是"山川之美,古来共谈"啊。山如画,水如诗。有这样一篇文章,被称为是一幅"清丽的山水画",又是一首"流动的山水诗",会是一篇怎样的文章呢?让我们一起走进《答谢中书书》(板书题目及作者)

师指题目(故作疑惑):题目中有两个"书",这题目是什么意思啊?

生3:"中书"是个官名,"谢中书",就是一个姓谢的官员。题目的意思是"给谢中书的信"。

师(惊喜):从哪里看到的?

生3:课下注解。

师:利用课下注释是个好方法。我们学过的诗文中还有哪个"书"是"信"的意思呢?

生4:烽火连三月,家书抵万金。

生5:乡书何处达?归雁洛阳边。

师(伸出大拇指表扬):大家一定想知道这封信里写的是什么内容吧?现在就让我们一起走进课文吧。

二、朗读,读美文

(一)初读,正字音。

师:请同学们朗读课文,注意查工具书读准字音。

生自主读书

师:真是琅琅书声,声声入耳。可我想单独听"筝",谁来"独奏"?

生6：主动站起，单独朗读。

师："未复有能与其奇者"的"与"读几声？

生：四声。

师：为什么？

生7：因为课下注释写的是"参与、欣赏"的意思。

师：那么这个字还有什么读音？

生8："我与他"的"与"读作三声，是"和"的意思。

师：大家觉得陶弘景笔下的山川美不美呢？（生齐答美）怎样把这种美读出来呢？

生9：读的时候不能太快，应该用舒缓的语调朗读，要深情地去读。

(二)吟读，有韵味。

师：下面就请同学伴着音乐、想象着美景、看着屏幕动情吟读课文。屏显：

山川/之美，古来/共谈。

高峰/入云，清流/见底。

两岸/石壁，五色/交辉。

青林/翠竹，四时/俱备。

晓雾/将歇，猿鸟/乱鸣；

夕日/欲颓，沉鳞/竞跃。

实是/欲界之仙都。

自/康乐/以来，

未复有/能与其奇者。

师：听着同学们的朗读，我感觉真幸福。哪些同学单独展示一下朗读(优美舒缓的古筝乐曲响起，激励学生入境)？

生10：(朗读)

师：你读到结尾处，头就有节奏地晃动起来，能谈一下你那时的心里感受吗？

生10：我感受到了作者内心的自豪和赞美。

师：这是境由心生啊！朗读时就要这样揣摩作者的内心世界，加上动作和表情。下面小组合作朗读，可以双人读，也可以多人读。

生11 生12：(双人读)

师：我看到你们没有把面孔朝向同学，而是面朝对方，能说说你们这样设计的目的吗?

生11:我们是想创设一种作者和朋友促膝而谈的场景。

师:哦,你们注意用眼神来交流,从而传达出这种设计。

学生12等六人:(首尾句齐读,中间一人一句。每人都有动作表演。)

师:掌声是最好的肯定。他们的朗读为什么这么有感染力呢?

生13:他们很投入。读"高峰入云"时,就做出仰望的动作,好像高山就在眼前;读"清流见底"时,就做出俯视的动作,好像水流就在脚下。

生14:他们好像在游览。

生15:好像在享受美景。

师:对!他们把朗读当成了一种审美,一种激情,一种体验。让我们心怀这样的情感齐声朗读。(生齐读课文)

(三)译读,讲方法。

师:这么美的文章,我们应该用自己的话说一说。翻译课文,大家都有哪些好方法?

生16:组词法。

生17:换词法。

生18:还有补充法。

生19:别忘了看课下注释。

师:同学们知道的真多。有了这些方法,这篇小短文就很好翻译了。现在请同学们自己翻译,有疑问的地方做好标志。

(学生自学)

师:好,现在大家把疑问拿出来,看看我们小组能不能解决。

(小组内交流解决疑难)

师:还有疑问无法解决的请举手?

生15:"沉鳞竞跃"在我们组的翻译出现了争议。

生16:我翻译成为"潜伏在水中的鱼"。因为老师说过要用组词的方法翻译。

生17:可"潜伏"像在说特务。(学生笑)应该组词翻译为"潜游"。

生18:我总结出:翻译时要注意推敲,要符合文章的语境。

学生19(另外一组学生):对啊!我们组有人把"晓雾将歇,猿鸟乱鸣"翻译成"乱叫",没有美感,和文章的诗意美不协调。可以这样翻译:此起彼伏地鸣叫。

师:大家注意到了美感,对!古文的翻译要力求"信、达、雅",就是准确、通顺、美好。下面请小对子互听翻译。注意纠错(组内两人结帮互助)。

师:请两名同学,一名朗读原文,一名翻译。

生翻译。

(四)忆读,会补充。

师:现在就考考大家,美丽的景色是不是在你的心中已留下印迹?看屏幕,补充(同学们齐读)。屏显:

山川之美,_____。

高峰入云,_____见底。

两岸石壁,_____交辉。

青林翠竹,_____俱备。

晓雾将歇,_____乱鸣;

夕日欲颓,_____竞跃。

实是欲界之_____。

自康乐以来,

未复有能_____其奇者。

师:请大家自由补读(学生自主朗读)。

师:现在,我抽同学来补读(抽三位同学,都非常流畅)。

三、赏读,寻美点

师:好!陶弘景笔下的山川美,咱们同学读得更美!那么作者围绕"山川之美"描写了哪些景物(生说,师板书)?

生20:高峰,清流。

生21:石壁。

生22:青林翠竹。

生23:晓雾,猿鸟。

生24:夕日,沉鳞。

师:这么多的美景,作者却能够用一个字来统领全文(学生齐答:"美"),那么请同学们自由朗读课文,细细品味,并用圈点批注法在书上对自己喜欢的句子或词语进行点评。

(学生自主学习)

师:现在请同学来交流一下你的学习所得。

生25:"高峰入云,清流见底"写得好,让人想象眼前是高山流水,作者坐在溪边,拿着鱼竿钓鱼的情景。

生26:"沉鳞竞跃"的"竞"字写出了鱼儿们非常高兴,用了拟人手法,能够感受到生命的活力,我内心的愉悦。

生27:"五色交辉"的"交"字用得好,那个颜色不是一块一块的排在那里,而是交错在一起,具有色彩斑斓之美。

生28:"四时俱备"写得好,一年四季的景色都是那么美,像一幅画面一样,永远充满勃勃的生机。

生29:"青林翠竹"的"翠"字用得好,写出了竹子的绿,与前面的石壁五彩斑斓相映成趣。

生30:"猿鸟乱鸣"的"乱"字用得好,那些猿呀,鸟呀,在树林里自由自在叫,让人进去就忘记了烦恼,内心觉得宁静。

师:咱们同学真善于发现。读文章就应该像这样,静下心来,细细地读,细细地品,你就会有意想不到的收获和感触(稍作停顿)。短短的一篇小文中写了这么多的美,美在何处?作者又是怎样变换角度来进行描写的?

(学生思考,并在小组内交流补充。)

师:请同学们交流并做好记录。

生31:色彩变幻之美:有青林翠竹,夕日,五色交辉。

生32:视听转换之美:看见石壁、青林、翠竹、晓雾、夕日、沉鳞,听到猿鸟乱鸣。

生33:动静结合之美:静景:石壁、青林、翠竹、晓雾、夕日,动景:沉鳞,猿鸟乱鸣。

生34:一日四时之美:四季常青,一日之中,景物各异。

生35:意境之美:拟人修辞写出鱼儿的欢快,整个画面和谐优美。

生36:角度变换之美:作者从仰视和俯视的角度,先写山高"入云",后写水清"见底",山伟岸、水柔美,山静默,水灵动,共同构成了山水相映之美。

师:是啊,有静有动,有声有色,由仰而俯,由显而微。实是"欲界之仙都"啊。

四、品读,悟情思

师:王国维说过:"一切景语皆情语。"请同学们再读课文,划出文中表达作者思想感情的语句,细心体会。

（学生自学）

生31："实是欲界之仙都"这一句,是作者对自然的赞美。

生32："自康乐以来,未复有能与其奇者",是说除了谢灵运再也没有人能欣赏这种奇丽景色了,作者有些难过。

师:那么,作者能不能欣赏到这种奇丽景色呢?

生33:能。我觉得这一句流露出作者以谢公自比,与古今知音共赏山水的得意与自豪。

师:老师还是给大家讲个故事吧。陶弘景所处的南北朝时代时局动荡。陶弘景因厌恶官场黑暗而隐居山林。梁武帝用重金请他出山做宰相,他不肯。梁武帝派人问他,他写了一首诗,诗歌是(屏显,生齐读):山中何所有,岭上多白云。只可自怡悦,不堪持寄君。又画了一幅画,请看,你能知道陶弘景愿做哪头牛吗?

生34:愿做那头吃草的牛,自由自在的。

师:瞧,那头悠闲的牛正吐着泡泡对皮鞭底下披金戴银的牛说什么?一起读出来!

生35:笑看金笼牵鼻去,等闲落得用鞭抽!

师:我们一起自豪地读一遍原句:自康乐以来,未复有能与其奇者。

生齐读。

师:那句话里有没有"难过"呢?

生36:有。风景依旧在,山水知音谢灵运却不在了,只有陶弘景一个人能欣赏到这风景,心里很孤独,怀念谢灵运。

师:知音难觅的惆怅,有道理。文中还有一个人,这难过会不会与他有关系呢?

生37:谢中书吧。他这封信是写给谢中书的,是不是想让谢中书也来欣赏这种美景呢?

师:谢中书能不能享受到这种"无丝竹之乱耳,无案牍之劳形"的山水之乐呢?

生38:不能,身在官场,没有时间欣赏山水。

师:那么谢中书不能算上陶弘景的山水知音了。那么给好友写这封信会不会有什么潜台词呢?

生39:是不是希望谢中书也能退出官场,过这种怡情山水的生活,做陶弘景的山水之音?

师:对官场朋友可能有一点暗示,一点规劝。但还是知音难觅的惆怅。此时,我们能不能用上节课学的苏轼的《记承天寺夜游》中苏轼的一句话来揭示作者此时的心境呢?

生40:何夜无月,何处无竹柏?但少闲人如吾两人者耳!

师:那么,大家能不能给陶弘景寻找几个山水知音呢?

生41:欧阳修,醉翁之意不在酒,在乎山水之间也。

生42:陶渊明,采菊东篱下,悠然见南山。

师:是的,像陶弘景这样因为厌恶官场而归隐山林、醉情山水的人还有很多。这些人都是作者的知音,都是能"与山水之奇"的人。同学们,就让我们在琅琅的书声中,再次体会作者与自然相融合的愉悦吧。

(齐声背诵)

五、布置作业

师:同学们,本节课的学习到此结束。但是我们对山水的欣赏,对自然的解读,才刚刚开始。请大家从下面两个作业中选做一个。

1. 请同学用最丰富的想象、最生动的修辞,动笔把这篇小文改写为导游词,向大家推荐这个美丽的地方。

2. 请你也来一次醉情山水之行,写一篇醉情山水之作。

[课例解析]

本课例,较好地体现了白描阅读教学的整体性、一课一得、问题核心化三个原则。

1. 整体性

本课用读贯穿全文。"朗读,读美文—赏读,读美点—品读,读情思。"这三大板块,较好的遵循了白描语文阅读当中"整体感知——局部解析——整体把握"三个步骤。老师带领学生解读文本体现了一个由表及里、由浅入深、由粗到细的过程。授课者整体意识非常强,引领学生从高处俯瞰,低处入手。读出文本的气势,读懂文本的韵味,读透文本的情思。大开大合,却都切中文本的重点、难点:写景的方法,描写的内容。

2. 问题核心化

很明显,在第二个教学环节,学生通过反复朗读,在读准了、读通了的基础上,老师抛出了问题:作者围绕"山川之美"描写了哪些景物?这个核心问题牵一发动全身。紧接着跟进两个问题:景物的特点是"美",美在哪里?如何写美?学生在品析当中发现了作者的情感:传达自己与自然相融合的生命愉悦,体现了作者酷爱自然、归隐林泉的志趣。最后一句话"实是欲界之仙都",蕴含的自豪与谢公比肩之意,学生的体会也就会水到渠成。

3. 一课一得

本节课目的让学生得在"读"与"赏"。可以看出"读"有多种形式,朗读当中可以采用"初读、吟读、译读、忆读",还可以边读边赏美点,边读边品情思。总之在琅琅读书声中,学生渐入佳境。既掌握了作者写这封信的内容和情感,还品出了景物描写的多种方法。这种以读助析,以读助赏,反复强化,对学生学习古文的能力训练及提高是很有帮助的。

第二节　白描阅读教学的流程

线是中国画最主要的造型基础。一根线要有起点、运笔、收笔,要有提按顿挫,要有一波三折,要有轻重缓急。一个教与学交融的过程,也必然有开始、有结束,必然有起伏、转折。那么,白描阅读教学应有一个怎样的流程呢?课程标准指出:阅读教学是学生、教师、教科书编者、文本之间对话的过程。白描语文主张阅读教学应该是师生之间、生生之间、学生和文本间的深度"交流"!

如何达到这个目标?本着平等交流的原则,我设计了这样的思路:整体感知——局部品味——想象拓展。这个思路既是一个备课思路:教师与课文、作者、学生的多重交叉对话过程,也是一个上课思路:师生、生生、人本之间的对话过程。

一、整体感知

从认识的一般规律看,认识发展遵循这样的基本顺序:首先形成对事物的整体的笼统认知,然后进入到对事物局部或细节的认识,进而发展到对事物结构的认识,最后进入到更高层次上的认识。就是说,学生阅读课文首先要经历"整体感知"。所谓整体感知,是指通过初读了解文章全貌,粗知大意及其梗概,也就是初知课文的大概内容。对于阅读者来说,最重要的是通过对文章进行粗略浏览而求得其全局性的整体感知,而不是对文章零星的、片段的、局部的意思的把握。初读阶段形成的整体感知印象是进一步理解文章的必要基础,如果缺了这个基础去孤立静止地研究字词句,探究其所谓的微言大义,结果只能是肢解、破碎式的断章取义,还可能离文章主题越来越远。

于备课而言,"整体感知"要求教师必须站在文本作者、教科书编者、学生的角度和文本"对话",去发现"牵一发而动全身"的问题。于教学而言,"整体感知"就是教师在教学中能带领学生和文本、老师、同伴"对话",从而从整体上把握课文内容。

整体把握课文比较常用的是理清文章思路。叶圣陶在《认真学习语文》一文中说过:"看整篇文章要看明白作者的思路。思路是有一条路的,一句一句、一段一段,都是有路的,这条路,好文章的作者是决不乱走的。"张志公也说过,作者总是依据思路来结构文章的。结构是文章的骨架,分析结构的目的不在于将文章肢解,而是要通过对文章结构的把握来整体感知文章。

可以通过理清文章思路来整体感知。如,《我的叔叔于勒》是一篇小说,如果要让学生从文章思路的角度整体感知文章,教师备课时,就可以设计这样的问题:从文中圈出菲利普夫妇对于勒的称呼变化的词语,根据称呼的变化想一想:菲利普夫妇对于勒的态度发生了怎样的变化?为什么会有这样的变化?教学时,可让学生快速阅读课文,同时圈出"称呼",并在旁边写出自己由"称呼"看出菲利普夫妇对于勒的态度,读完以后,在本子上列出来:(撵)于勒→(盼)于勒→(怕)于勒→(躲)于勒。然后,全班交流,达成共识。

可以通过概括内容要点来整体感知。还是以《我的叔叔于勒》为例。教师备课时,可以设计这样的问题:请大家用简洁的语言概括故事大意(提示:什么人,干了什么,结果怎么样)。教学时,请同学朗读课文,同时让学生圈出文中的人物,读完以后想一想:主要人物是谁?他们都干了些什么?结果怎么样?然后全部进行交流。

可以从理解文本所表达的思想、观点和感情的角度来整体感知。如《老王》这篇文,看到这个题目,可能阅读者第一个想问的就是:老王是怎样一个人?那么,老师就可以把这个问题作为整体感知的问题。教学过程中,可以让学生边读课文,边划出最能表明老王是怎样一个人的语句。然后,让学生在交流中碰撞,学生此时对老王的了解还是表面的,那就可以通过品读,进一步让学生走近老王,了解人物内涵。

《语文课程标准》在评价部分指出:第四学段侧重考察理清思路、概括要点、探究内容等方面的情况……白描阅读教学主张阅读教学必须先鸟瞰式地把握文章的内容,再指导学生逐步深入理解文章的内涵。

二、局部品味

语文教师如果不能发现课文表达上的特点,不通过教学让学生了解什么是好文章,为什么是好文章,而只是感悟、拓展,这种指望学生自己悟出文章奥妙的做法,起不到叶圣陶先生所说的"课文无非是个例子"的作用,那教学效果必然是极低的。局部品味,就是要让学生知道"什么样的文章是好的,为什么是好的"。

局部品味就是根据本节课的学习目标,去品味一个词、一个句子、一段话、一个部分;去欣赏文中的某个细节、某种构思技巧;也可以是内涵理解、人物分析等等。备课时,教师要去深读课文,确定出品味的"局部",这是需要花时间、下力气、动脑筋的事。这个局部,可能是一处意义极深的地方,可能是一处极有韵味的地方,可能是一处表达极有创意的地方……教学时,教师要让学生细读细品,细细揣摩、细细欣赏,品出课文的深度,说出自己的创见。

一篇课文可能存在许多值得教的地方,而一堂课的时间是有限的,因此,这个"局部"必须是最有价值、最值得教的东西。什么才是最值得教的呢?教师首先要了解这篇课文在整个教材体系中的地位,了解这篇课文在整个单元中的作用;然后去选择这篇课文里最突出的、最典型的东西;最后,把最突出、最典型的东西设计成一个"核心问题"。

如何准确把握住"核心问题"?做法很简单。第一步,读课文时思考:作者想表达什么,或者是本文的什么最吸引(感染、震撼)人。第二步,再读课文思考:是通过什么方法表现出来的?这时,可以把所有方法都列出来。第三步,再思考:哪一种方法是最主要的,或者哪一种方法是不同于本单元其他课文的。第四步,依据上面三步的思考,归纳出"核心问题",并根据课标的相关要求叙写本节课的学习目标。下面,以《失根的兰花》一文为例子进行阐述。

第一步,读课文时思考:作者想表达什么?显然是爱与思念。第二步,思考:他是如何把自己的感情表达出来的。我找到了借物抒情,作者写了祖国的建筑、祖国的花、祖国的乡村,还写了梦中的老屋……这就是借物抒情,借助对具体的事物和景物的描写来表达自己内心的思念。第三步,依据上面的思考,确定的核心问题是:你从哪里读出了作者对祖国的思念?说说你的理由。这样,"借物抒情"这种方法自然地就已成为了本节课的学习目标。

解决"你从哪里读出了作者对祖国的思念?说说你的理由"这个问题的过程中,要"读文章品味文章优美自然的语言"吧,要谈到"用具体事物表达思念的吧",能"感受海外游子对祖国的思念之情"吧。这样,既不能把课文肢解了,又能让学生深入思考探索。为什么呢?一是因为这个"核心问题"给了学生"自由度",放飞了学生的思维,而如果有很多问题,反而是画好了框子让学生跳进去,束缚了学生的思维;二是因为"说理由"的时候,学生要"透过"文字感悟文字背后的情感,这就让学生深入文本,和文本对话,和作者对话。

如果不抓住"核心问题",生怕有遗漏,设计出来的问题就会"面面俱到",而又"什么都没抓到"。如,有位老师设计《失根的兰花》一课,从"失根""有根""作者心中的根"三个角度设计了九个问题,有的问题里还包含两三个问号,几乎一个自然段一个问题。但这么多问题,相当于肢解了课文,又会让学生的脑子"乱成一锅粥",不是吗?关键是有多少问题能够激起学生的思维呢?

三、想象拓展

课程标准指出:语文学习应注重听说读写的相互联系。听、说、读、写的全面、均衡发展是阅读教学的核心价值,是学生思维能力提升和情感、态度、价值观构建的核心途径。叶圣陶先生说过:"大凡传授技能技巧,讲说一遍,指点一番,只是个开始而不是终结,所以讲说和指点之后,接下去有一段必要的功夫督促受教育人多多练习,硬是要按照规格练习。"想象拓展",就是听说读写各方面的训练。或是激情辩论,或是静静写作,或是角色朗读,或是对比阅读……无论哪一种交流,都让学生既与课文"藕断丝连",又能走出一片新的天地。

在此,想重点谈一谈"静静写作"。主要是采用两种方式让"读写联姻":一是仿写,二是片断练习。

仿写主要是模仿课文的语句或语段的结构、形式,训练学生遣词造句的能力。有特色的佳句,运用排比的、比喻的、拟人等修辞手法的句子,运用语言、动作、心理等描写方法的句子……都可仿写。

归纳出了三步仿写练习法:辨明特点、对话启迪、迁移练习。辨明特点,即弄清原语句或语段的结构形式;对话启迪,即通过对话让学生充分联想、想象,找出新的写作内容;迁移写作,即或是不变对象的练习,或是改变对象的练习。如,学习朱自清的《春》后,设计了仿写练习。

第一步:辨明特点。

原句是:

春天像刚落地的娃娃,从头到脚都是新的,他生长着。

春天像小姑娘,花枝招展地,笑着,走着。

春天像健壮的青年,有铁一般的胳膊和腰脚,领着我们上前去。

学生要先辨明这个语段的特点:三个比喻组成了一组排比句。

第二步:对话启迪。

学生通过三个问题,一是弄明白原句作者用"娃娃""小姑娘""健壮的青年"

三个喻体,是为了突出自己心中的春天的特点。二是通过联想、想象,明确自己心中的春天有什么特点,以找到合适的喻体。

1. 对话作者眼中的春天是怎样的? 是新、美、壮。

2. 你是怎么看出来的? 从每个喻体中看出来的。"娃娃",代表着"新","小姑娘"是"美"的代名词,"健壮的青年"必然彰显着"壮"。

3. 那你眼中的春天是什么样的?

第三步:迁移练习。

学生仍用"春天"作本体,进行仿句练习。

"春天像一位神奇的画家,用彩笔作画,绘出多彩的大地。"

"春天像永不疲倦的号手,用嘹亮的号角,唤醒了沉睡的大地。"

"春天像一位巧手姑娘,用彩色的丝线,织出锦绣河山。"

为了进一步巩固,我又设计了改变了本体的练习:用比喻描写一下春天的"小溪"。学生也会妙语连珠:

"小溪像一位欢乐的音乐家,一路欢唱着,走过高山深林。"

"小溪像一群活泼的孩子,蹦着跳着,跑过春日的田野。"

……

片断练习,是指运用课文的某种写作方法写作一个小片断。我也归纳出了小片断练习的"三步法":情景创设、对话启迪、真情创作。创设情景是为了调动感情,对话启迪是为了启发学生联想,知道写什么,或者说感悟写作方法。

例如,学完《失根的兰花》后,我依据"核心问题"进行了一次片断练习:运用借助对具体的事物和景物的描写来表达感情的写法。

在《失根的兰花》的作者心中,充满了对祖国的爱,他的笔端蘸满了浓浓的爱国情,理解了爱,才能切身地理解失根的兰花对根的思念。那么,初一学生情感积聚的最浓厚处是哪里?应该是亲情。于是,我把"表达对亲人的思念"定为写作的重点。从学习文本迁移到写作,学生的情感转换是需要引导的,要唤起学生的写作欲望,首先要创设写作情境。

我创设了这样的情境:我离开家参加了一次暑期夏令营。入营已经三天了,"我"要给妈妈写一封信:"妈妈,离开家才短短几天,我就想家了。我……"此时,忧伤而又缠绵的萨克斯乐曲《回家》响起来了……孩子们开始想家了……

我和孩子们开始了这样的对话:

师:"同学们,你脑海中出现了哪些画面?"

生:"我看到了妈妈给我烙的香喷喷的葱油饼。"

"我看到了爸爸脸上的黑胡茬。"

"我看到了小狗扑过来,热乎乎地舔我的脸。"

……

同学们的情感被调动了起来,方法掌握了,思念表达得很生动。写出来的片断就真情满满。

"整体感知——局部品味——想象拓展"作为一个备课思路,可以帮助教师迅速锁定将教学内容、理清教学思路;作为一种教学流程,就是三次对话过程,它不是一成不变的,三次对话可以循环往复,可以是"局部品味"反复多次,可以是"头轻脚重":加大想象拓展的力度……在践行这个思路的过程中,让"我"从"高处"走下来,把话语权归还给学生;课堂中的每个人学会了真诚、宽容地对待发言者;师生、生生之间学会了相互信任、互相鼓励,共同发展,课堂成为心灵交融的时空。

[典型课例]

心田上的百合花开

林清玄

教学目标:

1. 反复阅读课文,感知课文内容。

2. 在感悟百合花的自信、执着、坚强的品格中,品味语言,学习衬托的方法。

教学流程:

一、导入课文

大家喜欢花吗?那今天我们来个以花会友!你最喜欢什么花?为什么?

同学之间互相说一下,说得这么热烈呀,我也想听听,谁来谈谈?

真高兴同学这么喜欢花,我觉得喜欢花的人必定是个善良的人!是个聪明的人!我知道了我们喜欢花不只是喜欢花的颜色、花的香味,更多的是喜欢他的品质。是啊,古往今来有多少文人墨客赏花、画花、写花,傲霜的菊花是陶渊明的最爱;出淤泥而不染,濯清涟而不妖的莲花备受世人推崇;香自苦寒来的梅花最受人爱戴……正是由于花的内外兼美,我们永远看不够、画不够、写不够……

说到喜欢什么花,我也情不自禁地要捧出自己的最爱百合花了。我喜欢百合是因为我读了台湾著名散文作家林清玄的美文《心田上的百合花开》。读了这篇文章,我的心被深深地震撼了!我常常把这篇文章推荐给我的朋友们,现在我又想把它推荐给咱们同学,请听录音——

二、整体感知

1. 播放配乐朗诵

静静地,我们看着洁白的百合,听着林清玄的真情叙述。这株小小野百合小时候就有个坚定的信念,你听出来了吗?(我要开花,开出美丽的花)(板书:信念)我们再一起说一遍百合的信念:我要开花,开出美丽的花!一二——(唯一能证明我是百合的方法,就是开出美丽的花朵。)

2. 说开出美丽的花简单,真的开出美丽的花就不那么容易了!请大家朗读课文,感受百合开花的历程。

你能概括地说说百合的经历吗?(像野草——结出花苞——开花了——漫山遍野)

三、赏析课文

过渡:(板书—像野草)从小时候像野草到成为最美丽的颜色到成为满山百合,这个历程中有多少艰辛啊!正如刚才这位同学所说的百合是努力再努力!就让我们用心来体会这株百合的成长历程,细细品味林清玄平实而深刻的语言吧。请同学默读课文。

请先看大屏幕,我们思考的问题是:你看到了一株怎样的百合?从哪些句子看出来的?默读时请用曲线划出来。为什么?请在句子旁边做批注。

交流时请同学们以"我从(　　　　　)一句中,看到了一株(　　)的百合花"说话。

教师巡视,适时和学生交流。

过渡:我发现许多同学不仅划出了句子还做了批注,那么多同学有自己独到的见解,让我们一起来分享!谁第一个站起来?

教学内容预想:

1. 从"我是一株百合,不是一株野草。惟一能证明我是百合的方法,就是开出美丽的花朵。"一句中,我看到了一株充满信心、自信、有坚定信念的百合。(板书——自信)

①删句法品味。

师:请你只读"我是一株百合",再读"我是一株百合,不是一株野草"。

②师:是、不是一正一反两个词语气坚定,果然原句更自信!那后面一句呢?

生:有坚定的信念。

师:这一句重读哪几个词好?(唯一、我、开出、花朵)

③(看着大屏幕)让我们再一起充满信心地读一遍,教师领读第一小句:"我是一株百合"——读——(让学生体会百合的自信、坚定)

2. 从"百合努力地吸收水分和阳光,深深地扎根,直立地挺着胸膛"一句中,我看到了一株顽强、自信、努力奋斗的百合。(板书:坚强)

①哪些词语最能表现百合的坚强?(努力、深深、直立)。

②找得真准,请你再读一遍这句话。

③换词法品味。

原句:百合努力地吸收水分和阳光,深深地扎根,直立地挺着胸膛,深深地扎根

改句:百合努力地吸收水分和阳光,深深地扎根,直立地挺着胸膛,深深地长根。

"扎"字比"长"字更能写出百合具有"钉子"精神,咬定青山不放松,从断崖上努力汲取能量。一个"扎",把百合顽强、努力的形象刻画得栩栩如生。

④联想法品味。

"直立地挺着胸膛"写出了百合的自信。大家都把身板直立起来,胸膛挺起来!大家再耷拉下肩膀、低下头,怎么样?感觉一样吗?

3. 从"我要开花,是因为我知道自己有美丽的花;我要开花,是为了完成作为一株花的庄严使命;我要开花,是由于自己喜欢以花来证明自己的存在。不管有没有人欣赏,不管你们怎么看我,我都要开花!"一句中,我看到了一株自信、执着、坚强的百合。

①你能再自信地读一遍吗?还有不同意见?

你能再读一遍,读出百合的执着吗?

②学生交流后,师引导:百合这是对着谁说的呀?(板书:野草、蜂蝶)野草、蜂蝶说风凉话,百合给它们有力的回击。请同学把野草、蜂蝶的话划出来。

为什么要用这么多笔墨写野草和蜂蝶的嘲笑?(百合不怕嘲笑,仍要开花,更能体现出百合的坚强执着)(板书:衬托)

③联想品读法、朗读品读法:(读嘲笑的语气可以先哼一声酝酿一下感情)同学自己练习,看能不能读出野草、蜂蝶的嘲笑语气。

④百合不怕野草蜂蝶的嘲笑,仍然要开花!那我们该以什么样的语气读出百合的话?(坚定、自信、倔强、执着、顽强)

哪位同学来试试?

⑤删句品读法、朗读品读法。百合的这段话中"我要开花"重复了三次,如果只保留第一次,你再读一读。有什么不同?

怎么样才能读出来?平均用力吗?(读排比句时感情应该逐渐强烈,要开花的坚决执着读出来)

⑥再来一位同学试试。

⑦朗读品读法。找三位同学起来分角色朗读。野草谁来读?蜂蝶?百合?(三位同学面对面)

生读完后,老师应有适当的评价。(我听出来了,瞧不起人的野草、蜂蝶,坚强的百合)

⑧假如学生仍然读得不好应该再来一遍。

4. 从"百合心里很高兴,附近的杂草却很不屑,它们在私底下嘲笑着百合:'这家伙明明是一株草,偏偏说自己是一株花,还真以为自己是一株花,我看它顶上结的不是花苞,而是头脑长瘤了。'公开场合,它们则讥讽百合:'你不要做梦了,即使你真的会开花,在这荒郊野外,你的价值还不是跟我们一样。'偶尔也有飞过的蜂蝶鸟雀,它们也会劝百合不用那么努力开花:'在这断崖上,纵然开出世界上最美的花,也不会有人来欣赏呀!'"一句中,我看到了一株执着、坚定不动摇的百合。(板书:执着)

①这句是写野草的,你怎么看出了百合的精神呢?(百合不怕嘲笑,仍要开花,更能体现出百合的坚强执着,衬托)(板书:野草、蜂蝶)

②(读嘲笑的语气可以先哼一声酝酿一下感情)同学自己练习,看能不能读出野草、蜂蝶的嘲笑语气。

③听了野草、蜂蝶的话,百合怎么说的?请同学划出来。

④百合不怕野草蜂蝶的嘲笑,仍然要开花!哪我们该以什么样的语气读出百合的话?(坚定、自信、倔强、执着、顽强)

哪位同学来试试?

⑤百合的这段话中"我要开花"重复了三次,如果只保留第一次,你再读一读。有什么不同?

怎么样才能读出来?平均用力吗?(读排比句时感情应该逐渐强烈,要开花的坚决执着读出来)

再来一位同学试试。

⑥找三位同学起来分角色朗读。野草谁来读?蜂蝶?百合?(三位同学面对面)

生读完后,老师应有适当的评价。(我听出来了,瞧不起人的野草、蜂蝶,坚强的百合)

⑦假如学生仍然读得不好应该再来一遍。

5. 从"在一个偏僻遥远的山谷里,有一个高达数千尺的断崖。"一句中,我看到了一株坚强、顽强、不屈服的百合。

①删词品读法:应该重读哪几个词语?把这两个词删去再读一下。(师板书:山谷、断崖)

偏僻遥远、高达数千尺

②写百合的生存环境恶劣是为了什么呀?

怎么能从山谷、断崖看出百合的坚强?(衬托)

6. 我从"有一天,它终于开花了。它那灵性的洁白和秀挺的风姿,成为断崖上最美丽的颜色。"看到了一株美丽的百合。

①请同学朗读:你听出来了她重读了哪几个词?(灵性 秀挺 美丽 断崖)

②大家能说一说为什么重读吗?

灵性:智慧。这个灵性还表明作者赋予百合人的灵气,还充满着赞美和喜欢,甚至到了对神灵的顶礼膜拜的程度。去掉这个词语就表现不出百合开花的大智慧。

秀挺:俊秀挺拔。可以看出百合的美好姿态,还写出了百合的自信。

"断崖"换成了"悬崖"。"断崖"比"悬崖"更险峻,似乎是绝境。百合长在这里已经无路可走,好像一出生就被判了死刑,这是多么悲哀的事情。

③美丽有什么内涵?(智慧、自信和坚强。它成功了,它完成了作为一株花的庄严使命!)

④在品味这些平淡的语言当中,你用了什么方法?(删词法 换词法 增词法)

⑤过渡:它不仅成为断崖上最美丽的颜色,还开遍了山谷!这时人们纷纷赶来了,请读第六自然段。

7. 我从"几十年后,远在百里外的人,从城市,从乡村,千里迢迢赶来欣赏百合开花。许多孩童跪下来,闻嗅百合花的芬芳;许多情侣互相拥抱,许下了"百年好合"的誓言;无数的人看到这从未见过的美,感动得落泪,触动内心那纯净温柔的一角。"看到了一株有内在美的百合。

①为什么人们纷纷赶来了?(美、开花)

偏僻遥远的山谷一下子近在眼前了!那断崖上最美丽的颜色、那满山百合的美感召着人们,特别是百合自信、执着、坚强的内在美感动着人们。

生:"许多孩童跪下来,闻嗅百合花的芬芳"这个句子我用换词法赏析"跪"的妙处。我尝试换成"蹲",发现不好,不如原句更能表达出百合的美让许多孩童不自觉地顶礼膜拜。

师:真好,电视当中看到了臣子对国王下跪的姿势了吗?闭上眼睛想一想。睁开眼睛你会发现百合花在人们心目中的位置有多重要。

生:"几十年后,远在百里外的人,从城市,从乡村,千里迢迢赶来欣赏百合开花",我从"千里迢迢""几十年后"等词语,发现和前面的"偏僻遥远""断崖"呼应。

师:太好了!怎样才算得上"偏僻"?什么是断崖?

生:人迹罕至。没有路可走的地方。

师:可现在,"许多孩童""许多情侣""无数的人"纷纷地不顾"遥远","千里迢迢"而来,这是为什么?

生:百合花坚定自己的信念,在一个清晨结出了第一个花苞,开放出灵性的洁白和秀挺的风姿的花。

生:没有——因为"一朵一朵"地盛开着,"落在山谷、草原和悬崖边上,到处都开满洁白的野百合"。

生:我感觉百合绝不会满足于"一个谷地",它不会在自己开创出来的路上止步。它会把目光,放在千里之外的"整个世界",因为这样更能突出百合的执着。

师:那这些环境描写有什么作用?

生:更能体现出百合生长环境的恶劣,更能侧面衬托出百合的努力和执着。

②小片断练习。

师:如果野草蜂蝶他们来到了百合谷地,会发生怎样的故事呢?现在,请大家拿起笔来,记录下你的想象。

师:有几位同学写得很有自己的见解,咱们一起来听一听。

例1:"错了吗?真的错了吗?"野草似是在自言自语,"难道我先前的判断都是错的?可它……也许这才是它的价值吧,这漫山遍野的美丽,不也正是它带给我们最好的礼物吗!如果我也是它们中的一员,那不正是我毕生的梦想吗!可世上有那么多的梦,不是多半都只能是梦吗,我终究只是一株草,这美丽永远不会属于我,那荒凉的山谷,或许才是我终身的归宿吧!"

师:你说说为什么这样写?大家听听有没有不同的意见?

生:野草先前那样嘲讽鄙夷百合,突然看到百合开出这样美丽的花朵。先前的失落和愧疚同时出现,所以变得失望和绝望。

生:我感觉是表面服气,有可能内心不服吧。

生:我感觉野草蜂蝶被百合开花的美丽感动感化了。

例2:野草蜂蝶鸟雀们也来到了百合谷地,都被百合开花的美丽震撼了。原来是我们错了,百合真的开花了,还是这么美的百合!原来百合当初的坚持是正确的。它不但凭借自己的努力实现了梦想,开出了美丽的花朵,还为前来观赏的人们带来一份宁静和幸福,实现了自我的价值。百合,谢谢你的执着,你的自信,你让我们懂得了美的真谛。

师:能告诉大家你为什么这样写?

生:野草蜂蝶鸟雀在百合开第一朵花的时候,书上原句说不敢嘲笑他们了,还有后面百合谷地触动了人们内心最温柔纯净的一角,我想那些蜂蝶鸟雀也会被触动了吧。

③百合生在山谷长在断崖,林清玄怎么以《心田上的百合花开》为题,用《断崖上的百合花开》不是更恰切?

师总结板书:林清玄以《心田上的百合花开》为题就是因为这株百合虽然生在山谷长在断崖,虽然有野草蜂蝶的嘲笑,但就是在这种恶劣的自然条件下,在这种不和谐的人文环境中,百合仍然自信、执着、坚强地朝着自己信念,努力奋斗!就是这些深深地打动了我们每个人的心,它就开放在林清玄的心里,开放在我们每个人的心里!

过渡：坚强的百合总是默默地奋斗，当它成功时却流泪了，请看第五自然段一二两行，谁来读一读？

8. 我从"百合一朵一朵地盛开着，花朵上每天都有晶莹的水珠，野草们以为那是昨夜的露水，只有百合自己知道，那是极深沉的欢喜所结的泪滴。"看到一株喜极而泣的百合。

①划下来。

②想象品读法。你有没有像百合这样喜极而泣的经历？或者看到过这样的场面？

高兴时不是都笑吗？甚至是一蹦三尺高？你为什么会流泪呢？（回顾艰辛的历程）

③百合想起了什么？

④教师总结板书！百合生活在哪儿？找到这句话，谁来读出来？百合生在山谷长在断崖，这就需要百合抵御来自自然的风雨雷电，需要忍受别人的忽视；有野草蜂蝶的嘲笑，需要百合耐得住孤独、寂寞，需要经得起风言风语的打击，想想这晶莹这美丽背后包含着多少艰辛啊！这是自信是坚强是执着所绽放的美丽！

这些只有百合自己最清楚！这让我想起了冰心的一首小诗。

⑤大屏幕出示：

成功的花

人们只惊慕她现时的明艳

然而当初她的芽儿

浸透了奋斗的泪泉

洒遍了牺牲的血雨

⑥先自己朗读一遍。

⑦谁来给大家朗读一下？你理解了诗意！这首小诗就是百合的真实写照。

⑧成功的百合吸引了无数的人来欣赏她的美丽，请同学读第六自然段——

9. 我从"我们要全心全意默默地开花，以花来证明自己的存在。"，看到了一株默默地奋斗、一心一意开花、成功时仍然奋斗的百合。

①把"全心全意"、"默默"去掉，怎么样？（体育明星拍广告）

成功之时不得意忘形，仍然保持本色是多么难得啊！

失意的时候、失败的时候坚定地奔向自己的信念可贵，成功时仍然继续努力就更可贵!

②让我们也来来记住这句话吧!不管别人怎么欣赏,满山的百合都谨记着第一株百合的话,一二——

成功的时候百合仍不忘努力,但坚强的它却流泪了。同学请看第五自然段一二行,你读出来,好吗?

赏析课文部分小结:小小野百合怀着我要开花的信念,凭着它的自信、坚强、执着,经受住了种种考验,成了断崖上最美丽的颜色,成就了百合谷地……(过渡)

四、联系自身,谈感受

我们每个人内心也有一个美丽而纯洁的念头,为这个念头,我们也曾经历过困难、挫折或是磨难,你是如何战胜困难、挫折或是磨难的?你愿意说出来吗?

交流,评价

五、布置作业

(师边说边点击大屏幕)这么多同学心中有百合花的故事,而且绽放得是那样的美丽。请拿起笔来把自己心中百合花的故事写下来吧!如果你也能尝试着用平实但深刻的语言来表达就最好了。

[课例评析]

《心田上的百合花开》是台湾著名的散文作家林清玄的一篇寓言体散文,本文用不事雕琢的语言刻画了坚忍执着的百合形象。本教学设计很好地体现了"整体感知——局部品味——想象拓展"这一教学流程。

1. 学生的一读课文并思考是"整体感知"

一开课,老师就让学生读课文,思考:你能概括地说说百合的经历吗(像野草——结出花苞——开花了——漫山遍野)?这一问题启动了学生的思考,理清了百合开花的经历,明确了文章的写作脉络,初步形成对百合花的整体认知:这是一株人生充满艰辛的百合,为了开花的信念努力再努力!为下文进一步品味平实而深刻的语言打下了良好的感情基础。

2. 赏析简单而深奥的语言是"局部品味"

教师设计了一个核心问题:你看到了一株怎样的百合?从哪些句子看出来的?默读时请用曲线划出来,并在旁边做批注;交流时请同学们以"我从(   )一句中,看到了一株(   )的百合花"说话。这个核心问题牵一发而动全身。学生在感悟百合精神时,学会了用多种方法去品析文本语言。老师指导学生从抓住关键词入手:既品出了"努力地""深深地""美丽""灵性""秀挺";也找出了"偏僻""遥远""断崖""千里迢迢";还有"不是,而是""有没有""会不会""一朵一朵地开放着";更没有放过排比句式。这样从不同角度,用不同方法,调动学生深度思考,从而深度领悟百合的"执着"精神,同时还掌握了"增词、删词、换词"等品味语言的方法。实现了研读课文,品味语言魅力的目的。

3. "联系自身,谈感受"环节是"想象拓展"

我们每个人内心也有一个美丽而纯洁的念头,为这个念头,我们也曾经历过困难、挫折或是磨难,你是如何战胜困难、挫折或是磨难的?你愿意说出来吗?

这一环节,让学生在联系自身的时候,加深对百合品质的理解,也为做好作业打下了基础。教师带领学生解读文本不应局限于文本,而应超越文本。这个环节的想象拓展是为了学生进一步加深对课文内容的理解,然后在理解的基础上再进行情感与思想的深化,最终的归宿还是落脚到语言文字的运用规律上去。这个"联系实际谈感受"的环节,恰是根据课文的具体内容,根据学生的阅读实际,在充分把握了百合坚强、执着、自信的形象特点,充分理解了文章"在平易的描写中蕴含的感人的力量"之后的合理设置。遵循了《九年义务教育课程标准》在"实施教育"中讲到要"珍视学生学习过程中的独特体验、感受和理解","不应以教师的分析代替学生的阅读实践",我们白描语文的阅读教学倡导学生的学习是一个自得自悟的个性化行为。

第三节 白描阅读教学的方法

语文课程标准:具有独立阅读的能力,学会运用多种阅读方法。

作为学校一门学科课程的语文,侧重的是从言语作品中学习言语形式,侧重于作者"怎么说"。叶圣陶早年就指出过:学习语言文字如不着眼于形式方面,只在内容上去寻找,结果是劳力多而收获少。如何让学生习得"怎么说"？有人说,要通过大量的阅读,让学生"意会"。我则认为"言传"也同样重要,应该使"意会"与"言传"互补。"言传"的是阅读方法。这样,学生的学习过程由不可言传逐渐达到可以言传,再从可以言传到更高层次的不可言传。朱自清曾说过:只注重思想而忽略训练,所获得的思想必是浮光掠影,因为思想也就存在于词汇、字句、篇章、声调里。语文课程标准指出第四学段的阅读目标3是:在通读课文的基础上,理清思路,理解、分析主要内容,体味和推敲重要词句在语言环境中的意义和作用。所以,白描语文阅读教学努力做到让学生习得阅读欣赏的方法,发展学生思维,提高语文素养。

一、方法一:圈划点括式批注

很多老师平时都要求学生"圈点批注",可是学生并不知道圈什么、点什么、怎么圈、怎么点,也不清楚怎么批注？没有解决这些问题的方法,学生的阅读就永远是"浮云"。白描阅读教学让学生学习用不同的形式圈点不同的语言现象,用多种方法赏析文本。

1. 阅读记叙性文本时的圈划点括式批注

记叙性文本主要是写人记事,教学时往往要赏析人物。我就根据描写人物形象的方法,设计了"圈画点括"的符号,然后选用合适的赏析方法。

(1)人物神态描写用圈("〇")

在读书过程中,只要一遇到人物神态描写的词或句子,就动笔圈一下,然后考虑的问题是:"此处的神情表现了人物的什么心理？"再在旁边写出点评。至于为什么用这一符号,可以给学生解释清楚——因为表情是表现在人的面部上的,而

人的脸大体轮廓是圆的,所以读书时遇到人物表情描写的词语就这么一圈。如,学习鲁迅的《风筝》,有这样一次点评:

原文	点评
和我相反的是我的小兄弟,他那时大概十岁内外罢,多病,瘦得不堪,然而最喜欢风筝,自己买不起,我又不许放,他只得张着小嘴,呆看着空中出神,有时至于小半日。 ——摘自《风筝》	"张、呆看"的神态形象地表现了小弟弟喜爱风筝的程度甚至到了"痴迷",否则怎么能"至于小半日"呢!

(2) 人物心理描写、语言描写划"线"

"线"分两种:一种是直线"＿＿＿"另一种是曲线"～～～"。直线用于划出心理描写,曲线用于划出人物语言描写语句。选用直线划心理描写,是因为心里话是人的心灵的真实再现。选用曲线画语言,是因为言为心声,可言为哪般心声,还需大费一番周折。如,学习《走一步,再走一步》,曾作如下点评:

原文:	点评:
"听我说吧,"父亲说,"A 不要想着距离有多远。你只要想着你是在走一小步。你能办得到的,眼睛看着我电筒的光照着的地方,你能看见石架下面那块岩石吗?" 我慢慢地把身体移过去。"看见了。"我说。 "好,"他对我说,"B 现在你把左脚踏到那块岩石上。不要担心下一步。听我的话。"这似乎能办得到。我小心翼翼地伸出左脚去探那块岩石,而且踩到了它。我顿时有了信心。"很好,"我父亲叫道,"C 现在移动右脚,把它移到右边稍低一点的地方,那里有另外一个落脚点。"我又照着做了。我的信心大增。"我能办得到的。"我想。 ——摘自《走一步再走一步》	ABC 三处语言描写表现出爸爸是一个善于鼓励和善于指导孩子勇于克服困难的好爸爸。 两次心理描写,重复了"能办得到",强调"我"的信心越来越大,表现出正是爸爸鼓励使"我"有了克服困难的信心。

(3) 人物动作描写用"点"(·)

阅读过程中,遇到典型动词,就用"点"标记,"点"代表着一种运动轨迹。然后来思考动词的作用。如,学习《从百草园到三味书屋》中捕鸟那一段,做如下点评:

原文:	点评:
扫开一块雪,露出地面,用一枝短棒支起一面大的竹筛来,下面撒些秕谷,棒上系一条长绳,人远远地牵着,看鸟雀下来啄食,走到竹筛底下的时候,将绳子一拉,便罩住了。	一系列动词,准确地描述了雪地捕鸟的过程。

(4) 修饰语用括号

初一可只要求用括号标示出修饰语。初二时,学过了短语及句子成分,可要求用小括号"(　)"括出定语,用中括号"[　]"括出状语,用"<　>"标出补语。如,阅读《童年》时可先结合课文的精段作如下点评指导:

摘抄:	点评:
"别忙,等一等!你放多少茶叶?" 他把茶叶放到手掌上,(细细地)数,说道: "你的茶叶比我的碎,所以我该少放,我的叶子大些,多出茶色。" 他(十分)注意外祖母倒给自己的和倒给他的茶是不是同样的浓度,倒在两个茶碗里的分量也要平均。	此处对外祖父的语言和动作描写,尤其"细细地"和"十分"两个词非常具体形象地刻画出他的斤斤计较、吝啬的性格特点。

2. 阅读说明性文本时的圈划点括式批注

学习说明性文章时,也可以用"圈画点括式批注"法读书。

(1) 圈(〇)出说明对象

说明对象是文章说明的什么事物或什么事理,或者是说明事物的某一方面。

学生学习一篇说明文首先要弄明白说明对象是什么,所以,先让学生用""这个符号,在文中把说明对象圈出来。比如,学习《中国石拱桥》《苏州园林》《故宫博物院》《花儿为什么这样红》《大自然的语言》等文章,指导学生在第一遍读课文时,就要圈出说明对象。久之,就会养成读说明文圈说明对象的好习惯,为进一步学习文章打下了基础。

(2)划出说明方法和作用

在阅读说明文时,用曲线(﹏﹏)标出运用了说明方法的句子,并思考:这句运用了哪种说明方法?作用是什么?用直线(＿＿)标出要说明的问题,即作用。如:

物候观测使用的是"活的仪器",是活生生的生物。它比气象仪器复杂得多,灵敏得多。物候观测的数据反映气温、湿度等气候条件的综合,也反映气候条件对于生物的影响。应用在农事活动里,比较简便,容易掌握。<u>物候对于农业的重要性就在这里。</u>下面是一个例子。 　　<u>北京的物候记录,1962 年的山桃、杏花、苹果、榆叶梅、西府海棠、丁香、刺槐的花期比 1961 年迟十天左右,比 1960 年迟五六天。根据这些物候观测资料,可以判断北京地区 1962 年农业季节来得较晚。而那年春初种的花生等作物仍然是按照往年日期播种的,结果受到低温的损害。如果能注意到物候延迟,选择适宜的播种日期,这种损失就可能避免。</u> 　　　　　　　　　　——摘自《大自然的语言》	此处运用了举例子的说明方法(曲线所划句子),具体地说明了掌握物候对于农业的重要性(直线所划句子)。

这样的"曲直结合"方法,很容易就引导学生明确:①说明文中说明方法的作用;②理清说明思路——说明的问题+具体例子。

(3)点(·)出准确用词

准确用词用语是说明文语言的一大特点,所以品析语言的准确性就成了教学重点。综合看这类词大多是些表示约数、程度、范围等的副词。所以,学生在阅读课文时,可用"点"(·)标出用的非常准确的词语,并加以品析,就能逐步体会到说明文语言的特点。具体"三步走":

第一步:点——每读一篇说明文,要提出明确的要求:找三到五句能体现说明文语言准确性的句子,并点(·)出关键词。

第二步:问——此处的词语什么意思,用在这里说明了什么,去掉后又说明了什么?

第三步:写——将上两步的思维过程组织着写下来,如:

《水经注》里提到的"旅人桥",大约建成于公元282年,可能是有记载的最早的石拱桥了。 ——摘自《中国石拱桥》	"大约""可能"都是表推测的,是"有很大可能"的意思,如果去掉就表明非常肯定旅人桥的建桥时间了,这与实际情况不符。这样用词恰恰体现说明文语言的准确性。
我国的石拱桥几乎到处都有。 ——摘自《中国石拱桥》	"几乎"表程度,强调了石拱桥分布范围很广,但并不排除有的地方没有。如果去掉了则说明"石拱桥到处都有",这就与实际不符。这样用词体现了说明文语言的准确性。

"点——问——写"三步法,能够让学生迅速地学会分析说明文语言的准确性,自主阅读也就有了有效的抓手。

(4)括( )出关键词语

学生在读书过程中,将与问题有关的关键词"括"出来。养成这样阅读习惯,既"省事""省时",又引导学生回归文本。

比如读?

3. 阅读议论性文章时的圈划点括式批注

阅读议论文,还可以用"圈画点括式批注"。

(1)圈(〇)出论题或论点

论点是议论性文章的眼睛,学生阅读议论文,首先要弄清楚:论点是什么？所以,在学生初读一篇议论文时,就让学生圈出论点。如果论点需要归纳,我就让学生圈出论题。

(2)划出论证方法和作用

在阅读的过程中,用曲线(〜〜)标出运用了论证方法的句子,并思考:是什么论证方法？作用是什么？用直线(＿＿)标出阐明的问题。如:

| 怀疑不仅是消极方面辨伪去妄的必需步骤,也是积极方面建设新学说、启迪新发明的基本条件。①对于别人的话,都不打折扣的承认,那是思想上的懒惰。这样的脑筋永远是被动的,永远不能治学。只有常常怀疑、常常发问的脑筋才有问题,有问题才想求解答。在不断的发问和求解中,一切学问才会发展起来。

②许多大学问家都是从怀疑中锻炼出来的。清代的一位大学问家——戴震,幼时读朱子的《大学章句》,便问《大学》是何时的书,朱子是何时的人。塾师告诉他《大学》是周代的书,朱子是宋代的大儒;他便问宋代的人如何能知道一千多年前著者的意思。
——摘自《怀疑与学问》 | ①运用了正反对比的论证方法,有力地阐明了怀疑是积极方面建设新学说,启迪新发明的基本条件(直线所画句子)。
②运用了举例论证的论证方法(曲线所画句子),有力地阐明了怀疑是积极方面建设新学说,启迪新发明的基本条件(直线所画句子)。 |

这样的"划思"结合,对于初学议论性文章的学生来说,比较容易明确论证方法的作用,也能够理清议论文段的组成特点:先摆出议论的问题,再运用一定的论证方法加以证明。

(3)点(·)出严密用词

用词严密是议论文语言的一大特点,用"点"(·)标示用语严密的词语并品析,就可提高对议论文语言特点的认识。具体操作起来可以用"三步走"的思路:

①第一步:点——每读一篇议论文,要提出明确的要求:找三—五句能体现议论文语言准确性的句子,将其中最能见出准确表达的词语用(·)在字的下方标出。

②第二步:问——此处的词语什么意思,用在这里议论什么,去掉又议论什么?

③第三步:写——将上两步的思维过程组织着写下来。如:

| "正确答案只有一个"这种思维模式,在我们头脑中已不知不觉地根深蒂固。事实上,若是某种数学问题的话,说正确答案只有一个是对的。麻烦的是,生活中大部分事物并不像某种数学问题那样。行之有效的方法,到了现在往往不灵了。正因为如此,如果你认为正确答案只有一个的话,当你找到某个答案以后,就会止步不前。因此,不满足于一个答案,不放弃探求,这一点非常重要。 | "某种""大部分""往往"都是起修饰限制作用的,表明所阐明的内容是有一定范围限制的,不能一概而论,这样用词恰恰体现了议论文语言的严谨性。 |

(4)括( )出关键词语

阅读议论文时,学生同样可以用"( )"在原文直接标示与问题有关的关键词语,这样做能迅速养成学生用心细读的好习惯。

"圈划点括式批注"的方法让阅读"落地"了,也让学生的自主阅读有"法"可依。学生一旦养成圈划点括式批注的习惯,阅读能力的提升是非常迅速的。

[典型课例]

生命　生命

杏林子

学习目标:

1. 学习并运用"删、换"等品味语言的方法,深入探究作品的丰厚内涵。

2. 感悟"小飞蛾、小瓜苗"等生命现象的特点,领会珍爱生命、发挥生命价值的意义。

学习重点：

学习并运用"删、换"等品味语言的方法，深入探究作品的丰厚内涵。

学习时数：

一课时

学习过程：

一、导入新课

同学们，一个旅游胜地发生了意外，正在运行的缆车突然坠毁。14人不幸遇难，一个两岁半的孩子却奇迹般地活了下来。你能猜出原因吗？是他的父母把他高高地托起，用自己的生命换来了孩子的重生。

韩红得知这个故事后，收养了这个幸存的孩子，并且创作了一首感人肺腑的歌曲——《天亮了》。今天我想把它推荐给大家，下面我们一起来用心倾听。（播放《天亮了》）

假如你是这个孩子，你会怎么对待自己的生命？

同学们的坚强、勇敢、乐观，让我非常佩服，我还佩服一位伟大的作家：

展示图片及内容（杏林子的照片）：

她，只读到小学毕业就因病退学了，从12岁起，她因为得了关节炎，全身大部分关节损坏，腿不能走，肩不能举，手不能抬，头不能转，但她从没有放弃。凭着坚强的毅力，写了四十多本散文、小说、剧本，她便是本文作者——杏林子，台湾最具影响力的作家。

病痛给予杏林子丰富深刻的人生体验，才有了她的精美散文《生命　生命》。（板书）

本节课的学习目标是，请大家齐读一遍，声音真响亮。了解了目标，我们就明确了前进的方向。

下面检测一下预习情况，谁愿意来抽写生字。同桌交换批改。

二、整体感知

指名轮读课文，其他的同学边倾听边思考大屏幕上的问题：作者描绘了哪些生命现象？

温馨提示：可以用圈点批注的方法抓住文中的关键词回答

交流答案。师简要板书：（飞蛾、香瓜子、"我"；生之欲望、生命力、生命。）

刚才我们把一篇长的文章读成了几句话,这是一种概括的能力,一种把厚书读薄的能力,我们还可以具备把薄书读厚的能力。什么是把薄书读厚呢,就是运用一定的方法,挖掘语句的丰厚内涵。

三、研读文本

(一)教师出示范例,引领学生初步了解把薄书读厚的方法。

1. 请生朗读原句和改句,比较异同。

原句:我原想弄死它,但它鼓动双翅,极力挣扎,我感到一股生命的力量在我手中跃动,那样强烈!那样鲜明!

改句:我原想弄死它,但它扇动双翅,极力挣扎,我感到一股生命的力量在我手中跳动。

通过比较原句和改句,体会"鼓动""跃动"的妙处和"那样强烈!那样鲜明!"的妙处。

(二)练习教师指定句子:试着用"删除法"或"换词法"品一品下列句子的妙处,在书上做圈点批注。

A. "这样一只小小的飞蛾,只要我的手指稍一用力,它就不能再动了。"

删词法:

原句:这样一只小小的飞蛾,只要我的手指稍一用力,它就不能再动了。

改句:这样一只飞蛾,只要我的手指一用力,它就不能再动了。

分析比较"小小的"和"稍"的内涵:

删掉了"小小的"和"稍",就不能更准确地体现出飞蛾的生命很脆弱,生命危在旦夕了。

B. "墙角的砖缝中掉进一粒香瓜子,隔了几天,竟然冒出了一截小瓜苗。"

换词法:

原句:竟然冒出了一截小瓜苗。

改句:竟然长出了一截小瓜苗。

把"冒"换成了"长",觉得还是原句更好。因为"冒"写出了出乎意料,是一种惊喜。我们都知道植物生长需要水、空气、阳光等条件,而这粒小小的种子,在没有阳光、没有泥土的砖缝中竟然冒出了一截小瓜苗,真是一件令人惊讶的事儿!

(三)自主选择自己最欣赏的句子,用删词法或换词法品味其妙处。

先小组交流,然后全班交流。

教师预设：

1. 在没有阳光、没有泥土的砖缝中，不屈地向上，茁壮生长，昂然挺立。

换词法：把"不屈"换成了"倔强"，感觉还是"不屈"更准确。"倔强"只是一种性格，"不屈"不仅是性格，更主要是一种品格，一种不畏困难、顽强求生的向上的品格。

删词法：把"没有阳光、没有泥土的"删掉，就不能准确地写出小瓜苗的生长环境非常恶劣，就不能形象地写出它擎天撼地的生命力了，所以还是原句好。

2. 它仅仅活了几天，但是，那一股足以擎天撼地的生命力，令我肃然起敬！

换词法：把"肃然起敬"换成了"十分敬佩"，认为还是"肃然起敬"更准确，因为"肃然起敬"是从心底里产生的一种敬意。

拓展：你会对这一株小瓜苗说点什么？小瓜苗会说些什么呢？

3. 我都愿意为它奋斗，勇敢地活下去。

删词法：把"勇敢"删掉可以吗，为什么？

活着还需要勇敢吗？

杏林子身患重疾，她的生命和小飞蛾、小瓜苗一样脆弱。她是如何对待自己的生命的？请听一个真实的故事：

刘侠12岁时就染上了类风湿关节炎，这个病的典型特征是：痛苦。数十年来，她没有一分一秒不是在痛苦中挣扎。早上坐在轮椅上，每晚要戴呼吸器睡觉。这样的痛苦在外人眼里已经不堪忍受。以致于三毛探完杏林子后，在门外忍不住祈祷说："神呀！杏林子太惨了！求你大发慈悲，早些接她到你那里安息吧！"刘侠听后大吃一惊，连忙做出"修正祷告"："神呀！关于这件事，你千万不要听三毛说，你还是听我的吧！我还未活够，我宁可活到很老很老，我还有太多事未做完，死不得呀！"

（四）体悟生命意义

是啊，这样一个被病痛折磨的弱女子，却始终快乐地生活，并能给别人带来快乐。让我们齐读最后两段，感受作者对生命的珍爱吧！现在，增加难度，能勇敢的再读吗？

让有限的生命发挥出无限的价值，生命因为我们的勇敢、乐观、自信而美丽。

四、拓展反思

刚才我们了解了台湾省的杏林子对生命的看法，美国的克伦·沃森又是怎样

认识生命的呢?请默读练习二的文章,思考:

1. 作者观察了哪种生命现象?作者对蜜蜂感情的变化经历了哪几个阶段?

2. 划出你最欣赏的一个句子,用删词法或换词法点评这个句子。

先小组交流,而后全班交流。

教师预设:

本文写了蜜蜂在险境中挣扎,表现了蜜蜂强烈的求生欲望。作者对它情感的变化经历了四个阶段:一是厌烦,二是吃惊,三是内疚,四是敬仰。

A. 我才发现,自己还跪在地上,已跪了好久好久。

用换词法品读,同时总结联系法:我们一般都是蹲着观察小动物的,而作者这里用了跪。跪字能更好地表现出作者对蜜蜂的敬仰之情。

B. 它右翅还比较完整,但左翅却皱折的像一团纸。然而,它仍然慢慢地一上一下地抖动着翅膀。

用换词法赏析:把"抖动"换成了"扇动",经过比较,我认为"抖动"能更形象地表现出蜜蜂强烈的生之欲望。

我们一般都说一张纸,这个句子用了一团纸,更能说明蜜蜂的伤势很重。

删词法:它仍然慢慢地一上一下地抖动着翅膀,如果把"慢慢地一上一下地"删掉,变成它仍然抖动着翅膀,就不能准确地写出蜜蜂的伤势很重,不能更好地再现蜜蜂的顽强。

同学们学会了把薄书读厚,真好。

五、小结

大自然的一草一木,一虫一蝶,可能比较渺小,却能反映生命这样一个大的主题,从而触动我们的心灵。这种写法叫什么?对,以小见大。谁能对照板书总结我们这节课的收获?

这节课我学到了把薄书读厚的三种方法:删词法、换词法、联系法,还认识到要珍爱生命,让自己有限的生命发挥出无限的价值。

你真正做到了学有所得,思有所获,这就是进步的开始。给大家留一点作业:

六、作业(二选一)

1. 仿照杏林子的文章第一段,把克伦·沃森的《生命 生命》缩写成一段话。

2. 仿照克伦·沃森的文章,把杏林子的《生命 生命》第一段扩写成一篇文章。

教师寄语:同学们,人生有三种境界:像小飞蛾那样生存,像香瓜子那样生长,像杏林子那样幸福地生活。只有达到第三种境界,我们的生命之树才能不畏风霜雨雪,永远枝繁叶茂、生机勃勃!

[课例解析]

1. 圈点批注,把薄书读厚

《生命 生命》是一篇充满哲理的散文,通过"飞蛾求生、瓜苗生长、静听心跳"三件小事,表达了作者的独特生命体验和感悟。对刚步入初一的学生来说,如何帮助他们理解文中含义深刻的句子,如何让他们对"生命"这个如此宏大的话题有自己的感悟,是重难点。基于这样的认识,本节课引导学生运用圈划点括式批注的阅读方法,试图让学生与文本充分地交流。

老师为学生的圈点批注设计了一个抓手,即核心问题:作者在文章中描写了哪些生命现象?学生围绕着核心问题用圈点批注的方法阅读文本,这样,既能从整体上把握文章,又能抓住关键语句进行品味,把薄书读厚。刚开始学生点评批注往往不得要领,老师最好进行适当的引领。如:

原句:我原想弄死它,但它鼓动双翅,极力挣扎,我感到一股生命的力量在我手中跃动,那样强烈!那样鲜明!

改句:我原想弄死它,但它扇动双翅,极力挣扎,我感到一股生命的力量在我手中跳动。

通过比较原句和改句,体会"鼓动"、"跃动"的妙处和"那样强烈!那样鲜明!"的妙处。

学生初步懂得了圈点品评的要领,就可以从文章中找出自己喜欢的句子进行品味,做到真正的把厚书读薄、读透。也只有这样,才能给予学生发展的快乐,让学生获得取得成功的满足感。

2. 反复渲染,让生命张扬

生命无处不在,正如语文无处不在。教师在执教《生命 生命》一课时,将语文的小课堂与社会的大课堂有效结合,紧密联系,浑然天成。在老师由浅入深的引领下,孩子的身心被情感磁场所浸润,一步步走进精神的家园。

当学习到飞蛾险境求生的时候,教师指导学生感悟朗读后再进行语言渲染:"一只飞蛾的平均寿命只有九天,但为了生命的延续,哪怕是一分钟、一秒钟,它也要极力挣扎。请大家再次朗读,注意重读圈点批注的词语。"于是学生的朗读充满了情感,那份情感来自灵魂深处。

在学生对文本有了较深的感悟的时候,老师结合课文练习二指导学生默读练习二的文章,思考美国的克伦·沃森又是怎样认识生命的?结合问题采用圈划点括式批注进行品味。如果说讲述杏林子故事是感动了学生,这次拓展延伸无疑是震撼了学生。如此反复渲染气氛,创设情境,引导学生理解、朗读、品味、内化、运用。

二、方法二：赏析式点评法

刘勰在《文心雕龙》中指出："夫缀文者,情动而辞发;观文者,披文以入情。"这句话揭示了写作和阅读不同的心理过程。阅读的过程与写作相逆,是"以意逆志",就是以读者的体会迎合作者的本意。而这种迎合,也正是从呈现在他面前的文字作为出发点,然后借助于对这些文字的一步一步地深入理解,慢慢地窥见了作者深藏于心灵之中和文字背后的玄妙。

白描语文的阅读教学倡导调动学生情感因素,因势利导,让学生品味语言,遣词造句,在阅读中升华情感,用情感诱发灵感,用灵感牵引写作,用写作促进阅读。我们在品味语言当中运用下面几种方法,收到了良好的效果。

1. 敲打关键词句法

著名特级教师于漪曾经说过这样一句话:重锤敲打关键词句,使它们溅出耀眼的火花。

一篇文情并茂的文学作品,让学生体会和理解作品的感情,就不能不品味揣摩其语言的精妙。比如林清玄的《心田上的百合花开》这篇课文的美来自两方面:一是内在的意蕴;二是语词、句式乃至整体的形式美。如何去揣摩?我们主张抓关键词,利用增删词语、更换词语等方法,引导学生品味文字背后的意蕴。

如文中有这样一句话"百合努力地吸收水分和阳光,深深地扎根,直立地挺着胸膛"。我们尝试让学生把"努力地""深深地""直立地"删掉,再来品读这个句子,表达的意味有什么不同。学生通过朗读涵咏,感受恰是删掉的这几个词语塑造了一株与恶劣环境顽强抗争,坚定信念,努力生长的百合形象。文字品味到这里,百合的形象还不够充分。林清玄的语言风格是在平易的语言中蕴含着感人的力量。比如我们进一步品评大家很容易忽略的"扎"字,把这个字换成"长"字,大家来比较不同的表达效果。通过交流,学生发现,这个"扎"字比"长"字更能写出百合具有钉子精神,咬定青山不放松,从断崖上努力汲取能量。一个"扎",把百合努力的形象刻画得栩栩如生。

"修辞立其诚,为在达旨适境!"没有有主旨的华美词句,就犹如没有灵魂的塑料模特,对情感的深切把握品评是和对语言的品味融合在一起的,割裂开来是不可能赏析成功的。

2. 联想法

叶圣陶曾说过:在阅读文学作品时,字里行间的"弦外之音"和"象外之旨"难以准确地把握,这时候引导学生"把生活经验联系到语言文字上去",就能收到事半功倍的效果。如学习《心田上的百合花开》时,赏析"百合努力地吸收水分和阳光,深深地扎根,直立地挺着胸膛"这个句子,很多学生不知道怎么去品味这个"挺"字。这时候,老师可以引导学生把小胸膛挺一下,抬起头来,体验这个"挺"的感觉。根据自己的经验,学生茅塞顿开,感受到自信的百合傲然挺立在悬崖边上。

赏析《端午的鸭蛋》里面这样一句话"不过高邮的咸鸭蛋,确实是好,我走的地方不少,所食鸭蛋多矣,但和我家乡的完全不能相比!"学生如何理解这句话?难道真的是高邮鸭蛋是世界第一的吗?你生活中有没有这样的体验?学生联系自己的生活体验,理解了汪曾祺对家乡鸭蛋的喜欢,其实源于故乡情难怯。

中学生的心理特征是想象力越来越丰富,因而在语文教学中利用这一心理特征,启发学生赏析点评过程中联系历史思考,联系自己的经历思考,联系他人的做法思考,联系相关的名言或诗句思考,联系背景思考……让学生在学习中"倾吐自己的蓄积,倾吐自己的消化液"(顾黄初《让学生学会在阅读中思考》),这对语文学习是大有裨益的。

3. 对比法

叶圣陶先生把"比较"作为一种重要的阅读方法,他说:"阅读方法不仅是机械地解释字义,记诵文句,研究文法修辞的法则,最要紧的还是多比较、多归纳。""就读的方面说,若不参考、分析、比较、演绎、归纳、体会,哪里会'真知'读?哪里会'真能'读?"

文学家鲁迅对笔下人物的勾勒可谓是寥寥几笔,就入木三分,画骨也画神,他善于写出人物的变化。白话文小说《孔乙己》中有好几次写到孔乙己的"脸色",

第一次写孔乙己的"脸色"是在他出场的时候:孔乙己"青白脸色,皱纹间时常夹些伤痕"。第二次写"脸色"是在有人揭发孔乙己偷了书的时候:"孔乙己便涨红了脸,额上的青筋条条绽出,争辩道,'窃书不能算偷……'"。第三次写孔乙己的"脸色"是在有人问他"你怎么连半个秀才也捞不到呢"的时候:"孔乙己立刻显出颓唐不安的模样,脸上笼上了一层灰色。"小说最后一次写孔乙己的脸色,是在他被丁举人打折了腿,用手"走"到酒店的时候:"他脸上黑而且瘦,已经不成样子。"赏析这些句子,指导学生通过对比,结合上下文,体会对不同"脸色"的描写,对于刻画人物性格特征,推动故事情节的发展,突出小说的主题思想,都起着重要的作用。

在对比点评中,学生还会提出另外一种语言现象。如鲁迅的作品《从百草园到三味书屋》开头"其中似乎确凿只有一些野草;但那时却是我的乐园。""其中似乎确凿只有一些野草"这一句是学生争论比较多的,"似乎"和"确凿"两个词用在一起,进行比较,好像是矛盾。难道真的是矛盾?带着这样的疑问,学生联系下文进一步揣摩,原来百草园确实只有一些野草,所以说"确凿",但这个百草园只是童年的印象,还不能十分肯定它的现在,所以又用了"似乎"。但就是这两个词精确地体现了鲁迅现时的特殊心境。这种心境无疑就是他对百草园的怀恋。这样看似矛盾的词语和句子在文章中比比皆是,赏析中结合上下文对比阅读,才能把握矛盾背后的深意。

白描语文追求"言有尽意无穷""此时无声胜有声"的留白技巧。鲁迅先生曾说过:"教师愈会比较,就会愈有益处。"他在《准风月谈·喝茶》中就作过比较"我们试将享清福、抱秋心的雅人,和破衣粗食的粗人一比较,就明白究竟是谁活得下去。"

在阅读教学中,我经常指导学生赏析把课文、段落、句子、词语等,与它们的同类或者相关联的类别进行比较、归纳、概括,使学生高屋建瓴,深入准确地把握住本质特点、个性特征,加速对知识的消化、迁移、运用,从而由点到线地构建知识体系,提升阅读水平、思维能力、欣赏评价能力,收到举一反三、触类旁通、事半功倍、省时高效的效果。

[典型课例]

艰难的国运与雄健的国民

教学目标:

1. 通读课文把握文章内容。

2. 反复品味比喻句,理解感悟字里行间所蕴含的哲理、洋溢的感情。

3. 通过品读重点语句,感悟"雄健精神",汲取坚强乐观、积极进取的精神力量。

课前学习:

1. 上网查阅:作者的情况;1900年——1920年的主要历史事件。

2. 熟读课文,尽量带有感情。

3. 会读会写生字词,并能理解意思。

教师认为应该学会的生字词有:

逼狭　回环曲折　崎岖　魄势　阻抑

亦复如是　老于　固　愈　奇绝壮绝

4. 上网查阅:《玉树地震全记录:和玉树人民在一起》。摘抄:一个人或一类人的感人事迹、代表玉树精神的一句话。

教学流程:

一、导语(大屏幕出示图片)

云南遭遇了百年未遇的旱灾,我们每个人都在关注着云南灾情,可就在这时——2010年4月14日7时49分,一场突如其来的7.1级地震,使13亿华夏儿女又一次感受到失去兄弟姐妹的钻骨痛楚。玉树,满目疮痍,面目全非:大部分房屋倒塌,水、电、路、通信全部瘫痪了……

面对这巨大灾难,我们——中国人,是怎么做的呢?(请同学交流)

一方有难,八方支援;玉树人自强不息,积极展开自救(学生说不出来,可以追问:玉树人是怎么做的呢?)。世人再一次感受到了中华民族的坚韧和顽强!

这坚韧和顽强曾让我们中华民族战胜了多少的大灾大难啊!让我们把目光聚焦到十九世纪二十年代的中国,哪位同学来说一下你了解的情况?(真的像"病人",千疮百孔,步履维艰:那时列强对中国虎视眈眈,国内军阀混战,封建复古势力又抬起头来……)在这种"艰难的国运"面前,华夏民族的每一个子孙该怎样做呢(教师指着课题说这句话)?这节课,就让我们用心倾听李大钊先生的呐喊呼

告!(教师指着大屏幕的课题)

过渡:请同学朗读课文,请先(大屏幕出示朗读课文的要求)默读要求,然后朗读课文。

二、朗读课文,理解课题

大屏幕显示:

朗读课文时,用小括号标出课文中能解释"艰难的国运""雄健的国民"的语句;用中括号标出课文中能解释"艰难的国运"和"雄健的国民"之间关系的句子。

1. 请用课文中的语句解释"艰难的国运"。

A、有时流到很逼狭的境界,两岸丛山叠岭,绝壁断崖,江河流于其间,回环曲折,极其险峻。(第二自然段)

B、崎岖险路、崎岖险阻

(板书:逼狭　崎岖　险阻)

2. 请用课文中的语句解释"雄健的国民"(雄健的精神)。

A、走到崎岖的境界,愈是奇趣横生,觉得在此奇绝壮绝的境界,愈能感到一种冒险的美趣。(第三自然段)

B、在这一段路上,实在亦有一种奇绝壮绝的景致,使我们经过这段道路的人,感到一种壮美的趣味。(第四自然段)

C、扬子江及黄河遇见沙漠、遇见山峡都是浩浩荡荡地往前流过去,以成其浊流滚滚、一泻万里的魄势。(第五自然段)

(板书:美趣　魄势)

3. 请用课文中的句子来解释"艰难的国运""雄健的国民"之间的关系。

A、历史的道路,不全是平坦的,有时走到艰难险阻的境界,这是全靠雄健的精神才能够冲过去的。

B、(在这一段道路上,实在亦有一种奇绝壮绝的景致,使我们经过这段路的人,感到一种壮美的趣味。)但这种壮美的趣味,没有雄健的精神是不能够感觉到的。

C、我们应该拿出雄健的精神,高唱着进行的曲调,在这悲壮歌声中,走过这崎岖险阻的道路。

(板书:历史的道路　精神)

过渡:这三句话都告诉我们,当我们走到艰难险阻的境界时,要拿出雄健的精神,为什么?什么样的精神才是雄健的精神?这还需要我们细细地品读文章。请同学默读课文,请先看默读要求(大屏幕出示默读要求)。

三、默读课文,品味精神

指出文中运用了哪些比喻,理解感悟比喻中所蕴含的哲理、洋溢的感情。

方法提示:

1. 边读课文,边圈出本体、喻体,点出重点词语,曲线划出重点句子,同时在旁边写上自己的理解或感悟;

2. 联系国家民族的历史思考,联系自己的经历思考,联系他人的做法思考,联系相关的名言或诗句思考,联系李大钊的情况思考……

过渡:我观察每位同学都在积极思考,认真批注。你有一种思考,我有一种思考,交流能让我们同时拥有两种思考。现在,在小组内展开交流,请先默读一遍要求(大屏幕出示小组合作学习的要求)。

四、小组合作学习

大屏幕内容:

方法提示:1. 每个人把疑惑提出来,大家共同解决,解决不了的记下来,准备请教全班同学。

2. 每位同学都来交流感受最深的一段,请其他同学点评。

3. 讨论:我们小组怎样向全班同学展示我们的学习成果?

方法推荐:有人朗读,有人谈把什么比作什么,有人紧扣重点词句谈,有人或联系实际谈,或联系名言诗句谈,或"对李大钊说……"、或提出问题……

过渡:从刚才的小组学习中,我看出了咱们每个小组都是和谐向上的小团队,相信每个小组都能把自己的理解、感悟清晰地呈现出来。下面,开始以小组为单位展示学习成果,请其他小组的同学静下心来、认真倾听。

五、交流展示

在学生展示交流的过程中,为帮助学生理解比喻句中所蕴含的哲理、洋溢的感情,教师准备一些追问的问题,如果学生理解得很到位就没有必要追问了。

第二自然段:

比喻分析:本自然段是把"民族生命的进程"比作"浩浩荡荡的长江大河"。就是说,民族生命的进程就像大江大河一样,有时在平原一泻万里,有时却在丛山叠岭中回环曲折,极其险峻。这个比喻很形象地告诉我们:每个民族在前进的过程中,都不可能一帆风顺,有时很顺利(宽阔的境界—顺境),有时很艰难(逼狭的境界—逆境)。重点是逼狭的境界。

问题:

1."逼狭"是什么意思?联系上下文呢?(很狭窄;大江大河不能顺利地流过去,有很多阻碍,有很多困难。)

2. 能举例说明中华民族什么时候是"很宽阔的境界"、什么时候是"很逼狭的境界"吗?

(板书:民族进程)

第三自然段:

比喻分析:本段是把"人类在历史上的生活"比作"旅行"。就是说,人类在发展的过程中,会遇到两种不同的路:平坦的路、崎岖的路,老于旅途的人,走到崎岖路时,能享受到"冒险的美趣"。这就告诉我们:遇到困难的时候,我们要直面困难,敢于和困难做斗争,才能取得成功,从而享受成功的快乐(要学生感悟奋斗的意义)。第二段主要阐明两种境界;第三段,则主要阐明两种境界的两种乐趣,重在第二种乐趣。

问题:"走到崎岖的境界,愈是奇趣横生,觉得在此奇绝壮绝的境界,愈能感到一种冒险的美趣。"这句话阐明了怎样的一种哲理?你体验过这样的"美趣吗"?(让学生体会奋斗的意义。)

(板书:人类生活)

第四自然段:

比喻分析:本段把"中华民族现在所逢的史路"比作"崎岖险阻的道路"。那么,在这一种奇绝壮绝的景致中,我们中华民族的每个人都有机会享受到壮美的趣味,只要我们拿出雄健的精神。李大钊先生从"人类在历史上的生活"、"民族生命的进程"谈到"中华民族现在所逢的史路",有两层意思,一层是说,中华民族现在正逢崎岖险路,它让奋斗者有机会领略奇绝壮绝的景致,"感到一种壮美的趣味";另一层意思是说,要感受到"壮美的趣味",就必须拿出"雄健的精神"。这样,就把"艰难的国运"和"雄健的精神"联系起来了。

问题:

1. 李大钊为什么说"中华民族现在所逢的史路是一段崎岖的道路"?

当时我国面临怎样艰难的国运是帝国主义列强虎视眈眈,国内军阀混战,人民生活在水深火热之中(检查学生课前预习历史背景的情况)。

2. 联系实际谈谈你对"但这种壮美的趣味,没有雄健的精神是不能够感觉到的"这句话的理解。(在国家危难的时候,如果没有雄健的精神,肯定就退缩了,就享受不到战斗的快乐;如果有了雄健的精神,肯定会挺身而出,为建造一个美好的国家而奋斗。学生联系自己和他人的具体的事就比较容易理解这句话了。)

(板书:中华史路)

第五自然段:

比喻分析:本段把我们的民族精神(雄健的精神)比作扬子江、黄河。扬子江、黄河不论是遇见山峡还是沙漠都决不退缩,终成其浊流滚滚,这个比喻形象地告诉我们:我们的民族精神就是冲破一切艰难险阻、勇往直前的精神。

问题:

1. 我们的民族精神是什么样的?(你怎么理解作者所倡导的"雄健精神"?)可以举例说明。(学生要紧扣"扬子江及黄河"句来理解,冲破一切艰难险阻,勇往直前的精神;可以联系玉树地震精神。)

2. 你能否把"目前的艰难境界,哪能阻抑我们民族生命的前进?"改成肯定句,哪种形式的效果好?为什么?(语气坚定,更加表现出李大钊坚信革命必胜,民族必兴。)

3. 李大钊认为什么是人生最有趣味的事?怎样理解作者所说的"趣味"?这表现出李大钊先生什么的精神?

(要知在艰难的国运中建造国家,亦是人生最有趣味的事;我们应该拿出雄健的精神,高唱着进行的曲调,在这悲壮的歌声中,走过这崎岖险阻的道路。

文中多次提到,"一种冒险的美趣""奇趣横生""一种壮美的趣味""亦是人生最有趣味的事"。这种种趣味,都是经历艰难险阻以后的趣味,是一种快乐、一种幸福。毛泽东曾说:与天奋斗,其乐无穷;与地奋斗,其乐无穷。意思就是与困难作斗争,其乐无穷,就是本文中"趣味"。

在艰难困苦中李大钊毫不气馁,坚信革命必胜,民族必兴,表现出了革命乐观主义情怀和强烈的爱国主义感情。)

4. 你还知道哪些人和李大钊一样坚强乐观?你认为人生最有趣味的事是什么?(李大钊的预言已成为现实,在今天,我们每个中学生应该以"振兴中华"作为人生最有趣味的事。)

(板书:民族精神　不怕困难　自强不息　勇往直前　坚强乐观)

六、感情朗读

总结过渡:在"艰难的国运"面前,李大钊先生告诉人们,不要为面前的困难吓倒,有困难更有希望;与困难做斗争,趣味无穷。号召大家振奋起民族精神,勇往直前,拯救我们的民族(教师指着板书说)!那么,你觉得朗读这篇课文时,应该用什么样的语调?

好!就让我们用慷慨激昂的语调来朗读课文,再一次领略李大钊先生坚强乐观、积极进取的精神!(大屏幕出示方法提示)

方法提示:

1. 以小组为单位展示朗读。
2. 自由展示诵读:可以是一个人,亦可自由组合。

七、课堂小结

从同学们慷慨激昂的朗读中,我听到了"天下兴亡,匹夫有责"的呐喊!先贤坚强乐观、为国牺牲的伟大精神将永远是我们后人传承的精神火把,让我们在火红的光焰中,对自己大声说:让中华的明天因为有我而更加强盛美丽!

过渡:请同学看大屏幕,给大家留这样一道作业(大屏幕出示作业)。

八、小小写作(作业)

文中第一句话说,"历史的道路,不全是平坦的",历史如此,国家如此,生活也是如此。生活中不总是风和日丽,不总有鲜花和掌声,有时你会陷入困境。陷入困境的你会把困难比做什么,你将如何去战胜它?请你写几句话,送给自己,也送给我们的同学。

写作要求:只少要用一处比喻;用"有时……有时……,""固是……愈是……愈能……"的句式。

[课例解析]

本节课我采用自主、合作、探究的学习方式,给学生充分地自由活动空间,鼓励学生想说、敢说。与文本对话,与作者对话。同时,针对初一学生的语文学习水平,我给予方法指导。这一方法指导意在养成学生圈点批注的习惯,又让学生注重推敲重点语句,提醒学生"谈理解"要围绕着重点词句来谈。把"联想"法推荐给学生,让学生学会"联系实际加深理解"这一阅读文章的方法。

"默读课文,品味比喻"这一环节是本节课的重点,我又把它分成了三步。第一步是自主学习,学习任务:指出文中运用了哪些比喻,理解感悟字里行间所蕴含的哲理、洋溢的感情。方法提示:

1. 边读课文,边圈出把什么比作什么,点出重点词语,曲线划出重点句子,同时在旁边写上自己的理解或感悟;

2. 运用多种"联想式"的方法,指导学生品味比喻句。如:

联系国家民族的历史思考:李大钊为什么说"中华民族现在所逢的史路是一段崎岖的道路"?我提醒学生结合课前预习的历史背景来谈,明白了当时帝国主义列强虎视眈眈,国内军阀混战,人民生活在水深火热之中。

联系自己的经历思考:文章中"走到崎岖的境界,愈是奇趣横生,觉得在此奇绝壮绝的境界,愈能感到一种冒险的美趣。"这句话老师质疑:这阐明了怎样的一种哲理?你体验过这样的"美趣吗"?让学生体会奋斗的意义。

联系他人的做法思考:"但这种壮美的趣味,没有雄健的精神是不能够感觉到的"这句指导学生联系自己和他人的具体事,就比较容易理解了。

联系相关的名言诗句思考:文中多次提到,"一种冒险的美趣""奇趣横生""一种壮美的趣味""亦是人生最有趣味的事"。这种种趣味,都是经历艰难险阻以后的趣味,是一种快乐、一种幸福。联系毛泽东的话:与天奋斗,其乐无穷;与地奋斗,其乐无穷。意思就是与困难作斗争,其乐无穷,就是本文中"趣味"。学生就容易理解。

联系作者的情况思考:你还知道哪些人和李大钊一样坚强乐观?你认为人生最有趣味的事是什么?

其实赏析一个句子,可以采用多种方式,实现由此及彼,触类旁通的目的,从而更好地理解文字的内涵,揣摩作者的情怀。

三、方法三:品节奏点评法

文字如音符,妙笔如魔棒。文字的背后潜藏着节奏与旋律,如何引导学生去品味语言的节奏呢?

1. 词语——意象组合,产生节奏

一个词语,就可以表达一种意象。关于意象的组合,历来有两种:

一种方法是把相关的一组意象并列排比。如王维描写边塞风光的名句:"大漠孤烟直,长河落日圆",粗犷鲜明的意象经过简单的罗列,就产生了生命大气磅礴、苍劲雄浑的律动感,豪壮之情油然而生。反之,贺铸的"一川烟草,满城风絮,梅子黄时雨",小山词中的"落花人独立,微雨燕双飞",因为选择了风烟、细雨、落花这些缥缈、单薄、孤单的意象组合,就产生了决然不同的视觉效果,让人感到眼前弥漫的挥之不去的忧伤,有一种缓慢的几乎是凝滞的、哀伤的节奏、气韵在贯穿着。

一种方法是对比组合。像徐悲鸿先生的"铁马秋风塞上,杏花春雨江南",把两组风格不同的意象组合,前者仿佛铁蹄声踏踏携卷着尘土自天际呼啸而来,后者却似有温软的暖风,徐徐送来袅袅的江南丝竹声。节奏前后迥异,刚性与阴柔的反差,给读者的想象空间平添了几分震撼。

2. 句子——长短参差,节奏张弛

短句的连续使用,能形成一种节奏的张力;长句的使用,显得松弛,节奏舒缓。"张而不弛,文武弗能也;弛而不张,文武弗为也,一张一弛,文武之道也"。长句短句的恰当使用,能张弛有度,律动和谐。茨威格曾经这样描写一个年轻赌徒的手:"从指尖开始慢慢倦乏无力地抬起来了,它颤抖着,闪缩了一下,转动了一下,颤颤悠悠,摸索回旋,最后神经战栗地抓起一个筹码,用拇指和食指捏着,迟疑不决地捻着,像是玩弄一个小轮子。忽然,这只手猛地背部拱起活像一头野豹,接着飞快地一弹,仿佛淬了一口唾沫,把那个100法郎的筹码掷到下注的黑圈里面"。

这里,"颤抖""闪缩""转动"都是极短暂的动作,所以,作者用短句来表现赌徒开始进入状态的一种紧张的节奏感,而"慢慢倦乏无力地抬起来""神经战栗地抓起一个筹码""捏着""捻着""玩弄"都是赌徒举棋不定、彷徨犹豫的内心展示,所以此时作者加上了一系列的修饰语,用长句来使节奏放慢,慢到几乎到达休止符了。一个"忽然",节奏突变。"活像一头野豹,接着飞快地一弹,仿佛淬了一口唾沫",赌徒下注了。假如最后把这几个短句并作一个长句来表现:这只背部拱起活像一头野豹的手,仿佛淬了一口唾沫飞快地一弹。此时长句的节奏缓慢拖沓,与赌徒迅速的动作丝毫不吻合。

3. 篇章——风格统一,节奏和谐

由句子扩展到段落、篇章,文字的节奏也应该是张弛有度、和谐统一的。"如果节奏是恰当的,生动的,使文字与所叙述的事实相得益彰,和谐动人,那就如电影中的配乐。如果是严重、严肃的一段事实,而作者用了节奏轻飘的一段文字,便是失败""文字的律动是能代替事实表达感情、表现褒贬的"(老舍先生的《语言与风格》)。比如《生命的意义》中保尔在墓地前对生命进行思考的相关叙事：

"他沿着小镇上冷冷清清的街道踱步子,不知不觉走到了松树林前,在岔路口停住了脚步。"

"在当年竖立绞架的地方,保尔默默站了许久,然后他走下路边的陡坡,进了烈士公墓。"

"保尔缓缓摘下军帽。哀思,深沉的哀思充满了他的心。"

这几段文字中,保尔的行踪从"踱步""不知不觉走到""默默站立""缓缓摘帽"直到"深沉的哀思",这一系列的节奏是缓慢而沉重的,配合以墓地周围萧瑟的景物描写,感觉那些文字的抒情性是非常强烈的,仿佛有哀乐在耳边响起。然后是那段鼓舞了无数人的激昂斗志的话："人的一生应该这样度过：当他回首往事的时候,不因虚度年华而悔恨,也不因碌碌无为而羞耻……"节奏由缓慢突然昂扬起来,仿佛贝多芬的《命运交响曲》,这是悲哀积累的太久,太重,在痛苦中的大彻大悟！这样的节奏才是恰当的生动的,如音乐一般跌宕！

第四节 白描阅读教学的本质

白描阅读教学的本质是"以少胜多"。元代赵子昂提出了"以书入画",让白描走上一条"以少胜多""以有限洞照无限"之路。"少"就意味着"空白"多。南宋马远的《寒江独钓图》,只画了一叶扁舟漂浮在水面,一渔翁坐在船上垂钓,四周除寥寥几笔微波外,几乎全是空白,虽如此,却给欣赏者提供了一个深远的意境。马远的高明之处在于他理解读者,更相信读者,所以特意设下空白,通过实有的线条和虚留的空白,体现整体的意象和情调,从而产生空灵的美学效果,在一种几乎"无"的状态中达到了高境界的"有",从而达到"无画处皆成妙境"的艺术境界,给欣赏者以广阔的想象空间和无穷的艺术美感,让他们去思考,去补充发挥,并和自己共同完成作品美学价值的创造。"空白"成了这幅作品不可缺少的部分。白描阅读教学主张看似简单,实则师生得到了真正的发展,达到"以少胜多"的境界。

[典型课例]

陋室铭

教学目标:

1. 熟读成诵,掌握重点词:馨、牍、鸿儒、白丁等,准确流畅翻译。
2. 联系背景,品读课文,理解作者安贫乐道的人生态度。
3. 在品读中学习作者借小小陋室言人生大志这种托物言志的写作方法。

课时安排: 一课时。

教学过程:

一、导入

大家有自己的座右铭吗?来,说一说。欣赏了同学们的座右铭,那你知道"铭"吗?(生看课下注释:铭是古代刻在器物上用来警诫自己或者称述功德的文字,后来成为一种文体。)说的好,历史上有一个人,为自己的一间破茅屋做了一篇"铭",这间破茅屋因此成了史上最著名的茅草屋!难道这个人曾有赫赫功勋?今天咱们就一起来读一读、品一品他的《陋室铭》。

二、朗读课文,扫清文字障碍

1. 生自由朗读。要求：读准字音，读准节奏。

2. 抽一生朗读。请同学从字音、节奏来做评价。

3. 学习"馨、牍"。

大家要注意这两个形声字，注意结合它的声部来读准字音，结合它的形部来理解字义。ppt显示：

馨：从香，殸声。殸，籀文"磬"（qìng）。馨，香之远闻者也。—《说文》由此引申：德馨：品德高尚。

牍：从片，卖声。牍，古代写字用的木片。

由此引申：案牍，即官府的公文。

小结：形声字，可结合声部来读准字音，结合形部来理解字义。

4. 齐读课文。

5. 引导学生学会根据句子的语法结构来划分朗读节奏。

刚才大家的节奏还是稍微有点不够准确。请注意这两句：

山/不在高,有仙/则名。水/不在深,有龙/则灵。斯是/陋室,惟吾/德馨。

你来读。你是根据什么来停顿的？

主语和谓语之间要停顿，谓语和宾语之间要停顿。也就是说，要根据句子的语法结构。大家把朗读停顿在文中画出来。再来齐读一遍。

6. 从句式和用韵上体会铭的语言特点。

同学们读得很响亮。你有没有感觉它朗朗上口？想想为什么？

押韵，句式很整齐，像诗歌。押韵是铭的特点。本文押什么韵呢？ing

请大家再来读一遍课文，注意，把韵脚读得更响亮。

三、默读课文，弄清大意

1. 对照注解，翻译课文。注意把不会的做标记。

2. 小组内质疑。

3. 每个小组选派一人提出疑问。

4. 小组内口头翻译一下课文。

5. 再读课文，思考：

陋室不陋的理由是什么？具体有哪几条？

（德馨。苔痕上阶绿,草色入帘青。谈笑有鸿儒,往来无白丁。可以调素琴,阅金经。无丝竹之乱耳,无案牍之劳形。）

四、品味语言,探究意蕴

1. 趣谈写作背景。

刘禹锡为什么要撰文表扬自己"德馨"呢?据说,发生了这样一个故事:

刘禹锡因反对宦官专权,参加政治革新,失败后,被贬官。在他被贬的第19年,又再次被贬为安徽省和州通判。按规定,他应住衙门。可是和州知县是个小人,他让刘禹锡在城南面江而居。刘禹锡不但不埋怨,反而高兴的撰写了一联贴于房门:面对大江观白帆,身在和州争思辩(ppt出示,生齐读)。这下气坏了知县,他又令将刘禹锡的房子调至城北门,由三间缩小到一间半,房子临河。刘禹锡又作了一联:杨柳青青江水平,人在历阳心在京(ppt出示,生齐读)。这下知县气得肺都要炸了,又为刘禹锡在城中闹市寻了一间只能容一床一桌一椅的小屋(板书:一桌一椅一床一间陋室)。这次,刘禹锡不写对联了,而写了一篇文章,它就是《陋室铭》!刘禹锡还把这篇文章刻在石头上,立在门前。

2. 同学们,半年之内三次被搬家,虎落平阳被犬欺,假如是你,你想对那位知县说什么?

预设:

你这狗官,欺人太甚!卑鄙小人,我,我,我要与你拼了!……从同学们的回答中我听出了浓浓的火气、怒气和怨气。古人云:"文以气为主"。再读读,刘禹锡的笔下有没有怨气与怒气?没有。刘禹锡的笔下有一股什么气?豪气。

3. 古人云:"文以气为主"。请大家默读课文,从中感受文中的"豪气",并做批注写出理由。

我从"＿＿＿＿＿＿"中读出了豪气,刘禹锡为陋室的＿＿＿＿＿＿而自豪。

4. 展示交流。

预设:

1. 我从"山不在高,有仙则名。水不在深,有龙则灵。斯是陋室,惟吾德馨"读出了豪气,刘禹锡是为陋室主人的"德馨"而自豪。

①同学们,生活中真有这样的山水吗?

崂山因为崂山道士而闻名、蓬莱岛因为八仙过海而闻名、昆仑山的水因为王母娘娘的洗脚盆而闻名……

②作者的陋室里有什么宝贝让他敢与名山相提并论?

"德馨",就是主人高尚的品德。

③敢对自己的德行做这样的评价,光明磊落,的确够自信,够豪迈!来,齐读,读出这份自信豪迈的豪气!

④如果这篇铭就写到这里,观点已经很明确了。可是总感觉有些"王婆卖瓜自卖自夸",谁能结合陋室具体的描写来谈谈作者的豪气。

指导朗读,用肯定的、自信、自豪的情感朗读,成诵。

2. 我从"苔痕上阶绿,草色入帘青"读出了豪气,刘禹锡为陋室优美的环境而自豪。

①什么样的环境才可能生出"苔""杂草"?

阴暗潮湿,采光不好,少有人走动。

②刘禹锡怎么看这些"苔"和"草"?

充满生机,青翠好看,清新诗意……

③从哪儿看出来的?

一"绿"一"青"。

④"青苔""杂草",我们这些俗人读出的是阴暗潮湿,是门前冷落鞍马稀,刘禹锡看到的却是诗意、是清新,这是一种怎样的心态?

乐观。处于人生的困境能如此乐观,我们称之为安贫乐道。

3. 我从"谈笑有鸿儒,往来无白丁"读出了豪气,刘禹锡为陋室里的人而自豪。

①陋室里的客人都是些什么人?

诗人,谈诗歌。

②你和朋友在一起的时候,都干什么?

玩游戏、逛街、请朋友吃好吃的。

③你们那是"玩友",看看刘禹锡的朋友是什么样的?他们在一起都谈什么?

志同道合。以文会友,吟诗赋词。白居易、柳宗元,大家都知道吧?他们都是"鸿儒",都是刘禹锡的好朋友(学生辨别"玩友""酒肉之友""以文会友""良友""志同道合之友")。

④谁能背一首刘禹锡的诗?

背诵:《秋词》。你们从诗中感受到一种什么气?能从寂寥悲伤的秋天中看到朝气,那是豪气!

⑤真不敢相信,处于人生最困境之中的刘禹锡能写出如此豪放之词!甚至他

被贬23年时,还高唱:沉舟侧畔千帆过,病树前头万木春!我们授予他一个称号,想想,什么称号最适合他?

诗仙李白,诗圣杜甫,我们就叫他:诗豪。英雄所见略同。诗豪——这正是历史上人们对他的赞誉。

⑥齐声背诵刘禹锡的诗:《秋词》,再次从诗中感受豪气。

4. 我从"可以调素琴,阅金经,无丝竹之乱耳,无案牍之劳形"读出了豪气,刘禹锡为陋室主人高雅的兴趣爱好而自豪。

①比较"素琴"和"丝竹"带给人不同的音乐感受。

A、你从哪看出了"高雅"?素琴相对于丝竹高雅,金经相对于案牍高雅

B、"丝竹"是音乐,怎会乱耳?可能是很多乐器在齐奏,很热闹。

②刘禹锡这两句话是针对哪些人说的?话里面有什么味道?

C、"案牍"是公文,刘禹锡怎会说公文劳形?难道他不关心国家?

D、生再读,看看这句话是针对哪些人说的?话里面有什么味道?

针对像和州知县那样的坏官吏。那些坏官吏不理政事,歌舞升平,就是文中说的丝竹乱耳。这话里有讽刺、调侃的味道。从中我们不难看出作者对弹素琴和阅金经的喜爱,更加凸显了豪气。

5. 想象和州知县和刘禹锡对话。

刚才的交流,让我们对陋室的环境、陋室主人的交友、陋室主人的情趣三方面又有了新的了解。假如和州知县来到了刘禹锡的陋室,他们之间会发生怎样的对话?想象一下。

①同桌二人一人扮和州知县,一人扮刘禹锡。扮演刘禹锡的同学,可以先引用原文中的诗句,再谈自己的看法。两个人要从作者写陋室的三方面展开对话。

②抽两个同学展示。

知县:看看你这破房子,苔藓遍地,杂草丛生,这回可没风景好看了吧?

刘禹锡:苔痕上阶绿,草色入帘青——我的小屋,环境多么清幽!

知县:看看我家的客人,达官贵人,高朋满座,羡慕吧?

刘禹锡:谈笑有鸿儒,往来无白丁——小小陋室,知音畅谈,我的朋友,不同凡俗!

知县:看看我的业余生活,丝竹齐奏,钟鼓齐鸣,场面那叫一个热闹!哈哈!

刘禹锡:调素琴,阅金经,无丝竹之乱耳,无案牍之劳形——我这古琴,音色质

朴。我这佛经,修养身心。我的爱好,比你高雅!

③太精彩了!从他们的对话中,你听出了一个怎样的知县?怎样的刘禹锡?

贪图富贵、趋炎附势、低俗的知县;安贫乐道、高雅的刘禹锡。

④生对照板书进行小结(板书:一苔一儒一琴。)。

一间陋室,折射出两种不同的人生观。在刘禹锡的眼睛里,一苔一儒一琴,彰显了陋室的清幽、高雅,使之蓬荜生辉。

⑤如此身处破陋茅屋,却能安贫乐道,令人仰之弥高。来,齐读这三句,读出这份安贫乐道的豪气!背诵这三句,诵出豪气!

6. 我从"南阳诸葛庐,西蜀子云亭。孔子云:何陋之有?"读出了豪气,作者为陋室主人的远大志向而自豪。

①陋室主人有什么志向?

立志做诸葛亮和扬子云那样的人。他们都身处陋室,但并不因为贫困而改变志向,最后一个成了著名的军事家,一个成了著名的文学家。

②这里还有个小故事,我来补充一下(ppt显示):孔子欲居九夷。或曰:"陋,如之何?"子曰:"君子居之,何陋之有?"

这里的君子是谁呢?为什么要称为君子?

是孔子,孔子德行高尚,是中国人公认的君子;是诸葛亮和扬子云,困而不改其志,德行高尚,是君子;是陋室主人刘禹锡。

③除了文中列举的这些君子,你心目中还有哪些人身居陋室而不改其君子之德?

预1:杜甫,身居草堂,却喊出"安得广厦千万间,大庇天下寒士俱欢颜!"

预2:陶渊明,不为五斗米折腰而辞官,隐居南山,住的也很破旧。"环堵萧然,不蔽风日"——四壁空空的,比刘禹锡的还要简陋。可他仍然说:不戚戚于贫贱,不汲汲于富贵——意思是:不因为贫贱而内心忧伤,不热衷于追求功名利禄。真乃君子也!

预3:毛泽东住在陕北的窑洞中,却能运筹帷幄,心怀天下。

④同学们都是火眼金睛啊!斯是陋室,惟吾德馨!德馨才能称为君子!刘禹锡虎落平阳被犬欺,半年之内三次被搬家,却不怒、不怨,甘于贫困,自得其乐。孔子云:人不知而不愠,不亦君子乎!谁能根据我们刚才所学完成对联的余下部分。

生板书:一位君子。现场生成对联,生齐读:一桌一椅一床一间陋室,一苔一儒一琴一位君子。

ppt出示：

"安得广厦千万间,大庇天下寒士俱欢颜!"——杜甫写于草堂

"不戚戚于贫贱,不汲汲于富贵。"——陶渊明写于山中茅屋

"数风流人物,还看今朝。"——毛泽东写于陕北窑洞

五、拓展延伸

①过渡：通过同学们的交流,我们认识了刘禹锡：他身处陋室,却自信豁达,安贫乐道,一身豪气！而所有这些,都不是他直白地告诉我们的,而是借助一间小小的陋室,寄托了人生大志气。这种方法,叫作"托物言志"。请大家打开课本117页,默读预习提示第一段(古代文人表述自己的志向和情操时,往往不采用直白的方式,而常常以物为喻,写的含蓄,这叫做"托物言志")。

②再认识托物言志。

同学们,请看屏幕,岁寒三友,也常被人用来托物言志,你能说出它们所言何志?

松坚强、竹正直、梅坚贞。

③练习：请同学们选择自己最喜欢的一种植物,用托物言志的方法写写它。

六、布置作业

选择自己最喜欢的一种植物,用托物言志的方法写写它。

附：板书设计：

陋室铭

一苔一儒一琴一位君子 → 安贫乐道 豪气 ← 一桌一椅一床一间陋室

托物言志

[课例解析]

《陋室铭》是鲁教版七年级上册第五单元的一篇课文,是我国古代散文中的精品。本文所谈到的是知识分子处事立身的态度。采用托物言志的写法,借"陋室"抒发作者的君子情怀,以"惟吾德馨"的立意贯穿全篇,极力抒写"陋室"不陋,表达了君子高洁傲岸的节操和安贫乐道的情趣。全文寥寥81字,短小精美,隽永畅达,丰姿绰约。

如此美文,可圈可点可学的东西实在很多,如何"以少胜多"呢?那就需要以"空白"引发学生探知,可关键是这"空白"如何创设,抓住什么来勾勒主体"画面",留下什么样的"空白"给欣赏者提供一个深远的意境?

我将目光定位在"微言大义""言外之意",从而理解作者借陋室所表达的君子之德。为此,我把"品读课文,学习作者借小小陋室言人生大志这种托物言志的写作方法,理解作者安贫乐道的人生态度"定为重点学习目标。

年代如此久远,人物如此模糊,如何让学生乐学、善学,以突破难点巧妙实现目标呢?我请进了那位和州知县。

1. 一请县令勾勒背景画面——"留阅读空白"

当我把这样一个故事背景呈献给学生,学生深深地被吸引。从而激起学生对文本的阅读兴趣,同时也为实现目标做了铺垫。一间小小陋室的渊源折射了诗人不为两斗米折腰,不为贫寒损其志。小故事大内涵。

2. 二请县令勾勒矛盾冲突对立面——"留探究余地"

当故事讲完后,毫无疑问,和州县令此时完全充当了点燃学生怒气的导火索。此时,我问学生:"半年之内三次被搬家,虎落平阳被犬欺,假如你是刘禹锡,你想对那位和州知县说什么?"

同学们的回答充满了浓浓的火气、怒气和怨气。古人云:文以气为主。由此朗读课文,比较刘禹锡的笔下不但没有怨气与怒气,反而有一股豪气。这是为什么?"不愤不启,不悱不发"。此时提出要求,学生带着疑问走进文本仔细寻找刘禹锡为陋室而自豪的原因。由此,透过陋室的各个侧面来理解作者其人:身处穷困,却能从陋室中找到乐趣,为之自豪,这就是安贫乐道。至此,一间陋室的描写,折射了诗人傲视忧患、独立不移的气概和迎接苦难、超越苦难的豪迈。小景致,大情怀。

3. 三请县令勾勒实景还原画面——"留想象空间"

在品读陋室的具体描写时,为了深入体会陋室的简陋与主人的德馨,我又再次请进了和州知县。让同桌两人分别扮演和州知县和刘禹锡,适当引用原文中的诗句,结合自己的看法,在对话中展开各自对陋室的不同看法,折射出不同的人生观。请听学生的现场对话:

从学生现场模拟想象的有趣对话中,一个贪图富贵、趋炎附势、低俗丑陋的和州知县如在眼前,在对比中,更加凸显了刘禹锡安贫乐道、高雅脱俗的君子形象:如此身处破陋茅屋,却能安贫乐道,仰之弥高。此时,朗读课文,自会带出一份敬仰,一份豪气!在不知不觉中就完成了对学习目标的深化巩固。

这样,一场陋室的纷争品出诗作耐人涵咏的韵味,道出了诗人坚毅高洁的斗士灵魂。小环节,大收获。

如此,三请县令,三留"空白"也就达到了"三识陋室"。这样的"以少胜多"这样的"墨线勾勒"营造了学生当家做主的参与激情。一堂课下来,学生真正理解了陋室之"不陋"与主人之"德馨",真正理解了刘禹锡安贫乐道、豁达豪迈的君子情怀,真正走进了《陋室铭》,也走进了一千年前中国古代知识分子的精神世界!

第三章 03

白描写作教学

"文贵简。凡文笔老则简,意真则简。辞切则简。理当则简……神远而含藏不尽则简,故简为文章尽境。"白描写作教学认为学生习作应该做到"删繁就简"。古人有"归真返朴"的说法,这意思用于文,就是绚烂之极归于平淡。写作时应要求学生说真话、实话、心里话,不说假话、空话、套话……在教学实践中,白描写作教学致力于听、说、读、写的结合,以"听说读"为"写"的前奏。

第一节 白描写作教学的原则

无论是中国画中的白描还是中国文学中的白描都是以简胜繁、朴中藏巧、似平实奇、似易实难的。清人刘大据在《论文偶记》中说:"文贵简。凡文笔老则简,意真则简。辞切则简。理当则简……神远而含藏不尽则简,故简为文章尽境。"白描写作教学认为学生习作应该做到"删繁就简"。如何做到"删繁就简"?语文课程标准指出:在写作教学中,应注重培养学生观察、思考、表达和创造的能力。要求学生说真话、实话、心里话,不说假话、空话、套话……在教学实践中,白描写作教学致力于听说读写的结合,以"听说读"为"写"的前奏。语文课程标准也明确提出:要重视写作教学与阅读教学、口语交际教学之间的联系,善于将读与写、说与写、听与写有机结合,相互促进。

一、品文学,点燃写作激情

人的心灵世界是最广阔、最深邃的,我们的学生对人生充满憧憬,生活中有许多梦想,思维中有许多火花。只要给他们打开一扇窗户,他们的心灵就会展翅飞翔;只要给他们一条河床,他们的情感就会流淌;只要给他们一些阳光,他们的激情就会燃烧。

1. 你读,我读,读美文——读出灵感

写作需要灵感,灵感的诱因是多方面的。在阅读作品中产生的情感共鸣,是写作灵感的其它诱因无可比拟的,由此,我们在每节课的开端,用精挑细选的美文去点燃学生情感的火花,去激起学生心灵的涟漪,让学生体验到了文学的魅力,找到了情感喷薄的出发点。一时间,课堂的美文大餐成为时尚,班里的"追星热"变成了"追文热"。赏名作,读美文,写大作蔚然成风。

2. 你说,我说,大家说——说出自我

写作苦,写作愁,学生已经到了"为编作文强说愁"的地步,无感可发,无情可书,令人痛心疾首。十三四岁鲜活的生命面对写作"愁"怅满怀,这是对生命的亵渎。为了放飞学生的心灵,还学生一个自由的写作空间,我们每堂课的"开心时刻",让学生说"东家长"、话"西家短",甚至"指点江山,粪土当年万户侯"。心灵不受压制,交流没有羁绊,学生视野豁然开朗,感觉骤然敏锐。"胸中有丘壑",一时间真情喷涌,精彩无限。

3. 你炒,我炒,大家炒——炒出自信

成功的欲望犹如求生的本能,只需给点阳光就灿烂。我们每堂课有"回眸一笑":一个词,一句话,一个提问,一个突发奇想……老师都在班上大加表扬,让学生体验到成功的喜悦;创意之星,故事大王,小小演讲家,实中小名记……"瞧去,一大片,一大片,满是的";"创意之星"今日是你,明日是我,"你不让我,我不让你,都开满了花儿赶趟儿"。真可谓"万象更新除旧文,日新月异绘真情。"

二、汇细流,以成写作之海

开卷以阅,掩卷而思,从长篇名著到短小佳作,无不得益于丰厚的生活、文化、情感的积淀。我深切地认识到"积跬步才能以致千里,汇细流才能以成江海"。在写作教学实践中,我做的大量工作就是帮助学生从日常生活中、时事中、书海中过滤、收集、积淀文化与情感的精华。

1. 时事论坛——聚焦生活热点

"世事洞明皆学问,人情练达即文章"。正如叶圣陶所说,训练学生写作必须重视倾吐他们的生活积累。所以我们充分利用课前五分钟论坛,追逐时事潮流:适逢十八大,孩子们就"焦点访谈";遇到世界杯,我们就来"侃球时空";突发9·11,我们就"反击恐怖"。还有"伊拉克战争""曼德拉逝世"等等都成为孩子们评说天下风云的热点话题。心怀天下,胸有八极,学生写作怎能不下笔千言,日行千里?

2. 奇文共赏——品味经典语言

名著时文是睿智的师长,是启航的风帆,是创意的催化剂。品读名著时文,意在达到"读书破万卷,下笔如有神"的终极目的。唐宋八大家之一的欧阳修,在向人讲述作文之道时也说:"无他术,惟勤读书而多为之,自工。"学生每天读十页名著、赏一篇时文,然后在一起说说、背背、评评。每天与经典的语言对话,怎能不追求经典?每天与高尚的心灵交流,怎能不走近高尚?

3. 点击时尚——拷贝流行语言

科技在发展,时代在进步,新概念层出不穷,流行语言极富青春色彩。"网上冲浪,克隆作业,绝缘空间,教练下课,复制温暖"等具有时代特色的语言,犹如催化剂让文章更具活力。学生积累本中有一方收集流行语言的天地,语文课堂上有一方评说流行语言的天地。让学生追求时尚,让写作不拒潮流,我们会发现学生习作的语言是那么富有时代气息!

三、开采思维,以传写作之神

学生作文的千篇一律,无论是在立意、选材、结构还是表达上,都如出一辙,缺少创意,缺少新鲜感。症结何在?

心理学认为:思维定势是学生创新的最大障碍。如果说写作素材的储备和积累是写作的硬件,那么思维方式、思维能力就相当于写作软件。没有软件,硬件储备就是闲置的,无法被激活。思维能力弱,不能融会贯通,死的知识不可能转化为活的能力。如何放飞心灵,走出自我,我主要从以下三个方面做了一些探讨。

1. 逆向求异,突破立意定势

我们可以从纵横逆顺不同角度思考问题,纵向、横向、顺向的思维一般来说大家常用,但往往忽略了逆向思维。所谓逆向思维,就是着眼于求异。当别人都说好的时候,想想里面是否潜藏着坏的因素;当别人说不美的时候,想想其中是否有值得肯定的地方,这就破除了"从来如此"的思维。

如,在议论文写作教学中,采用这种逆向思维的方法确立观点。探讨对"班门弄斧"这一成语的看法时,肯定大多数同学的"人贵有自知之明""做人应该谦虚"的观点,同时,鼓励学生反其意而立之。结果,许多同学马上提出了"班门弄斧又何妨""自信是事业成功的基础""要敢于向权威挑战""人要有点'关羽门前耍大刀'的精神"等很多极富创新精神的观点。

实际上,任何一个话题,都有正面、反面。逆向求异,就是运用逆向思维,从话题的反面思考问题,来个"反弹琵琶出新意",这就要求学生敢于挑战权威,向传统观念提出质疑。是正面就写其反面;是反面就写其正面。创设出一个"山重水复疑无路,柳暗花明又一村"的崭新境界。这种思维方法用到任何文体,都会别有洞天。

2. 发散聚焦,突破选材定势

定势思维经常蒙蔽学生的慧眼,时刻束缚着学生的创造力,让学生无法聚焦生活的多姿多彩。所以,学生要运用发散思维,进行多侧面、多层次、多方位的探索,在找出尽可能多的切题角度后,首先考虑众人的意向选择,然后优胜劣汰,再聚焦一个最适合自己、最吸引读者、最具有时代气息，同时也是最切题、最亮丽的角度。

如《伤仲永》这则材料，我们可以从主要人物方仲永的发展过程提炼出这些观点：才能出自勤奋、"天才"必须勤奋、勤奋是通向成功的阶梯等。运用发散思维，我们就可以从配角父亲的角度入手提炼：父母应重视孩子的早期教育、父母应针对孩子的特长重视后天学习等观点。学生的观点新颖了，学生的选材自然就全新了。

3. 多元变幻，突破结构定势

"文似看山不喜平"，枯燥呆板的结构方式反映了学生思维的僵化，只有让心灵张开金色的翅膀，才有思维的灵动、跌宕的文势、曲折的结构，写出的文章才能匠心独运。如：

剪辑思维。打破思维的流程，快速点击思想的火花，让生命中最闪亮的素材剪辑组合，围绕主旨，形成"北斗七星"。如，写作《闪光的魔棒》时，学生用三个小标题"给别人一个位置""给生活一个答案""给自己一个选择"，叙写了自己的一段心曲，展示了自己在成长历程中追求高尚、选择真诚的积极态度。这种标题式的结构，就是剪辑思维的结果。

跳动思维。思维反映生活，生活有时是风平浪静，有时是静水微澜，有时是"活水狂澜"，从何处结构文章集中反映生活的矛盾？这需要有跳动的思维，把"波澜"处展示给读者，造成一波三折，起伏跌宕。如"巧设悬念、巧设误会、巧用抑扬、疏密相间、铺垫渲染"等方法，让心中涌动的真情恣情飞扬，存同求异，形成最活跃、最生动、最奇特的形式，因而也最富于生命力。

四、步入想象，以张写作之翼

想象是金色的翅膀，有了它，我们就可以飞起来，进入一个个神奇美丽的境界。写作离不开有个性色彩的想象。如果学生能打开想象的大门，何愁不能文采飞扬呢？所以，白描写作教学竭力开采学生的想象，给学生插上写作的翅膀。

1. 打通时空，尽情想象

刘勰有语："文之思也，其神远矣，故寂然凝虑，思接千载；悄然动容，视通万里。"打通时空，学生的眼前便会出现一个光怪陆离的梦幻世界。在这个世界里，学生可以与古人坐而论道，可以与外星人共进晚餐；可以自由遥控沧海桑田，可以任意驱遣风雷雪霜;可以展望千年后人类的衣食住行,可以使古埃及的木乃伊起死回生……

2. 创设情景,激发想象

如配乐、配图、辅课件、实地考察等等。如,请学生倾听贝多芬的《命运》,让学生尽情想象、恣情描写,结果学生的创作几乎无一雷同,而且用词生动传神。如:孤独的跋涉者又一次跌倒了,挣扎着,又奋力爬起。跟跟跄跄如无根的草,又悄然倒地。他的心似无血在淌,他的身已无汗可流。

3. 续写扩写,升华想象

高鹗续写《红楼梦》,完美了一个众人企盼的石头梦。学生续写扩写,是对自己、对原作的升华。有时,可从原作中选取只言片语,让学生扩写开去;有时,可去掉结尾,让学生补写几种结局;有时,改写精美诗篇;有时,中间横插一杠……

著名心理学家和哲学家威廉·詹姆士说"播下一个行动,你将收获一种习惯;播下一种习惯,你将收获一种性格;播下一种性格,你将收获一种命运。"那么,白描写作教学志在播下写作的种子,让学生收获美好人生!

[典型案例]

放飞思维

学习目标:

学习提炼有创意观点的两种方法

教学过程:

一、出示材料,提炼观点

1. 同学们,这学期我们学习、写作的多是议论文。那么如何从材料中提炼观点?我们已经学习了三种方法。现在,请大家看大屏。这里有三则材料,给这三则材料分别提炼一个观点出来。

2. 生自主完成。

3. 交流:我们一起来听听你的观点(生主动发言)。

师预设:

第一则材料:"童年的伊林"

伊林被称为科普创作的巨匠,他编写的《人怎样变成巨人》、《十万个为什么》等书在世界许多的国家翻译出版。他的科普著作知识性强,文笔流畅,读来使人回味无穷。伊林早在童年时期就对大自然、对科学产生浓厚的兴趣。他在乡间有时守在蚂蚁窝旁,观察蚂蚁的习性,一呆就是几小时。父亲的工厂制造肥皂的过程,使小伊林看得入迷,他把家里的厨房当作工厂,试造肥皂,居然成功了。伊林从小喜欢读书,尤其喜欢读普希金、罗蒙诺夫的诗。他九岁时第一次尝试写过一首火星的诗。童年的伊林还写过火山、热带雨林和鳄鱼的诗。

我们提炼的观点是:成功的基础是兴趣。这则材料提到童年伊林的许多事,如制造肥皂,观察蚂蚁等,为什么要抓住"兴趣"呢?因为在一人多事的材料中要抓住材料的中心句,这则材料的中心句是:"童年的伊林兴趣是很广泛的",所以,提炼的观点应该是:成功的基础是兴趣。

第二则材料:"伤仲永"

金溪县的农民方仲永,世代种田为业。方仲永长到五岁还没有见过书写工具。一天忽然哭喊着要这些,他的父亲很惊讶,就向邻居借来给他,他当即写下诗句。从此有人指定事物让他写诗,他立刻完成。渐渐地,人们就把他的父亲当做宾客相待,并拿钱来求诗。他的父亲就每天领着仲永四处拜访人们,而不让他学习。十年后,仲永已经像普通人了。

提炼的观点是:只有勤奋才能成功。这则材料中既有方仲永又有父亲,还有乡人;这么多的人,要抓住主要的人物来提炼观点,主要人物是方仲永,而主要说的是方仲永的"勤奋"与"成才"。因此,我们提炼的观点是:只有勤奋才能成功。

第三则材料:"愚公移山"

古代有个愚公,年近九十,他家的门前有太行和王屋两座山。山很大,挡住他们的去路,出入须绕道很远。愚公就召集全家人,商量铲除这两座山。于是就一起挖土掘石,再用土筐运到渤海边上倒掉。邻居智叟嘲笑他,愚公回答说:"我死了,还有儿子,儿子死了还有孙子,子子孙孙没有穷尽,而山却不会增高,怎能铲不平呢?"

提炼的观点:持之以恒(坚持、有毅力)才能成功。这是一则有深刻寓意的故事,这样的材料,我们一般要抛开故事谈它的精神。《愚公移山》这个故事的精神是坚持不懈,持之以恒,所以我们提炼的观点是:只要坚持就会胜利。

4. 小结:通过这三个练习,证明大家对前面学习过的三种方法掌握得很好。但是,我们说这只是由材料提炼观点的一般方法,如果在写作文的时候,我们都采用一般的提炼观点的方法,那我们的文章就会有千篇一律的感觉,我们的每一篇文章都会像歌中唱的那样"是一棵默默无闻的小草"。这样就不好了,怎样的文章才好呢？新颖的有创意的文章才是好文章,因为文章贵在创新。今天,我们就学习两种能够提炼新颖观点的方法。

二、方法一:发散思维,从配角入手

1. 理解"发散思维"。

①何为"发散"？请大家比较一下,手电筒的光和太阳的光,哪一个集中,哪一个发散？

太阳光是发散的,手电筒的光是集中的。

②小结:材料中有主角,有配角;有主要事件,也有次要事件,如果我们仅仅抓"主要的"(思维是集中的)就落入俗套,试着从"配角"(思维是发散的)入手,也许我们就可以提炼出有创意的观点来。

2. 以《伤仲永》为例,试着运用发散思维。

①我们看《伤仲永》这个故事,文中除了仲永,还有谁？

(父亲,乡人等)。

②那么他的父亲在仲永变成众人这件事上有没有责任？(有)他的责任是什么？(发现儿子有天赋却没有加以培养)

③由此,针对方仲永的父亲,我们可以提炼的观点是什么？

(父母应该根据孩子的特长加以培养。)

④请将这个观点与"只有勤奋才能成功"比较一下,哪一个新颖？

⑤小结:看来,运用发散思维,从配角入手,是可以提炼出新颖观点的。

3. 学生自主运用发散思维。

①下面是第四则材料"滥竽充数"的故事,读材料,想一想,文章中有几个人物,可以提炼什么观点？

大屏出示:齐宣王喜欢听人吹竽,弄了三百人一起吹。南郭先生不会吹竽,混在中间充数,也得到奖赏。宣王死后,泯王即位,他喜欢听人单吹,南郭先生只好逃之夭夭了。

②生同桌讨论,想好的同学可以添到黑板上。

明确:材料里面有南郭先生,宣王,泯王三个人。从南郭先生的角度,可以提炼的观点是:不学无术是不行的,或只有真才实学才行;从齐王或泯王,(他们作为领导人物)我们可以提炼的观点是:领导要知人善用。

③试比较这两个观点。

通过比较,我们可以知道,发散我们的思维,从配角入手,往往会得到新颖的观点。

三、方法二:逆向思维,反其意而用之

过渡:事物都是有两面性的,有其进步的一面,也有其不足的一面,我们往往只注意其中一面,而忽略了另一面。所以,我们如果能反过来想想,也许可以提炼出别的有创意的观点。

1. 学习运用逆向思维。

大屏出示:300多年前,建筑设计师克里斯托·来伊恩受命设计英国温泽市政府大厅。他应用自己工程力学的丰富知识和多年来的实践经验,巧妙地设计了只用一根柱子支撑的大厅天花板。市政府权威人士进行工程验收时却说只用一根柱子支撑天花板保障不了大厅的安全,责令莱伊恩再多加几根柱子。莱伊恩争辩无效,只好在大厅内增加了4根柱子。不过,这4根柱子实际上并未与天花板接触。直到前几年,市政府准备修缮大厅的天花板时,才发现这个秘密。

①这个例子通常的思维是什么?同学们想一想。

认为他的做法是对的。比如说:他既坚持了自己的设计思想,同时也做了妥协,照顾到了别人的视觉感受和传统心理,这种处理事情的方式是一种艺术。

②但是我们反其意而行之,你能提炼出什么观点呢?同学们小组交流交流。

可以否定他的这种做法,认为其有弄虚作假之嫌,但是是他愿意这样的吗?同学们再深入地想一想。肯定不是的,他是被逼的,可见,有许多"形式主义"其实是"上面"逼出来的。"市政府权威人士"如果能多听听建筑师的意见,或者从谨慎出发,多做些可行性研究,总之,改变作风,也许就不会有今天揭晓后的尴尬了。

③小结:由此我们知道,对于一则材料,我们"反其意而用之"往往会有新颖的观点问世。

2. 学生自主运用逆向思维。

①读"班门弄斧",从正反两个方面提炼观点。

大屏出示:班门弄斧,鲁班是一个善于制作精敏器皿的能手,人们把他奉为木匠的始祖。有人居然敢在鲁班的门前卖弄使用斧子的技术,也就是在行家的面前显示自己的本领,人们把这种太不谦虚的可笑行为称为"班门弄斧"。

②学生独立思考(谁想好了,直接填写在黑板上)。

③交流。

四、拓展运用

1. "狐假虎威"的故事大家都熟悉,里面的主要人物是狐狸,而且,千百年来,狐狸一直是狡猾的代名词,那么,你试着根据今天学习的提炼观点的新方法,看看可以提炼出几种不同的观点来。

大屏出示:狐假虎威,狐狸在山林里走着,遇见了老虎。老虎伸出爪子就要扑上去。狐狸知道已来不及逃走,急忙说:"站住!我奉了上天的旨意,成了百兽之王。你如果伤害了我,就是违抗上天的旨意!"老虎听了,不大相信。狐狸说:"如果你不相信,就跟着我,看看百兽见了怎样吧。"狐狸说着就大摇大摆的在前面走着,老虎将信将疑地跟在后面。果然,野兽一见他们,就纷纷逃窜。老虎大惊,以为狐狸真是百兽之王。

2. 学生自主思考。

3. 小组讨论。

4. 全班交流。

明确:

①狐狸是狡猾的(一般观点)

②狐狸是聪明的(反其意而用之)

③老虎应该正确认识自己(关注配角)

五、课堂小结

今天,我们学习的重点内容是"如何提炼出有创意的观点"的两种方法。其实,由于每个人所站的立场不同,考虑问题的角度不同,所得出的结论也肯定不同,这就是我们通常所说的"智者见智,仁者见仁"。只有尽量提炼出有创意的观点来,你的文章才会令人耳目一新。如果我们每一个人的文章都可以从不同的角度提炼出新颖的观点来,那就会有"百花齐放,百家争鸣"的局面,那时我们的每一篇文章都将不再是默默无闻的小草,而是参天大树;不再是群星,而是月亮,甚至是一轮耀眼的太阳!

第二节 白描写作教学流程

如果说,生活是一片浩瀚的海洋,那么写作就是将海面上那些最美的镜头定格。流淌在笔下,有时候是惊涛中的一片寂静;有时候是骇浪中的一份优雅;还有些时候是微波中荡起的一缕诗意……老师要引导学生用一双慧眼,一颗善感的心,一支灵动的笔去发现美,感受美,表达美。为此我们创立了写作四部曲:写前对话—独立写作—生生互赏—师生评练

第一部曲:即兴曲——写前对话

写作是学生个体对生活的体验,对生命的解读。世界上没有完全相同的两片叶子,更没有完全相同的两份经历。我主张学生用我手写我心,用我心抒我性灵。

写文章,目的是让看到的人信服,求人信服,自己先要有可取的见识;还要让看到的人感动。话说起来简单,要达到这个目标并不容易。初学写作,一看题目,会觉一片空虚,搔首踟蹰,不知如何下笔。真可谓"巧妇难为无米之炊",那么怎么克服这个畏难情绪呢?

胡适之先生曾经告诉过我们:有什么话,说什么话;话怎么说,就怎么写。所以在写作前,把要写的事情,小组之间先用嘴说一说,尤其说一说那些印象深刻的细节。在交流中,所见、所闻、所感变成了话,总要有听众把关,文章的哪些内容不够真实、通达、恳挚、高尚,就能在自觉不自觉中进行品析、辨别和纠正,更多的新发现也会在碰撞中诞生。"言为心声",最后落笔的文字是经过初步加工完善的"话"。看来,作文不过是把要说的话记下来,然后经过反复修改,做到"辞达而已"。写作其实就是这么简单,让学生认识到这一点,才能克服写作的畏难情绪。

在这个引领学生感受和记录的过程中,教师一定要注意以下几点:

1. 认真倾听学生的话,尽量不要打断。
2. 切忌唠叨和说教,只是引导学生去感受。
3. 注意观察学生的表情变化。
4. 关注时事、身边的新鲜事、邻里之间……随时捕捉新的主题。

比如学过朱自清的《背影》之后,老师启发学生拿起笔来去写写我们的亲人、我们的师长、我们同学,或者邻里等。写之前学生有表达的欲望,就是很多素材难

以取舍,这时候开展写前对话特别必要。在小组对话中,大家被彼此的亲情故事所打动,慢慢就找到了触动心灵的那个特写镜头。在热烈的交流探讨中,有的同学从梳妆台上那瓶洗面奶入手,读懂了母亲的关切;有的从电闪雷鸣中,母亲的紧紧相拥,感受到了母亲的温暖;有的从母亲严厉的目光中,明白了说谎的人从来都会露马脚。还有的从病榻上,看到了爱在母亲瘦削的面庞上,在母亲细心的叮咛里……学生的写作因为文本的启发,更因为写前对话的碰撞,真情流露,准确地捕捉到了感情激发点,写下了一篇篇独具特色的优秀作品。

学生的心灵就像一个宝藏,当这个宝藏被开发出来以后,写作就变成了一种情绪的释放。写前对话就像一把点燃学生思维的火炬,敞开心扉的交流,无异打开了一扇通向他人生活的大门。

张中行先生在《作文杂谈》里有一章"由记话起"的细讲:"作为入门,是要'记话'呢还是要'学文(范文)'?上好的文章是表现自己的思想感情的。很明显,由'学文'向前走就容易偏离这个目标,由'记话'向前走就容易接近这个目标。写文像话是个理想,因为这样的文章常常有朴实、平易、活泼、流利的优点。相反的方向是力求不像话,扭捏造作,文绉绉。"

作文教学如果一味耽于"学文""学法",无疑是邯郸学步。但愿摒弃急功近利之心,引导学生独立思考、独抒性灵,真正做学生心灵的开发者!

第二部曲:独奏曲——自主创作

独奏对乐者而言是证明其音乐造诣的机会。不管是古筝的温和柔婉,钢琴的浪漫多情,还是二胡的如泣如诉,大号的高亢嘹亮……它们的音色各异、特色鲜明,塑造出了各种惟妙惟肖的音乐形象。我们期待学生的自主创作也能记录下属于自己与众不同的诗意人生。

我们的作文教学循着自然真实的路子,引导学生介绍真实的见闻,倾吐内心的感受,哪怕与对手辩论,也都伴随着丰富的情感体验。动笔之前,学生已经充分交流了自己对生活的感受,话已经了然于胸,动乎情,发于声了,提起笔来就有不吐不快,酣畅淋漓之感。这时候,经过同学交流探讨、发酵酷治出来的作品,就如刚出炉的糕点,色香味俱全。

不过,提起笔来,有个我在。"纵横自有凌云笔,俯仰随人亦可怜。"下起笔来,有时一事未竟而枝节横生,有时逸出题外而莫知所届,有时旁征博引而轻重倒置……洋洋洒洒,拉拉杂杂,就如班固所谓的"下笔不能自休"。如果说这是一种病态,那治病的良药就是锻炼思路,使之有物并有条理。思路条理的形成,要靠多方面的条件;就作文说,写提纲是个很重要的条件,或说很有效的办法。其实又不只对于初学,就是非初学,先写提纲也可以避免缺漏、轻重失宜、次序混乱等缺点。

初次提纲训练,我们要求学生注意:(一)审清题意,确定中心(二)围绕中心,选择材料(三)明确中心,安排顺序(四)突出中心,详略得当。比如我们以《肩膀》为题一次写作训练,学生列出了如下提纲:

主题:肩膀,是感情的依靠。

题记:肩膀装载着幸福,肩膀是亲情的牵挂;肩膀承载着快乐,肩膀是友情的寄托;肩膀搭载着甜蜜,肩膀是爱情的相守。提到肩膀就想到了依靠。

结构:

肩膀,是亲情的牵挂。(小时候,妈妈的肩膀)(详写)

肩膀,是友情的寄托。(少年时,朋友的肩膀)(较详)

肩膀,是爱情的相守。(电视中,恋人的肩膀)(略写)

结语:肩膀,是感情的依靠。

这只是简单的提纲,写作中可以循着这个脉络,思路不会旁逸斜出,当然时间允许还可以更细致一些。比如不只写明内容的要点,还写明表述此内容的篇章结构的具体安排,如由哪里说起、中间怎样转折、过渡、联系,最后怎样收束等等。长此以往,可锻炼思路,使之细密,编写腹稿的本领也练就出来了。学生最初的作品,文字不一定美妙,结构不一定完整,思路也许不很完善,感情也许很生涩,但没有关系,只管让学生写去,只管让学生宣泄去,想说什么就说什么,想写什么就写什么。笔随兴之所至,日久天长,就可以在无定法中领悟多种法,这是文笔多变、攀上更高境界的起点。等学生的情绪顺着笔尖一泻而尽的时候,再引导学生回来修改自己的文章,反复推敲、咀嚼,就会体会文字的精妙之处,体会到那份生命的甘甜与清香。

自主创作过程中,教师也要注意以下几点:

1. 创作过程中尽量不给学生框框,让学生行云流水,写自己想说的"话"。因为文字是肉做的,不带功利性,情感、思想是活的,这样才能感人。

2. 写作过程,淡化一点功利性,增加一点愉悦性,不是为文而文,倡导学生享受写作本身带来的快意。

3. 多读和多写结合在一起。读的好作品背下来,自己涵咏体味其妙处,摸索写作的规律,把所得应用在课堂作文和周随笔里。

4. 列写作提纲成为习惯,列提纲时要聚精会神,快中求细致。提纲列好之后也要做些调整:一是量的增减,应说而没写上的,补;可以不说而写上的,删;二是次序的调整,即前后的移动。这样下笔时就可以有章可循了。

我们期待学生的作品在反复吟咏雕琢之后能够实现心潮澎湃,风起云涌如贝多芬的《命运交响曲》;可以轻歌曼舞,低吟浅唱如班得瑞的《童年》。我们追求学生自主创作出来的作品是学生的心灵间流淌出的清泉,是清水出芙蓉,不染尘埃,实现我们记话的写作目标。

第三部曲:协奏曲——生生互赏

最喜欢莫扎特的古典协奏曲。它是由独奏乐器与管弦乐队协同演奏的大型器乐作品。学生的自主创作带有自己的生活烙印,充满着个性风采。犹如高低不同的音符,相互协作就可以碰撞出一首美妙的乐曲。学生的作品,在生生的欣赏中不断碰撞、浸染、升华。

我们推崇的好文章要求学生"记文如话",那么写成文章,怎样做到文如说话呢?叶圣陶先生就曾说过,写成文章,念,要让隔壁听见的人以为是说话,不是读文稿,才算到了家。达到这种境界容易不容易呢?似乎并不容易,古人有归真返璞的说法,这意思用于文,就是绚烂之极归于平淡。

所以学生在写作之后,把文章读给小组听,互相听听对方作品中哪些文字传递出的是真实的生活,哪些文字把生活再现得活灵活现,如见其人,如闻其声,思想内容震撼我们的心灵。这样的文字,我们提倡学生制成卡片,标明作品的题目、作者,全班互相交流、欣赏、玩味。如我们在一次《感动班级人物》的写作训练中,我们要求学生在外貌描写中要更加细腻一些,努力做到惟妙惟肖。学生在互相欣赏之后做了下面的卡片:

"对不起……我来晚了……"刘超怡大喊着向我们跑来,一眨眼,她就出现在我们面前:一手攥着扫把,一手撑着腿,两条鞋带纷纷罢工,脸涨得通红,大口大口地喘着气,明显累坏了!

(鲁少婕《感动驻我班》)

"快快快!快点儿交语文作业啦……"听!我们班的"大忙人"丛雨又在催着同学们交语文作业呢!"哎,你的作业交了没有?不许不交,一个也不能少!""喂,我说你快点儿啊!"他的嘴一刻不停地说着,说着,他的腿一小步一小步的跨着,跨着,一个座位一个座位地催着,催着……脸上的汗珠也随着他剧烈的动作而不由自主的流着,流着……

(田明浩《我们班的"大忙人"》)

她那白皙的脸上露出一丝丝甜美的笑容,这笑容正如那明艳而灿烂的太阳,把我心中的寒冷一下子照得烟消云散。

(邹雯雯《最美同桌》)

张瀚文趴在桌子上,头发跳着杂乱的舞蹈,眉头紧簇着,五官像抹布一般皱在一起,一看就是一副难受到极点的样子。

(钟小淇《坚强的张瀚文》)

随着一声巨响,随即一道身影破门而入。咦,竟然是阿Q,他满脸布满了豆粒大的汗珠,头发像浸过水一样,眼圈有些乌黑,但是双瞳中又迸出兴奋的光芒。我不经意间碰到了他的手,竟像煤炭般火热。

(张翔宇《我们班的"水神"》)

在漫天飞舞的粉笔末中,他额上出现了一个深深的"川"字,眉头紧皱着,上牙狠狠咬着下唇,两腮通红,一看就知道是被粉笔末呛得使劲憋着气。

(宋自强《擦黑板的刘晨宇》)

他没有优秀的成绩,也没有惹人注意的能力,一对木鱼般的眼睛,几乎从来就没有看见他笑过。我觉得这样一个呆头呆脑的他就像一颗渺小的星星,灰暗地闪烁在初二七班这个庞大的银河系里。

(刘超怡《温暖的小动作》)

……

这些卡片在班级里面互相流传,大家争相阅读,评头论足着,在一片赞叹声中,作者们找到了写作的尊严,也体会出了外貌描写的妙处,从而一举两得。在品评中,那些文采飞扬,字字珠玑的美文也被慧眼识珠,推选出来了,成为作文讲评课上的典范。这个生生互赏的环节,给予每一位同学欣赏别人作品的权利,也给予每一篇作品被肯定的机会,教室里面的伯乐多了,千里马自然也多了。这个环节最大限度地发挥了学生学习的主动性,最大限度的激发了学生写作的热情。

生生互赏让写作成为学生生活中最快乐的一件事情,生生互赏也让学生拥有了一双发现美的眼睛,慢慢就懂得了品评一篇文章的优劣。眼高了,手自然不会低。那么我们理解的好文章的标准是什么呢?扬雄《法言·问神》篇所说"言,

心声也;书,心画也"。具体表现在我们的作文中有如下几点:

1. 文要对题。作文,一般是别人命题。同一个题目,立意和写法也是千变万化;但无论怎样变、怎样化,总得是同那个题目能够对应的。

2. 写文章,目的是让看到的人信服,求人信服。作品有可取的见识,要让看到的人感动。除此之外,所表现的知识、思想感情等能引导人、促使人求好、求向前、求向上。

3. 语言的表达借用《论语·卫灵公》篇的一句话,"辞达而已矣"。就是语言文字所表达的与心里想的一模一样。语句要尽量求朴实,简明,准确。能够用本色的话说明白,就不多方修饰;能够用质直的话说明白,就不多绕弯子,真正实现记文如话的目的。

4. 作品有自己的个性色彩,能够见人之所未见,言人之所未言;行文如行云流水,像是漫不经意而无不恰到好处,具有自己的风格。文章到此境界,旧话说是炉火纯青,自然只有很少的人能够有此本领。

历史学家汤因比博士认为:"教育应该是一种探索,使人理解人生的意义和目的,找到正确的生活方式。"作文教学就要激发学生创新写作的热情,指明思维的出路,让学生磨砺思想的锋刀,撞击真理的火花,奔涌感情的激流,写出个性张扬的文章!

第四部曲:创意曲——师生评练

音乐中的创意曲是以模仿为主的复调音乐的体裁名称,根据某一音乐动机即兴发展而成。

写作中常会涌现出出色的作品,文质兼美。他们就像舞台上那位引人瞩目的领奏,因为基础好天分高,曲子演奏得如高山流水。这时候,通过生生互赏推荐出来的好作品,老师就可以汇总办成作文小报如《小荷才露尖尖角》《晨曦》等,按期打印分发到每个学生手中,共同探讨优秀作品中的精髓,交流写作中的收获,让他们获得知音无限的灵感,然后再来修改自己的作品。

由读学生的优秀作品来修改自己的文章,这一环节不是和我们不提倡的"学文"的主张矛盾吗? 情况是这样:读是吸取内容,学习表情达意的方法,到自己拿笔,所谓由记话入手是"以自己为主",灵活运用已经吸取的内容和方法。学文是先有个好文章的框框,拿起笔,"以范文为主",自己用力去追。用旧话说,由学文入手是庄子所谓邯郸学步,常常是费力而不讨好;由记话入手是老子所谓无为而无不为。老师在学生写作中的作用就是引路,引上一条爱好写作的路,引上一条脚下无石,目前无树的路。

老师经过初次批改,一定会发现学生写作中存在许多问题。比如:错别字、用词不当、造句方面的错误、意思不清楚、条理混乱、文不对题等等。这些问题,老师不能在一节课当中都让学生解决。我们主张学生自己边写边改,写完继续修改,让学生自己先解决简单的问题。存在其他问题,由老师做出针对性的评改建议,结合范文或者问题文进行评练。不管是内容还是表达,我们主张作文评讲一课一得,只是抓住一点进行评练。比如《感动班级人物》中针对学生不会运用外貌描写,老师确定了讲评的重点"如何让外貌描写更加细腻",老师引导大家从欣赏的片段中得到了写作的收获:

1. 按照一定的顺序,使外貌描写不杂乱。

2. 加上议论抒情的句子,更加细腻生动的突出"感动"。

3. 试着至少运用一种修辞,让描写生动起来。

学生在讲评中有所收获,老师就指导学生运用这些写作的收获修改自己的文章,或者针对一篇不够完美的文章集体修改,小组也可以合作修改,在不断的练习中,学生举一反三,触类旁通。自己的文字从徜徉肆恣到刻意求工,达到"掷地有金石声"的效果。在评练过程中,我们也要注意以下几点:

1. 师生评练,既要评得精要,一两拨千斤;练还要得当,有针对性,结合学生的实际情况,有的放矢。

2. 课堂讲和练紧紧地结合在一起,学以致用。哪怕是写个小片段,或者在自己的作品中立竿见影,或者针对一篇病文共同做出修改意见都是可行的。

3. 教师讲评的作品可以是学生的范文,可以是有问题的文章,当然还可以适当的选用名家作品,在切磋中逐渐提高。

4. 给学生讲的内容,可以扣紧题目(学生作文)说,也可以离开题目(如介绍作文知识)说;可以自己说,也可以大家随意说。总之,只要有助于学生理解、进步,都可以灵活。

写作中我们提倡记文如话,文是话的书面形式,却又超过话的书面形式。当我们内心有思想感情需要写出来,能够用明确切、简练、朴实的通用语言,而书面上的文字又恰好与心里的思想感情一致,这就是我们追求的理想。我们不主张扭捏造作,言过其实,但是有时候,文艳、富丽也不一定没有必要。

作文,同其他工艺一样,应该有法;可是法很灵活,几乎无往而不可,这就是前人常说的文无定法,可意会不可言传。就像音乐演绎情感,一首小提琴协奏曲《梁祝》,也可以用钢琴协奏,表现出它的绚丽多彩真挚感人。

有人说,教育的真谛是帮助每一个人成为他自己,把他个人的独特性发挥到极致。我们的写作就是鼓励学生把自己的所思,所感,写下来,从写作中找到独特的自己。我们的写作四部曲,核心就是引导学生用我手写我心,做到"文如春华,思若泉涌";引导学生从"长江大河一泻千里"的豪放肆恣走入气势的开阔,思想的深入,真正实现自我的突破,这需要我们语文教育工作者一直孜孜不倦的追求。

第三节 白描写作教学的角度

白描写作教学并不认为有了真情、有了积累、有了创新思维,就一定有了美文。真情要有好的角度喷发,积累要有好的形式倾诉,思维要有好的方式体现。古人曰:"不以规矩,不成方圆。"学习写作就要知道规矩,所谓规矩就是写作中遵守的写作本身特有的规律,熟练地、巧妙地、独运匠心地运用各种写作方法和技巧来表达客观世界和内心情感。因此"一手松,一手硬"成为白描写作教学的宗旨。"一手松"即给学生松绑,放飞写作,把主动权还给学生,张扬学生个性;"一手硬"即教师引导是硬道理,就是说学生写作的创新需要教师授之以渔,让学生有"法"可依。据此,白描写作教学进行了立意深刻化、选材新颖化、手法适切化、表达方式融合化等多方面的探索。下面,我主要谈一谈语言的创意化、构思的陌生化、形式的个性化、评价的大众化。

一、语言的创意化

白描特色突出的李清照词,看似都是信手拈来的通俗自然的语言,却创造出一个个鲜明生动的艺术形象,并以此表情达意。彭孙通《金粟词话》这样评论:"作浅俗之语,发清新之思"。白描语文志在让学生的语言富有创意。

什么是创意?"创意"在现代汉语词典中解释为"创造新意"或"创造新的意境"。一篇美国小学生的作文引起了我的思索:"有几个小男孩到郊外去玩,在芦苇丛中发现了一只蛋,有的说是蛇蛋,有的说是鸟蛋,争论没有结果。他们决定把蛋拿回去放在烤箱中去孵……蛋壳快破了,大家紧张地盯着。哈!蛋里孵出来的是里根总统。"多么大胆的想象!这就告诉我们:创意就是不能人云亦云,而要别出心裁。让学生的语言有创意,就是让学生的语言有个性、有灵性、有创造性,就是推陈出新。如何让学生的语言有创意?在平日的写作训练中,我摸索了一套有积极成效的做法。

叶圣陶老先生说过:受教育的人的确跟种子一样,全都是有生命力的,能自己发育成长的,给他们充分的合适的条件,他们就能成为有用之才。激发出学生创意的兴趣,就是学生充分的合适的条件,就是打通了学生通往创意语言的金光大道。在此基础上,教师再和学生一起总结规律,让学生有一定的理性认识,形成形象思维——抽象思维——形象思维这样一个学习语言的过程。学生读到别人的创意句子之后,要能够知道别人用的什么方法;学生写出了创意句子之后,要能够知道自己运用的什么方法。然后再用这种方法去有意创作有创意的句子。也就是说学生要经历从实践到理论,再从理论到实践的过程,这样他们才能使创意表达成为习惯。因此在教学法实践中,我把语言创意的几种方法归纳出来。

1. 运用修辞,形象语言

正如白菜是最常见的蔬菜,但百菜不如白菜;修辞是最常用的语言创意的方法,但百法不如修辞这一法。纵观初中语文课本里的文章,岂不是语言大师们的修辞比赛?我很注重指导学生运用修辞进行创意,学生作文中出现了大量叫人欣喜若狂的句子。

①他山之玉,信手拈来——引用

例如:"我虽然长得矮了点,但潘长江说过:'浓缩的都是精华',这倒也是真的。"引用矮个子潘长江的话,在幽默中透出自嘲、自慰的味道。

②浪漫多姿,余味无穷——比喻

例如:一双失神的眼睛时常淌出浑浊的老泪,那毫无表情的脸上皱纹交错,乍一看,就像一个既没汁水又没味道的老瘪果子。

③放飞想象,纵笔驰骋——比拟

有位同学在《初识医生这个伟大的职业》中作了这样的评价:"医生这个伟大的职业也是需要小费的。""伟大"和"小费"矛盾对立,鲜明突出地批评和讽刺了现实生活中某些医生不讲职业道德,向患者索要红包等现象,从而耐读。

④增强语势,层层递进——排比

例如:爸,妈,我不是橡皮泥,想让我成为外交官,就把我捏成周恩来;想让我成为数学家,就把我捏造成陈景润;想让我成为音乐家,就把我捏成贝多芬。

⑤有意重复,屡屡渲染——反复

例如:谁?谁?谁把我的美联社梦炒了鱿鱼?反复的质问突出渲染了作者美梦被惊醒的恼怒与不快。

⑥不拘一格,凸现真实——夸张

例如:……让人感到奇怪的不是他瘦,而是他为什么能这么瘦,也许,一粒米他能吃三天吧?"一粒米吃三天"是言过其实,但却取得了明显的表达效果,因为这是现实的真实,不是数字的真实,而是艺术的真实。

⑦特点突出,形象鲜明——借代

例如:一次写《我的同学》的写作训练,一位同学以"红裙子"代指一个泼辣、热情的女孩,鲜明的外在形象和突出的内在特征完美结合。

⑧矛盾对立——集中褒贬

例如:一位同学在《初识医生这一伟大职业》中做了这样的评价:医生这个伟大的职业也是需要小费的。"伟大"和"小费"矛盾对立,突出地批评和讽刺了现实生活中某些医生不讲职业道德,向患者索要红包这一现象。

2. 巧用成语,青春语言

成语是我们汉语言最宝贵的财富之一,学生在掌握一定的成语之后,如能活用成语或改用成语,往往能收到创新效果。为此,我们特别注意成语活用或改用成语的训练,学生很快就运用自如,使古老的成语焕发出青春活力。如:

一生用两个成语形容自己做作业的速度与质量,还对后一个成语进行了改造:不到二十分钟,一本十几页的寒假作业被我"一扫而空",但仔细一看,全都"牛头对马嘴"。

一生用两个成语形容自己的烦恼形象、幽默:烦恼就源源不断地"登门拜访"。

3. 善用词语,飞扬语言

技巧的最高层次是无技巧。能将平时积累于心的词语,融会贯通,写出自己的句子来就弥足珍贵了。在写作实践中,我们就要求学生注意运用能够激活句子的词语。

例如:

A 美妙的音符从同学们口中蹦出来,悠扬的歌声回荡在校园的上空。

B 她唱歌跑调跑得十分固执。

C (冬天)水,不情愿地从水笼头里流出来。

这些看似平常的句子,却因为其中的个别词语而使句子的神采飞扬起来。

4. 调用"五觉",丰满语言

我们知道,要细细地品味生活,就要调动自己的视觉、听觉、味觉、嗅觉、触觉;要再现生活也要调用这"五觉"。该用这种感觉去体现的东西你用那种感觉去表达,就是语言的创意。如:

A 一生写江涛的歌:起初,江涛唱得蜻蜓点水……

B 一生写自己温暖的感觉:当时我觉得心里比盖了被子还要温暖。

C 一生写空气的新鲜:新鲜的空气,比我吃冰淇凌的滋味还要好。

D 一生写自己紧张、慌乱、激动的复杂心情:嘴上虽这么说,心里却像正在演奏安塞腰鼓一般,连绵不断;又好像五脏六腑在我的肚子里开了派对,上下窜动,跳个不停。

5. 敢写哲理,深刻语言

我们以往提倡学生引用名人名言,忘了学生也是可以创造名言的,我们鼓励学生大胆写出自己对生活的感受。

A 可怜之人必有可恨之处。

B 快乐不是别人给的,也不是自己刻意追求的;放弃那一份该放弃的,执着那一份该执着的。随意并快乐地生活,既然如此,那就善待烦恼吧!

C 朋友,当你在生活中遇到麻烦时,不要烦恼,只要你努力去寻找解决的方法,请相信今天的烦恼是明天事业成功的基础。

6. 改用名句,别致语言

将名句灵活借用于新的环境中,这仅仅是浅层次的语言创新,旧语新用而已,而将约定俗成的语言文字大胆地改用,则需要更高地把握输出语言的能力,会收到神奇的效果。

一位同学在描写公共汽车上嘈杂、混乱、拥挤而又有小偷的场面时,以"与贼共舞"为题,(改用美国影片《与狼共舞》),新奇又惟妙惟肖。

一位同学在写班级喧闹场面时是这样写的:强令性制止只能像被老鼠啃过的堤岸,虽绵延千里,但在沙水的冲击下却也无能为力。这句话不着痕迹地将"千里之堤,毁于蚁穴"改用了一下,表现力级强。

一位同学在《彩迷老爸》中写了这样的句子:屡买不中的老爸总结教训后发现:中奖的号码是相似的,不中的号码却各有各的不同(改用托尔斯泰语)。面对众人的嘲讽,老爸的解释让"我肃然起敬",原来是"彩民之意不在奖,在乎体育事业也"。(改用欧阳修语)。

一生改造名句形容一夜之间脸上长满青春痘:忽如一夜春风来,千痘万痘脸上开。

7. 剪贴词语,新鲜语言

宋丹丹的一句:"两颗门牙也光荣下岗了"传遍了大江南北,为什么大家这么喜欢这句话？就是"下岗"一词的合理剪贴。的确，词语剪贴是语言创意的快捷键。这种方法深受学生喜爱。如：

A 温暖就是这样在传递中变得蓬勃起来的。把你感受到的温暖按一遍 ctrl + a，复制给别人，会有越来越多的温暖被粘贴，被记录。

B 他就像从这个世界蒸发了。

C 对克隆作业的现象一点也制止不了的班长是否该下课了呢？

8. 褒贬倒用，色彩语言

我们说话、写文章总是要有一定的思想倾向的，而这种思想倾向表现的一种途径就是去运用褒义词、贬义词。如果该用褒义词的地方用贬义词或反之，就好像给词语换了一身衣服，增强了语言的表现力。如：我恨我妈妈的操劳，因为它使我妈妈过早地衰老。

9. 铺排列举，厚重语言

《木兰诗》中的"问女何所思，问女何所忆""阿爷无大儿，木兰无长兄""东市买骏马，西市买鞍鞯，南市买辔头，北市买长鞭"等等，都不是在说废话，而是起着渲染气氛、烘托人物形象的作用。让学生在习作中有意识地运用这样的句子，学生很快就会上路。如：一生这样写自己嫌生活没意思但别人不理解："枯燥的初中时代"，自从踏进初中的校门，我就开始念叨这个真理。但爷爷不理解，奶奶不理解，爸爸不理解，妈妈不理解，就连门口扫大街的老大爷都不理解。

在实践中，我让学生积累、剖析、运用这样的句子。学生不再拘泥于普通的语言表达，也不再拘泥于一种创意表达，而呈现出多姿多彩的、富有个性的表达，学生的习作语言就有了长足进步。

[典型课例]

铺陈列举
——语言训练写作课

教学目标：

1. 通过学生习作中的例子复习使语言富有创意的几种修辞方法（引用、比喻、夸张）。

2. 学习运用"铺陈列举"的方法。

教学设想：

利用多媒体等辅助性教学设备,用一课时,引导学生在探究中认识、了解、理解使语言富有创意的方法。

教学过程:

一、导入新课

同学们,我们的汉语中有着丰富的修辞方法,这些修辞方法像一幅优美生动的长画卷,让人耳目一新;像一座瑰丽多姿的百花园,让人驻足留恋;更像一支跌宕起伏的乐曲,让人陶醉其中。修辞魅力无穷,我们的写作离不开修辞。

1. 大屏幕显示有创意的句子。

请同学们大声朗读屏幕上的句子,说一说你最感兴趣的是哪个?为什么?

①"我虽然长得矮了点,但潘长江说过:'浓缩的都是精华',这倒也是真的。"

②"忽如一夜春风来,千痘万痘脸上开"。

③他的话少得像深冬树上的叶子。

④他低下头,沉默将我们凝固在这个小小的房间,仿佛一块水中冻着两条鱼。

⑤他实在是太瘦了!让人感到奇怪的不是他瘦,而是他为什么能这么瘦,也许,一粒米他能吃三天吧?

⑥我觉得脸皮仿佛呼呼地起了火苗,想必足以烙熟一个鸡蛋饼。

2. 引导学生分析这些佳句:

修辞有着神奇作用,它能点亮整个句子,让我们作文的语言像花儿一样新鲜、生动、美丽。今天我向大家介绍一种新方法,大家想不想学习?

二、屏幕显示例句,认识铺陈列举

1. 屏幕显示学生作品例句:

唉!来自考试的烦恼、老师的烦恼、家长的烦恼、同桌的烦恼、作业的烦恼、网络的烦恼……一时之间,四面八方的烦恼像洪水一样将我窒息。——《我的烦恼》

①抽读,评价。作者列举了这么多烦恼,你不觉得啰嗦吗?为什么?

②学生举手交流(作者多次列举烦恼的来源,目的就是为了突出中心"我的烦恼多"。)我把这种修辞方法叫作铺陈列举,大家如果还有好的建议,随时告诉我,我们可以更换一下命名。

板书:铺陈列举: 多次列举
　　　　　　　 突出中心

我们再来看一则手机短信。

2. 屏幕显示手机短信:

您的话费余额已不足元,请您在近日内,卖锅卖铁卖大米,卖地卖房卖汽车,卖儿卖女卖点儿血,把话费交上!

①谁来朗读一下?这句话是什么意思?(快点儿把话费交上)怎样把话费交上?(卖东西)

小结:这句话多次列举了要卖的东西,突出"想尽一切办法把话费交上"这个中心

大家再来看一位美国作家作品中的句子,我们齐声来读。

3. 屏幕显示名家作品例句:

他挖了八小时、十二小时、二十四小时、三十六小时……没有人再来阻止他。他满脸灰尘,浑身上下破烂不堪,到处是血迹。——《地震中的父与子》

①师问:你能说一下为什么没有人来阻止他吗?

②生举手抢答。(引导生体会铺陈列举的作用。)

三、运用铺陈列举进行写作练习

1. 修改句子:

我们欣赏这么多铺陈列举的例子,我相信大家不但理解了还会运用。屏幕显示句子:天啊,这顿饭我吃得真多!

①运用铺陈列举的方法来修改这个句子。

师点拨:写之前要明确你要通过反复列举突出什么意思?(我吃得多)

②抽生口头交流:

师预写例句:

①我吃了一碗,两碗,三碗……点评:真聪明,你已经学会运用铺陈列举。想一想能不能再具体一些,你吃的什么?

②学生答:吃了一碗米饭,两碗米饭,三碗米饭。点评:我们不用数字来铺陈列举,直接写吃的内容,你会怎样写?

③学生答:我吃了米饭、吃排骨、吃大虾、吃面条。点评:具体写什么样的米饭,什么样的排骨……

④学生答:吃红烧排骨、吃油焖大虾、吃干炸里脊,吃五香牛肉……

点评:还可以把数量的列举和吃的内容的列举揉和在一起。除了铺陈列举的修辞,大家还不要忘记运用其他的修辞,比如你可以这样总括地写:我吃的空碗摆

起来比埃菲尔铁塔还要高。

　　看来铺陈列举一点都不难,大家这么快就学会了。不过呢,写的时候,尽量要写得具体富有变化,这样就不显得单调了。

　　2. 自设情境写作:

　　①师:晚放学的铃声响了,老师开会没回来……用一个词语来形容一下你教室里的情境是怎样的?

　　②交流设计的情境。

　　侧板书:焦急、喧闹、抱怨。

　　③你怎样用铺陈列举的方法来表现焦急?

　　生答:有的收拾书包,有的抬头张望,有的从座位上站起来了。

　　先抽一生点评:你认为他运用了什么修辞方法?

　　师点评:看来铺陈列举和排比有交叉的时候,我们今天这节课不做细致的区分,等我们到了高等学府再去深究。刚才这位同学是从动作方面来列举表现焦急,你还可以从哪些方面来列举?

　　生答:表情,声音……

　　师点评:同学们用了有的人,有的人……具体是哪一类人,教室里的人都很焦急,都有哪些人呢?

　　生答:男同学、女同学、班干部……

　　点评:能不能修饰一下什么样的男同学,什么样的女同学?

　　点评:对呀,太好了,这样我们铺陈列举就像花朵一样,不是单纯的一种颜色,而是万紫千红的烂漫春天了。

　　点拨:人是有生命的,他能通过自己的动作、表情、声音来表现的焦急,当你把这种感情投射到其他物体身上的时候,它也可能显得焦急起来,比如,因为你的焦急,讲桌也可能变得焦急起来。

　　④先自写,小组交流,每个人都要读自己的作品,全组讨论修改。

　　⑤小组推荐优秀代表交流。

　　3. 看图片写作。

　　①屏幕显示刘翔退赛后观众图片。

　　师画外音:画面上把背影留给我们的人是谁?当时是在哪里,发生了什么事?(8月18日11时51分,在鸟巢进行的第一轮小组比赛中,有人抢跑,比赛还未重新开始,刘翔就一瘸一拐地退出了比赛。)

你坐在电视机前看直播吗?你是怎样的心情?

生答:吃惊、愤怒、失望、伤心、宽容……侧板书

②写作。

修辞的百花园里异彩纷呈,每朵花都是一首最美的诗。今天我们只选取了铺陈列举这一朵花,具体的写作过程中,我们可以根据表达的需要,自由地选择方法,让你的表达生动活泼。下面你就选择你所要表达的中心,运用修辞自由地来写作,来表现当时在场观众的反应。

③先自写,然后小组推荐一名同学读,大家集思广益帮助这名同学修改。

④小组推荐代表读,评出优胜小组。

⑤师展示例句:刘翔低着头往外走,整个鸟巢好像一下子从炎热的赤道掉到了北极。手举相机的人惊愕了,腮上贴着国旗的人惊愕了,凭栏凝望的人惊愕了,刘翔的对手惊愕了,就连跑道也惊愕了……整个鸟巢一瞬间陷入了惊愕。

刘翔一定不会让大家失望的,我们盼望着在2012年伦敦的奥运赛场上,刘翔能再展英姿。

四、课堂小结

这节课你收获了什么?

五、布置作业

5月12日是个让中国人无法忘记的日子,地震夺去了几万人的生命,但是很多感人的场面也让世界重新认识了中国。请你运用铺陈列举描绘你印象最深刻的一个场面。

附预写例句:

1. 我吃了一碗米饭,两碗米饭,三碗米饭……吃的空碗摞起来比埃菲尔铁塔还要高。

2. 我吃蛋炒饭、吃油炸馒头、吃打卤面,吃红烧排骨、吃油焖大虾、吃干炸里脊、吃五香牛肉,……天啊,我这顿饭吃的要比爸爸妈妈吃的总量还要多!

刘翔低着头往外走,整个鸟巢好像一下子从炎热的赤道掉到了北极。志愿者惊愕了,记者惊愕了,刘翔的对手惊愕了,就连跑道也惊愕了……整个鸟巢一瞬间惊愕了。

3. 当刘翔退出赛场后,电视机前的我,心情由震惊到愤怒,由愤怒到失望,由

失望到惋惜,由惋惜到伤心……几分钟之内我的心情变化像万花筒一样。

数学作业、语文作业、英语作业、生物作业、地理作业……就差体育没有作业了,看来我只有像愚公那样挖山不止了。

4. 晚放学,老师没有来布置作业,教室里充斥着各种声音:拍桌子声、讨论声、跺脚声、不满声、制止声……教室里陷入了一片混乱。

班主任还没来,调皮的男同学坐不住了,文静的女同学坐不住了,课代表坐不住了,班长坐不住了,就连门口的大树似乎也想随着风挪动。

二、构思陌生化

构思,指文章的布局谋篇。在构思的训练上,白描写作教学采用的是"阅读——规律——写作"三位一体的训练方法。老师和学生一道通过阅读教材总结出构思规律,再找文章巩固,然后运用到写作实践中去,使写作和阅读真正结合起来。这些构思可以说是匠心独具的,在学生面前展现出全新的视角。下面,以说明文为例说一下的构思训练。

说明文对初中学生来说是一个新的文体,他们缺乏系统的理论知识,缺少理性的思维方式,尚未自觉、主动地积累、沉淀说明文的有关知识。初学说明文时,布局谋篇比语言表达更重要,老师在说明文写作教学中,采用了"利用课文学习方法——利用时文巩固方法——利用作文升华运用"的"三步曲"说明文构思教学思路。

第一步:利用课文,使学生获得说明文结构的感性认识

每一篇课文都是作家们的精心设计,每一篇课文都有自己的亮点,都有自己的精彩之处。教师如果善于在布局谋篇方面合理精讲每一篇课文,合理发挥课文对作文的媒介作用,那么学生会对说明文有较高层次的认识,为以后深入学习说明文打下良好的基础。叶圣陶先生所著《苏州园林》,为了说明苏州园林"务必使游览者无论站在哪个点上,眼前总是一幅完美的图画"这个总特征,采用了"从多个角度说明事物特征"的方法,分别从"亭台轩榭""假山池沼""栽种和修剪""花墙和廊子"等七个角度进行说明,授课时可先引导学生填写下表,让学生领会这种方法:

总特征	写作角度	写作手法
务必使游览者无论站在哪个点上,眼前总是一幅完美的图画。	亭台轩榭的布局讲求自然之趣是美术画。	从多角度说明事物特征。
	假山池沼的配合从各个角度看都成一幅画。	
	栽种和修剪树木也着眼在画意	
	花墙和廊子使景致见得深。	
	每一个角落都注意图画美。	
	门和窗,图案设计等都是工艺美术的上品。	
	极少使用彩绘。	

学生在教师的指导下,经过自己的努力总结出本文的写作手法,会对这种"从多角度说明事物特征"的方法留下较深的印象,但这种印象只是粗略的,是学生初步的、被动地接受的,如果就此为本文的授课划上句号,那么对这一种方法的学习还只是停留在浅层次上的,要想达到更好的效果,还必须做第二步。

第二步:利用时文,使学生获得说明文结构的理性认识

学习写作方法,首先是在课内学习教材,但整个初中课本载入的说明文数量较少,为了弥补这一缺憾,我们再让学生阅读一些富于生活气息、反映当前时代风貌的优美时文,其目的就是引导学生运用在精读课文时获得的种种知识和能力,举一反三,在课外进行阅读补充。为了巩固"从多角度说明事物特征"这一布局谋篇的方法,我们选择了文质兼美并且在写作手法上与《苏州园林》有异曲同工之妙的《晋祠》,同样用表格的方法指导学生进行阅读。

总特征	写作角度	特 征	写作手法
悠久的历史文物同优美的自然风景融为一体	自然风光	山:巍、长、美	从多角度说明事物特征
		树:古老苍劲	
		水:多、清、静、柔	
	文化的美	三绝:古朴优美、用工精巧	
		园中小品:极具匠心	

这样,不但可以巩固和扩充课内所学的东西,而且可以培养学生的语言能力和鉴赏能力。

一种知识或一种能力只尘封在脑海里是远远不够的,知识的生命在于流动,

在于运用,所以,第三步才是最关键的。

第三步:利用写作,对已学习、巩固的方法进行升华运用。

指导学生写作说明文这种全新的体裁,"模仿"是最佳途径之一。课文是学生模仿的最佳样板。按照已掌握的某种布局谋篇的方法去套写文章,可以让学生在学写说明文时"入门"变得较为容易,虽然开始会有些生搬硬套,甚至显得僵硬可笑,但是"套"来"套"去,就会由生变熟,就会驾轻就熟,就会生发出许多创造性来,这就是说明文布局谋篇方面的顿悟。

总之,运用前两个阶段学习、巩固的方法指导说明文的写作,这是运用升华阶段,是学习的最高层次和最高标准。

叶圣陶老先生《苏州园林》围绕一个特征从七个角度说明,我们便从整体上领略了苏州园林的美,这样分条介绍避免了芜杂,也避免了疏漏。我总结为"角度多个,凸显特征"。

《中国石拱桥》先点出了石拱桥的总特征,然后举出了"赵州桥"和"卢沟桥"两个例子来说明。我称之为"一斑窥全豹,惜笔墨"。

《看云识天气》为了说明云和天气的关系,根据云的形状和色彩进行了分类说明。我总结为"类别分明,清整体"。

叶老说:"教材,无非是个例子",其实语文教材除了有"例子"之功,它本身就是一道文化大餐,是学生精神世界里一抹亮丽的风景,是教师指导学生进行写作"描红"的最佳"字帖",是作文的最好媒介。

几年的探索,总结最多的还是记叙性文章的构思方法,如:

1. 细节再现法

是指在构思文章时,选择一个与中心紧密相关的细节,在文章中反复出现,从而连接文章所有的材料,形成文章骨架,突出文章的主旨。在围绕"我爱母亲"这个话题写作时,学生往往把"下雨送伞,下雪送衣,深夜看病"等陈旧的事例罗列在一起,而进行了"细节再现"这种构思训练后,发现学生再现的是"母亲的眼角,母亲的背影,母亲的手"等细节,与这些细节相关的独特的材料就纷纷涌至学生笔端,给人留下了深刻的印象。

2. 层层铺垫法

就是把表现的重点放在后边,先写次要的人或事加以陪衬,以起到突出重点的作用。《一道风景线》这个作文题目,学生初次写作直接描写美丽的风景、家长雨中送伞、清洁工清扫落叶等主要情景。经过"层层铺垫法"的训练之后,学生学会了把景的美丽把人物的美丽融合在一起,实现"人面桃花相映红"的效果;次要人物先出场,重点人物后出场,也收到了"平地一声雷"的惊人效果。比如:有位同学描写登华山的过程,游人在险要的山道上手拉手,肩并肩形成一道美丽的风景线。作者先描写华山的险峻,"我"登山的艰难做铺垫,再写登山人群中的骚动推动故事情节。在面对困境,一位老者出现了,他一声高呼"咱们手拉手,肩并肩,互相搀扶往前走"控制了不安的人群,一道人墙,一股暖流,是最美的风景线。这篇作品,最大的成功就是铺垫运用恰当,高潮迭起。

3. 悬念蓄势法

生活的尺水微澜,都能增加文势的曲折,悬念的迭起。情感交流中的误会,心灵碰撞中火花的燃起和熄灭,都会让文章焕发出异样的光彩。如,一位同学写作《走过那一个拐角》时,是这样开头的:"我以为母亲是不爱我的。后来发现我错了,我错得太离谱了。"这样设置开头,富有悬念,吸引读者去寻找答案。接下来,小作者交代"母亲有什么事都装在心里,对我的关心也少,不如父亲那般大方直接。"我们似乎对母亲有点模糊的印象了,但是具体的了解不清楚。小作者就迎合了读者的心理,举出了具体的事例"有次感冒嗓子哑了,母亲依然不言也不语。是父亲给我买来药,父亲给我端来浓浓的梨汤。我感激父亲,埋怨母亲的冷漠。可是父亲说,药和梨汤都是母亲弄来的。"这个情节的设计太出乎意料了,小作者这时候才发现自己错了,错得太离谱了,谜底揭开了,"我"走出了母女误会的拐角。"文似看山不喜平",在悬念中,在波澜中,文章闪烁出动人的光辉。

4. 人称错位法

如舒婷的《我儿子一家》,以一个五岁孩子的口吻来叙述自己一家,有一种人称错位之美。一次写自己的写作练习,有位同学以《你呀,你》为题,用第二人称来写自己。小作者以一个旁观者的眼光来看自己:当"精英聚集"组组长,官不大却瞎忙,爱管闲事;督促组员勤学猛追,甩掉"老、大、难"的帽子;写自己操心累倒后,组员来看望,并流下悔恨的泪水,决心痛改前非。于是抒发感慨:真心付出必有回报。文章叙述的口吻埋怨中带着欣赏,令人耳目一新,比起用第一人称来写自己,有趣得多,也活泼得多。

5. 片断组合法

指根据主旨的需要,选取几个生动的典型人物、事件或景物的片断组合成文来表现主题。用这种方法记人、记事、写景,可以在较短的篇幅内,多角度、多侧面地表现人物、叙述事件、描写景物。运用这种构思方法,学生写出来的作文闪烁着灵气,令人百读不厌。如有位同学写《宿舍奏鸣曲》一文时选择了享受轻松安宁的"亲切曲"、听足球比赛的"激动曲"、老师斥责后的"思家曲"、熄灯后仍温习功课的"小夜曲"这四个小片断,构成一组洋溢着活力与浪漫的青春舞曲。

6. 多侧面展示法

对于要重点表现的人或物,从不同角度去观察并且加以表现,就会刻画得更加具体和全面,使之产生立体感。如,写自己最熟悉的人时,有的以《多变的天空》为题写出了父亲的"严格"与"慈爱",有的以《阳光总在风雨后》写出了同学对自己的缺点的批评像暴风雨一样冷酷无情,对自己学习上的关心像阳光一样温暖。

进行了这样的构思训练后,综观学生习作,其构思各具特色,个性纷呈,细品其中滋味,如沐芬芳。

[教学案例]

曲折造就美丽生活

写前对话

写作目标:

1. 学习叙述曲折的故事情节。
2. 正确对待生活中的曲折,认识生活中的曲折也同样能造就美丽的人生。

学习过程:

一、导语

许多同学喜欢读《西游记》,你认为这部小说深受欢迎的原因是什么?(提示:名著时文是睿智的师长,是启航的风帆,用名著作为学生创意的催化剂。)

同学们刚才的回答表达出它深受读者喜爱的一个最重要的原因——情节非常的曲折。

使情节富于变化的方法很多,这节课我们就来研究学习其中的一种。

二、新授

1. 你能用自己的话来告诉大家,你觉得《西游记》的情节是怎样的曲折吗?(提示:教师要引导学生运用"悬念"、"层层"和"渲染"三个词语,并且将三个词语标示在黑板中。)

悬念一环扣一环,在灾难的层层渲染中,师徒四人终成正果。

2. 在大家学过的课文中,哪一篇课文因为悬念迭起而给你留下了深刻的印象?

有的同学欣赏萧乾的《枣核》,有的同学举出《麦琪的礼物》,现在我们就来回顾这两篇课文是如何设置层层的悬念的。

提示:用精挑细选的美文去点燃学生情感的火花,去激荡学生的心灵,学生体验到了文学的魅力,感情的喷涌找到了激发点。

3. 设置几个问题引导学生回顾《枣核》,允许学生四人为一组互相讨论,在探究中总结出规律。

A《枣核》如何设置曲折的情节?(提示:引导学生举出"枣核"这一行文线索)

B 再次默读课文,理清故事情节中共设置了几次悬念。

4. 学生以小组为单位合作探究《麦琪的礼物》的构思手法。

5. 教师引导学生小结:

(1)起伏跌宕,曲折多姿的文势,总会让读者兴致勃勃,无论是《枣核》的三次悬念(索枣核、见枣核、话枣核),还是《麦琪的礼物》的两次疑问,都能给我们传递一种信息——文章制造包袱,悬念迭起,扣人心弦。我们怎样用几个规范的文字有创意的表达出这种构思方法?

(2)教师引导学生讨论,互相补充,选词造句,最后总结出——悬念迭起,层层渲染。

三、强化训练

鼓励学生:其实,这种"悬念迭起,层层渲染"的构思手法大家并不是第一次接触,有的同学甚至已经在潜移默化地运用了。大家请看我们班侯飞同学的习作(提示:以学生习作——学生身边的榜样来激励他们运用此种构思方法写作的热情)(大屏幕展示)

逃 难

侯飞

打麻将、赌博这类事在我们身边时有发生,但我却一直认为它影响不了我,没想到,它还真来"找"我了。

那个晴空万里的早上,"麻迷"老爸终于决定忙里偷闲,要辅导我的功课。突然门铃大作,急促得仿佛天要塌下来似的。爸爸嘴时不禁嘀咕着:"糟了,肯定是他们……"

老爸真是料事如神,真的就是他的那帮子"麻友"们,"侯经理,和我们玩麻将吧!"

"对不起,今天概不奉陪,我要和儿子出去有事。"这下子可好了,他的那些麻友们竟踩着鼻子上脸了:"没事,您去办您的事儿吧,我们就'义务'替您看家吧!"无奈之下,爸爸领着我走出家门,去投奔大叔家。

"叔——叔——,开门。"

"哦,飞飞呀……三弟也来了,正好,三缺一,这下不用愁了!"我大叔高兴地说。

"不了,咱妈让我来告诉你,晚上到她家吃饭去。我有事先走了。"老爸赶紧说。

弹指一挥间,我们来到了二叔家,在门外我们就听见有洗牌的声音。"叮咚,叮咚,叮咚!叮咚!"二叔家的门终于被我摁开了,一开门我便闻到了一股浓烈的烟味。

还没有等老爸开口二叔就说:"来,一起玩牌吧!"老爸只好故伎重演:"不了,咱妈让我告诉你,晚上到她家去吃饭,我有事先走了。"

晚上,叔叔们来了,奶奶说:"现在有些人光知道玩牌,搓麻。让飞飞连个学习的地儿都没有。"看着叔叔们像茄子一样的脸,我也不大好受。

1. 请侯飞同学朗读自己的作品。
2. 欣赏了此文之后,你有什么感受?

(提示:先允许同学随便漫谈,然后引导学生从本文的构思方面来思考)

3. 进一步引申:你认为本文是如何用"悬念迭起,层层推进"的构思方法的?

四、研究运用

1. 如果请同学们以"曲折"为话题进行写作,我们应该怎样来理解曲折?

(提示:引导学生探究:可以理解为情节曲折,也可以理解为接连的挫折)

2. 你准备怎样表达"曲折"?
3. 大屏幕展示写作提示。

五、学生根据本节课所学进行写作

写后评练

讲评目标：
1. 继续探究怎样富有创意的叙述曲折的故事情节。
2. 继续学习运用修辞手法使语言表达富有创意。
3. 认识生活中的曲折也同样能造就美丽的人生。

讲评过程：

一、导语

大屏幕显示写作目标，以便学生回顾。（以曲折小路为背景）

写作目标：

1. 富有创意的叙述曲折的事件。2. 正确认识生活中的曲折。

[教师简单总结写作情况，以便交代本节重点内容，使学生对本节课内容做到心中有数]

生活中从来就没有平坦的大路，但我们从不抱怨，因为曲折中蕴含着灿烂的美丽。群山连绵所以动人，川河跌宕所以壮观，长城蜿蜒所以伟大，情节起伏所以美丽。同学们本次作文比较成功，但第一个目标我们完成得尚不完美，所以本节课我们仍然继续探究怎样"富有创意的叙述曲折的故事情节"。

二、榜上有名

师：在讲评具体内容之前，我们照例来观看我们的优秀作文榜，看看哪些同学榜上有名——大屏幕显示[运用大屏幕展示优秀作文榜，目的是在大面积表扬中激励学生的作文积极性]：

唐 宁	《乒乓耕耘》	周 伟	《补习班风波》	鞠 静	《一棵树上的三个邻居》
李 伟	《弯路多风雨》	陈 婧	《苦涩的甜蜜》	李映雪	《听见冬天的离开》
乔薪如	《抓奖大回环》	陶思雨	《第一个笑容》	王红梅	《情落人间知多少》
唐珊珊	《曲折ABC》	林子钰	《好事多磨》	李 超	《网络，引无数英雄竞折腰》
王菁娅	《陈旧的天空》	孙 鑫	《登山》	于 程	《一道扭曲的疤痕》
于金源	《成绩的阶梯》	王 晓	《那份执着》	修金锋	《我爷爷拾了一个钱包》

续表

王世华	《安全抵达》	刘方圆	《甜雨》	宋　鑫	《泪,从脸颊滑过》
刘晓瑜	《XO旅行记》	于　森	《卖花三字经》	李　洋	《再拐一次,就到了》
丁霄楠	《柳暗花明》	张　霞	《车铃响叮叮》	姜一夫	《我的九九八十一难》
徐罗沙	《好不容易》	董军华	《两天》	于子倩	《没完没了》

◆请榜上有名的作者朗读自己的作文标题。[优秀作者朗读自己创作的标题,再次激励学生]

三、欣赏创意的句子

师:在本次作文中,出现了大量的富有创意的句子,现在举几例请大家来欣赏。大屏幕展示:

1. 我逐渐适应了新的生活,并且,它成为我生活的公式。(陈婧)

2. 闭上眼睛,心里下起大雪,天寒地冻。是不是到了该为心愿结账的时候,只留下各自买单后的寂寞。(于艺昊)

3. 我在水星长大,星球上流淌着的是民族的信仰。(于玮)

4. 她是我的开心果,让我在加了兴奋剂的牛奶浴中浸泡。(时丽娜)

5. 我对着试卷两眼发直,就好象布什知道了五角大楼被撞一样,又失望又恼怒。

请作者朗读自己的富有创意的句子,其余同学选择自己最喜欢的一句做摘抄,并背诵下来。[赏、抄、背,都是自己身边的榜样]

四、在比较中学习构思

大屏幕显示:"山回路转,方见有亭翼然"的画面。

师:看了这幅图画,你会想起我们在《醉翁亭记》中学到的哪一句话?对,山回路转,方见有亭翼然。这样,才能给人一种发现的美。就像我们看山,喜欢蜿蜒起伏;看花,喜欢曲径通幽;看作文,喜欢一波三折。关键问题是(大屏幕显示):怎样将曲折的美丽诉诸笔端?

1. 请大家先看咱们班鞠静静同学的作文《一棵树上的三个邻居》,不过,老师只请大家欣赏它的开头(大屏幕显示):

一棵树上的三个邻居
鞠静静

在某森林的某棵树上,住着三户人家。

一楼住的是一只年老体衰的兔子,大概是因为体力不支所以选择最底层,别看它戴着一副眼镜,整天神秘兮兮的样子,可眼睛后的那双眼睛,比老鼠都精灵,比老鹰都敏锐,有事没事的爱看看楼上的动静。

二楼是一只整天穿梭在树林间的松鼠,在阳台上探头探脑已成为他的习惯。

三楼住着一只老麻雀和一窝刚出生不久的小麻雀,叽叽喳喳是他们的本性,而那窝小麻雀却不知道一场精彩的节目已经上演……

这天,天气晴朗,松鼠把在河边刚洗干净的被单晒到了阳台上。可谁知,楼下的老兔子正在生火,一阵阵烟尘如刚出生的小鸟,迫不及待地向高空飞。也许老天作怪,烟尘直线上升,一直把二楼的被单由白染成黑。

三楼的麻雀正在休息,这么一来,他不但穿上了一身黑衣服,还被呛得连连咳嗽……

2. 你觉得往下会发生怎样的故事呢?发挥联想,叙写一个曲折的故事讲给大家听。请同学们先列好自己的创作提纲。

3. 请三位同学说出自己的大体构思。

4. 请其余同学品评这三位同学的构思,指出自己最欣赏的一种,并说出为什么。

5. 请同学们欣赏鞠静静同学的作文《一棵树上的三个邻居》,将自己的构思和鞠静静同学的进行比较,你自己觉得谁的更好一些,为什么?[在比较中提高自己]

6. 师:如果有的同学这样构思:"楼上的两个邻居一看楼下的邻居家里着了火,马上飞快地跑下来,三家邻居齐心协力,团结得像一家人似的,很快把大火扑灭了",你认为这种构思好不好,为什么?

师引导:这样的构思不好,因为不真实。为什么不真实?因为我们从开头的字里行间,能感觉到这三位邻居各怀心事,各人有各人的小算盘。所以,不可能"齐心协力,团结得像一家人似的,很快把大火扑灭了"。那么,你认为使情节曲折应注意什么问题(大屏幕展示)?

师提示:要真实,要自然,要合理(屏幕显示)。

7. 请同学们欣赏李映雪创作的《我听见冬天的离开》(原文附后),你觉得本文设计的情节曲折吗?

《一棵树上的三个邻居》和《我听见冬天的离开》情节都很曲折,但你认为他们的不同点是什么?〔在比较中总结写作的规律〕

引导学生总结:《一》文各处环节之间是并列关系;《我》文各处环节之间是承接关系。〔直接以学习作为教材,引导学生总结规律和方法〕

8. 你觉得《西游记》中各环节之间是什么关系?你认为《水浒传》中各处环节之间是什么关系?〔知识的拓展与运用〕

9. 你认为本文最值得你仿效的优点是什么?

引导同学们总结:

(1)本文的语言极富有创意。

(2)本文的情节很曲折。

(3)点题的句子贯穿始终。(这就成为下一次写作的训练重点)

10. 对照《我听见冬天的离开》一文中同学们总结出的值得仿效的优点,提出下一次作文要求(大屏幕显示):

上体育课的时候,我突然感到有点不舒服,老师让我一个人回到教室休息。等到下课大家都回到教室时,我的同桌忽然惊叫起来:"哎呀,我的手表怎么不见了?""有没有忘在家里?""没有,怕上体育课碰坏了,所以我才摘下来放在桌子上了……"大家唰的一下把目光都打在了我的身上……

要求:1. 运用有创意的语言表达补写该文(至少一处用上铺陈列举的修辞方法)。2. 有创意的选取、叙述曲折的情节补写该文。3. 点题的句子贯穿始终。

(1.2目标与上次作文目标相同,是为了达到这一目标而进行第二次强化训练。第3个目标是新的要求,也是下次作文讲评训练的重点)

五、自主修改

修改自己的作文,如果你觉得自己的作文情节不够曲折,运用本节课学到的知识对自己的文章进行修改。〔针对本节课第二个训练重点修改自己的文章〕

六、同学之间互相欣赏作文(欣赏别人的同时提高自己)

七、一课一悟(小结)

同学们,生活中的道路从来就不平坦,我们不但要将这曲折诉诸笔端,更重要的是,当生活与这不期而遇的时候,我们有足够的勇气面对它吗?愿曲折能造就你美丽的人生!

学生作品:

我听见冬天的离开

李映雪

你不可以控制他人,但你可以掌握自己。——题记

我不知道我是否可以把自己上小学时的路比为一条通天大道。在这条宽阔得让我无法预料的大道上,我接受了那无数次的鲜花与掌声。荣誉仿佛是一件为我量身定做的礼服。眼前是我可以触手而得的骄傲,慢慢地,这样的生活已经成为我生活的惯性,三好学生,全班第一,全校第一的大红奖状,已经能够主动地载着我前进。

也许这条通天大道会直接伸入我的初中生活。

我进入了一位素以严格著称的班主任所在的班级,但这又有什么呢?我那些让每个成年人都欣慰的红奖状还不足以填饱各种各样老师的"胃口"吗?我竟有些熟悉这样陌生的初中生活,是呀,难道会和小学有什么不一样吗?我这样的学生放在哪里不都是让每个教师夸赞吗?

我很平常的迎接第一次考试。我很骄傲地发现,这次的试题,简直是完全按照我的口味而烹制的一顿丰盛大餐,所以这样的考试题被我一举拿下。老师对我说:"映雪,考得不错,全班第一。"我的头很自豪的高昂。

看来,初中的生活和我预料的没什么两样。所以,上课时,我容许自己可以沉迷在完全不属于课本的小说世界,周日,我也可以看电视剧直到眼睛酸痛。凭什么?凭我那优秀的小学时代的优秀基础。也许,优等生是天注定的。

我又一次平静地迎来我的初一期末考。我开始有些茫然。这样的试题让我措手不及。我很匆忙的答完试题。我想,这样难的试题,我不会,别人也肯定不轻松。因此,我不带一丝狼狈地走出了考场。等待分数的那两天,我也是十分平静:成功是摆在前面的,谁会看不见呢?

两天后,我接到成绩,全班第9。我不相信这是属于我的成绩,我拿着成绩单,哭了。

那天,初冬的第一场雪在我身后飘落。冬季看来还十分漫长。

我很痛苦,不仅仅是那让我狼狈的成绩单,还有那大人们看不起我的目光。

仿佛在嘲笑我,指着我的鼻尖对我说:"你不曾经是那个第一专业户李映雪吗?"他们鄙视的目光拉得很长,长到有些挡住了我模糊的未来。

我知道,我只有靠拼搏才能再次获得胜利。但是这是很大的飞跃,我怎么依靠这受了伤的翅膀向前飞?

我开始不断买参考书,买复习资料,参加各种各样的补习班。我在仿佛没有白天没有黑夜的日子里度过。有的人对我说:"第九名,知足吧,那么努力干什么,再说,第一也不是那么容易考,你能行吗?"我想理直气壮地说:"能,我相信自己会考上第一名."但在别人异样的目光中,我闭紧了嘴巴。

我怀着不安的心情走进了考场。等待分数的那两天我很紧张,我不断想,我对自己是否有信心?我的海口是不是夸大了?

成绩终于揭晓。全班第六名。也许有人认为进步三名算是有点成绩了。但我却拿着成绩单久久开不了口。这依然离我心中的目标还有很远哪!我到底有没有这个实力?

那天,冬季仍没有过去。

考完试后,我又埋头进了书海。一天天,我在各科的练习题中度过日子。我已不管别人对我的评价,只听见我翻书的声音。我的目光仍然没变。我要考第一名,第一名,第一名……

我在疲惫中迎接到了下一次考试,全班第四。我有些高兴,别人应该拿我当好学生看了吧?我可以是老师眼中的好学生了吧?

一切并非我所预料。上课或下课时,别人都会问那考第一,第二名的学生答案,即使我把正确答案讲给他们听,他们最后也会问一句:"你敢肯定吗?"

那时正值残冬。

我开始寻求新的学习方法。我向许多学习好的同学请教。恨不得他们的学习法宝全是我的囊中之物。

有人说我又进步了,但我不会再听那些花言巧语,骄傲是我最大的敌人。

这一次我满怀信心走进考场,这只是我生活中必经的考验。

成绩单很高兴地告诉我,我是全班第三,这时的我已经认清成绩单的真正作用,它一次又一次丰盈我的翅膀,它也许不给我飞翔的机会,但它给我飞翔的经验与勇气。

我仍坚信我会考出第一名的成绩。也许不会是现在,但肯定是未来,绝不会永远是曾经。

我已忘记那些嘲笑我的人,他们只是我生命中的过客,甚至我还要感谢他们,他们给我的奋起注入了充足的动力。

在我真正意识到这些以后,冬雪已不在飘落。在我的生命中,一个冬天真正的离开了,我听到了他离开的声音。

学生感受:

感受曲折的魅力　创作曲折的情节

刘潇

"生活中从来就没有平坦的大路,但我们从不抱怨,因为曲折中蕴含着灿烂的美丽。群山连绵所以动人,川河跌宕所以壮观,长城蜿蜒所以伟大,情节起伏所以美丽。"当教师在讲解布局谋篇技巧时,我就牢牢地背诵下了这一段话。

自己能不能把曲折的美丽完美地诉诸笔端呢?老师引导我们探究了规律。在他的引导和启发鼓励下,我决定试一试。

为的是"悬念迭起",为了制造"层层推进"的效果。我为了这个"迭"字绞尽脑汁。因为没有"迭","起"就无从谈起。不禁想起了那个令我倍加烦恼的一天,一气呵成,写下如此之文章。

小人物的烦恼

我,是个小人物,相貌平平,衣着平平,学习平平,在我身边没有多少轰轰烈烈的大事,只有一些琐碎的小事。

考试时,忽然发现自己忘带圆规了,叫了一下前桌的同学,小声地对他说"圆规借我用用"。好心的前桌没有犹豫,便把圆规递给了我,偏不巧,他的这一动作正好被老师逮个正着。老师毫不留情地走过来,面不改色,心不跳地说,试卷判"0"分,紧接着一个鲜红的"0"落在了他的卷子上。考试结束后,我向老师解释一番,可老师并没有因此改变对他的惩罚,反而说我在包庇他。如果我再去给他说情,连我也得跟着受罚。

我十分惭愧,我知道,是我连累了他。

懊恼地回到家,猛然想起英语老师让我们看英语连续剧,便匆匆的写完作业坐在电视机前等候。可是这部电视剧偏偏在昨天晚上结束了,这下可好,不单没有学到一些英语知识,反而被爸爸妈妈冤枉一顿,他们硬说我是借此找机会儿看电视罢了,你瞧,我又一次里外不是人。

这些小事,是我这个平凡的小人物平平的生活中的一些小插曲……

作文写成之后,老师给了85分。成绩还不错,虽然老师在评语中提醒我情节之间的过渡还不自然。语言还可以再增添一抹创意。但我还是觉得我已经初步感受了"悬念迭起,层层推进"这种布局谋篇的魅力。

教师反思:
站在学生的高度　设计主观的情节

人的心灵世界是最广阔、深邃的。十四五岁的学生,生活中有许多梦想,思维中有许多火花,他们开始有独立意识。对人生充满憧憬,只要给他的心灵打开一扇窗,他就会有脱胎换骨的涅槃,就有飞翔的可能。学生需要理解,需要激扬,只要我们给他们一条河槽,他们的情感就会流淌,给他们一些阳光,激情就会燃烧。

叶老先生说,受教育的人的确跟种子一样,全都是有生命力的,能自己发育成长的,给他们充分的合适的条件,他们就成为有用之才。教给学生一定的技法,可以促使学生飞翔的羽翼更加丰满,可以使他们的情感恣情的流淌,被学生真正领悟、吸收的技法,就犹如灿烂的阳光是学生的激情绚丽的燃烧。

具体落实到本节课的训练中,要"训练学生富有创意的叙述曲折的故事情节,使学生注意到富有创意的叙述故事曲折情节必须自然、真实、合理,是其中重要的一环。但是如果突兀的提问"富有创意的叙述曲折的故事情节应该注意哪些问题",学生肯定摸不到边际,答不到点子上,因此,我特意设计续写这一环节。

1. 学生,续写《一棵树上的三个邻居》。
2. 教室浏览学生的作品,从中发现,续写不合理的例文,并向学生展示其内容。
3. 指导学生发现其不合理之处。
4. 引导学生总结出富有创意的叙述曲折的故事情节必须自然、真实、合理。

这样,站在学生的高度,不是为了自己而是为学生来设计这几个环节,就水到渠成,自然而然,这是本节课自觉设计最成功的地方。

三、形式个性化

写作,从本质上认识,是一种情思流,它是感情积累到一定程度以后文思的一种自然流露。写作就是开情思之源,导情思之流。写作教学则是引导学生开"源"导"流"的一系列工程。开"源"即培养学生对现实生活的敏感能力,对客观世界的一种洞悉能力,它能让学生带着自己的情绪去观察外围世界的瞬息变化,提取有用的信息,作为思维的起点和凭借,从而产生出情思流。"导流"即我们常说的写作技巧,它能巧妙地将情思流加以疏导,引"流"入"海","源"两畅,佳作才能产生。漂亮的河槽没有情思流过,终是无用之物。给如泉的情思寻找一条漂亮的充满个性的河槽,即:如何给文章寻找一种新颖别致不落俗套的形式,为此,我对学生习作的形式进行了"戴着脚镣跳舞"的训练,效果极好。

1. 结合内容,开有水之槽

形式并不是内容的附庸,可以"嫁鸡随鸡,嫁狗随狗";形式也不"听话",不管什么内容只要经过适当的调整都可嵌入。

作文的形式和内容,是不可分离的,内容包含有成熟的形式在内,形式是内容的表现,包含着对素材的深度加工。一篇文章一旦写成,内容与形式便有机地结合在一起,它的氛围、情调、韵味只能靠它本身的全部魅力显现出来,当我们说作文反映学生的生活时,不仅仅指作文的内容反映学生的生活,作文的形式也反映学生的生活。当我们说作文的内容反映学生的思想感情时,作文的形式也反映学生的思想感情。

体裁的确立、篇幅的长短、文字的调用,是由素材的内容和作者要表现的主题共同决定的。以应试为目的的作文教学,人为地把作文的内容和形式割裂开来,进行"一内容多形式"的多种组合,势必损伤作文内容与形式的和谐。这种同一素材的重复作文,只能禁锢学生的思维,使思维落俗,扼杀学生的创造性。

作文的内容与形式你中有我,我中有你,这就决定了我们的作文教学应打破传统的命题作文训练的条条框框,按照"先生活后作文"的原则来设计作文训练而不是先拟作文题目,然后再圈选作文素材。应放手进行观察能力、想象能力的写作基本功训练,培养学生对生活的认识能力,提高感悟能力,增强作文内功,按照"眼中有竹——成竹于胸——画竹于幅"的思路进行训练,才能找到写作教学的正确出路。

2. 分清文体,开有体之槽

近年来,作文已呈全方位开放的态势,其重要标志便是"淡化文体",意即对体裁不作统一规定,提倡文体多样化,但从实际情况来看,不少同学误以为"淡化文体"就是不要文体,"文体不限"就是取消文体,致使所写的文章文体特点不突出,有的文章开头像议论文,有论点,也有论据,可写着写着就变成了记叙文;有的文章写成了记叙文,可又缺少时间、地点、事件的要素,这样的文章自然无法讲清道理、写清故事,显得"非驴非马",不伦不类,毫无章法。

所谓章法,狭言之,指文章的结构形式,我国明清时代以文取仕用的就是一定结构格式的八股文,分破题、承题等八个部分,后四个部分各有两股对偶文字,形成八股,这种文体虽然演变成内容空虚、形式死板的东西,但是我们不能不说它的出现之初有一定的现实意义和科学性,它对规范文章的内容和形式是起过一定作用的。如记叙文写作要"前后一贯,首尾一致",议论文要有引论、本论、结论,应用文的格式就更加规范了。

那么如何训练学生呢?最基本的一条:学生应熟练掌握各种文体的特点与写法,做到内容形式的最佳结合。每一种文体均有自己鲜明的特点和基本的写法,学生只有充分掌握并能运用自如才有可能对考场上的话题进行全新"包装"。

3. 张扬个性,一槽一面

文体不限,实质上解放了学生的"手脚",给学生创造了"自主写作、自由表达"机会,如何避免千人一面,一潭死水的写作形式呢?这就启发学生可以避开一般的记叙文、议论文、说明文的常见的文体,而机智地运用书信、戏剧、日记、小小说、童话、广告、启事、调查报告、电视脚本、杂文、小品、诗歌、对话、采访稿、合同、演讲稿等,这些众多学生尚感陌生的体裁来构思成文,以此来体现强烈的创新意识,为文章升格创造条件。这就要求学生,通过慎重审题,大胆选材,充分发挥自己的聪明才智,选择不同一般的最佳文体,"唱出"自己的"拿手好戏"。

"文体不限"的宽泛要求,为每一位学生提供了一片展示才情、张扬个性的天地,如果你喜欢编织故事,那么,就可以选择记叙性文体,如戏剧、小品、小小说、童话、电视脚本等等;如果你长于说理,那么就可以选择议论性文体,如议论文、辩论、演讲稿等等;如果你善于抒情,那么就可以选择抒情文体,如抒情散文、日记、书信等;如果你喜欢写诗,那么你就不妨赋诗一首吧!

小标题、题记、后记、书信、童话、访谈式、创编式、实验报告、诊疗报告……学生选择不同文体,不同形式,表达对生活对自然的独特感悟,变幻无穷,丰富多彩。不但用新颖的形式表现了中心,而且培养了学生审美和创造的能力。这里,我就用举例子的方式谈谈形式的创新。

(1) 小标题

①点明线索,理清文脉

要求学生以"追求"为话题写作文。有位学生自拟题目《追求那颗水滴》,借物咏怀,用"水滴、溪流、江河、海洋"作标题,分别写了"雾气追求水滴——水滴追求溪流——溪流追求江河——江河追求海洋",从而使这一昂扬的追求之歌内涵丰富且层次清楚。

②着意铺排,强化文旨

以"改变"为话题,有位同学自拟题目《耳朵"挑食"》,用比拟的手法揭露当今社会"说听真话真难"的弊病。小作者用了几个新颖小标题概括耳朵"挑食"的变化:吃软不吃硬——吃麻不吃辣——吃肥不吃瘦。小作者在题目中用"吃——不吃——"这种对比句式,强化了对奉承拍马、好大喜功、欺上瞒下作风的鞭挞力度。

③用语新奇,亮出风采

以"水"为话题写作时,有的同学拟题《水祭》,以杜牧《清明》中的诗句作小标题:"清明时节雨纷纷""路上行人欲断魂""借问酒家何处有""牧童遥指杏花村"引发人们对珍惜水资源的深入思索。

(2) 日记

日记形式自由,灵巧活泼,易于展示生活中的闪光片断、思想火花和某一段时期内主人内心的思想流程。如伊拉克战争爆发后,孩子们每日关注伊拉克战争,以"战争"为话题写一篇文章,有的同学就以《战火中的日记》为题,以四篇日记连缀成篇,截取了一位伊拉克男孩四幅生活画面:

①子弹在响——妈妈告诉我那是汽车的叫声。

②愚人节——我希望这场战争只是一个玩笑。

③走出防空洞——请你告诉我,我的家在哪里?

④战争的反思——难道只是石油惹的祸?

作者以大胆的想象和细腻的笔触去描写战争中小人物的心理感受,有力地凸现了"战争"给人带来的创伤。

选用日记文体,一定要注意抒写真情,做到以情动人。同时,在内容和结构上,切忌流水账式的记录。

(3) 短剧

短剧是戏剧文体的小制作,情节短、人物少、场景小。可独幕,也可多幕。短剧的最吸引人处,在于它集中而尖锐的戏剧冲突,跌宕起伏的戏剧情节和鲜明富有个性的戏剧语言三个方面。例如,一位学生以《他失败了》为题,写了一个四幕剧,截取了农家子弟王玉森"求学、为官、受贿、入狱"四个生活画面,表现他由朴素清廉、有所设防、腐化堕落到锒铛入狱的人生轨迹,从而表达了反腐倡廉的主题,同时也切合了"一次不同寻常的考试"的话题。

(4)童话

童话:是儿童文学的一种,它通过丰富的想象、幻想、拟人和夸张手法来塑造形象,以反映生活。童话的故事情节往往离奇曲折,引人入胜,把人带入一个亦真亦幻的美妙境界。

像"环保"这样一个热门话题,只要我们善于展开想象的翅膀,就可以创造出许多生动的童话作品。例如,一位同学写作了《人鱼传说》,以一条鱼的口吻叙述了她被潮水冲上岸边,濒死之时被一个人救起,二人成为朝夕相处的好友,可是鱼在目睹了人类对海洋动物的大肆捕杀,对海洋造成的极度污染之后,用充满不解的口吻对人类进行血泪控诉,最后说:"请原谅我的不辞而别。"这篇文章以生动而深刻的"鱼言"呼吁环保迫在眉睫!

(5)借鉴其他学科、其他行业的应用文形式

语文学科中的作文形式,还可以由其他学科借鉴而来。如,写"老师的爱"这一主题,是老话题了,自然很难超越,可如果用化学实验报告这种应用文的形式将"母爱、父爱、朋友之爱、爷爷奶奶的爱、姥姥姥爷的爱"放在一起,按"溶解——过滤——蒸发——结晶"四步实验,最终证明爱中的结晶是:老师的爱。这就令人耳目一新。又如:学生生活很枯燥、考试的压力很大,这一主题的文章多如牛毛,而若借鉴餐饮业的名词将作文起题为《应试套餐》,将苦辣酸甜作为此套餐的味道,将三分压力、一分无奈、六分努力作为原料,将课堂小测、周考、月考、期中考、期末考、中考作为烹调过程……岂不别具匠心,活泼新鲜?

[典型案例]

形式——为文章披上适合的外衣

写前对话

写作目标：

1. 学会日记体的写作形式。
2. 感悟所选材料中的真挚情感。

训练话题：

从读书至今，大家接触了不少各具特色的老师，这些老师在你们的心中留下了或深或浅的印象。请以"我的老师"为题写一篇文章，在选材上可以自己的课任老师为写作对象，在形式上采用日记体。

教学过程：

一、导语

同学们，从幼儿园到中学，我们在求学的道路上的每一点进步都伴随着老师的辛勤付出，今天，我们就写一篇歌颂老师的文章。

二、引导学生选择真挚的情感的材料，掌握日记体文章的写法

师：老师的文章我们写了很多次了，选择的材料很多，请同学交流一下，可选哪些材料？（生讨论后回答）

甲生：可写一个敬业的老师，可写一个有责任心的老师，还可以写一个关心、爱护学生的老师。

师：说得不错，这么多的写作材料，你想写得精彩，非常不容易，你知道这是为什么？

乙生：因为留给我们印象的老师很多，一时之间难以选择；还因为我们日常与老师的接触范围大多在教室，师生之间发生的多是与学习有关的一些"琐事"，要把文章写得精彩不容易。

师：分析得有道理。那么，我们可以从哪些方面找突破口呢？

（生讨论后回答）

丙生：我们可以从写作形式上下功夫，例如：写题记、写小标题。

丁生：我们还可以写成调查报告、童话、日记。

师：很好，同学们，我们可多花心思，另辟蹊径。首先，摆脱那些琐细繁杂的困

扰,淡化每一位老师都具备的群体特征;其次,我们可以选择别具一格的形式,这次写作,我们就采用日记体的形式,把各位可亲可敬的老师写真实,让辛勤的园丁们的形象,通过我们的描绘更加光彩照人。

师:同学们,你们写过日记体这类文章吗?

甲生:我写过日记体用时间作标题,写清天气状况,内容是写当天发生的事。

师:说得不错,日记是最有利展示人物内心世界的一种文体。它形式非常自由,可叙事,可描写,可议论,可抒情,可以是一些片断,也可以是连续的一段经历。

师:同学们,你读过感人的日记吗?

(生讨论后回答)

甲生:我读过以"亲情"为话题的文章,有个同学以母亲的日记形式,从母亲的角度,写了三则日记:第一则选择了自己咿呀学语的材料,第二则选择了小学时的获奖的材料,第三则选择了初中时的烦恼的材料等等,时间跨度大,采用日记体的形式,记录了一位母亲在这个过程中所看到的、所做到的、所感受到的,以及所希望的,时间跳跃性很大,却流畅自然,表现了自古永恒的厚重的母爱主题。

师:非常好!这确实是一篇感人的日记体文章,虽然材料不同,但作者以时间为线索,写出了自己在成长的不同时期,母亲对自己的关爱,歌颂了母爱的伟大,同时也表达了自己对母亲深深地感激之情。这就是日记体的好处:自由、灵活、新颖、独特。

三、学生写作

请同学也用日记体的形式,选择能震撼人心的材料,歌颂自己的师长。

写后评练
——学会日记体的写法

讲评目标:

1. 学习日记体的写作形式

2. 生读文章,讲评文章,让优秀教师的材料震撼学生的心灵,引起学生的感情共鸣。

讲评过程:

一、导语

同学们,此次作文,你们基本掌握了日记体文章的写法:用时间(包括年、月、日,星期几)、天气情况,每篇日记各自成一故事;另外,同学们都选择典型材料,例如:王云龙同学的《他,总是昂着头》,抓住人物外貌特征简笔勾勒,选择"他"昂着头一口答应接我们这个"烂摊子"班级两则典型事例,具体描写;并且对"总是昂着头"的神态反复渲染,先抑后扬,透过现象发掘本质意义,鲜明地刻画了"张老师"的形象。冯琛同学的《老师的白发》,以"白发"为线索,采用日记体形式,写了写作文,进快班被录取、帮助特困生三件事,突出了李老师认真教学,严格要求学生,慈母般爱护学生的事迹。下面我们就着同学的作品,做个研讨。

二、进一步明确日记体文章的写法

1. 请王莎同学读自己的文章《"老陈"——我的老师》

"老陈"——我的老师

"老陈"并非别人,而是我们的班主任陈老师。自见面那天起,不知是谁叫了一声"老陈",从此,同学们都爱这样称呼他。

X月X日　星期一　晴

这不,刚开学他就规定了什么一天一张大字,一周一则日记,两个礼拜还要写一篇作文。这可把男同学急坏了。平时一写作文,他们就得搜肠刮肚,东拼西凑,现在两星期就是一篇,脑袋瓜非要给想得瘦一圈呢!

女同学则怪他对班上的事不关心,什么"鸡毛蒜皮"的小事都推给班干部处理,就连班上两星期换一次黑板报这样的大事也不闻不问。"中学生应该学会自立!"这就"老陈"的理论。看着别的班的老师为了黑板报成天忙着找材料、排版、设计插图,大家真是羡慕!

哼,这个"老陈"!

X月X日　星期三　阴

病　　　人:XX

病　　　症:作业不认真

发病原因:粗心大意

发病时间:小学三年级

治疗方法:做作业要专心,做后认真检查几遍。

这是什么?"老陈"的新花样——"病历卡"。每人制一份,"对症下药",认真执行。你还别说,这个办法还真行呢,同学们不但自己找"毛病",还互相提醒,不出几个星期,坏习惯都改了大半,你说怪不!

可是这一周,"老陈"又别出心裁,每天早读由同学们轮流到讲台上讲唐诗,一个不落,轮流坐庄。没办法,我们只好查字典,找参考书。又是介绍作者,又是给生字注音,忙得不亦乐乎。"老陈"呢,却站在一边一个劲地冲我们笑,真气人!

X月X日　星期四　雨

今天,我和晓红去了"老陈"家。

前几天,消息灵通人士报告,"老陈"家就在学校后面,又小又矮,里面黑洞洞的,连一件像样的家具都没有。这个消息就像一颗炸弹在我们中间炸开了。下课后,我们就向"老陈"家跑去。

穿过教学楼,深一脚浅一脚的,我们终于找到了厕所旁的"老陈"家。天呀!这里竟是棚户区。"老陈"就是最顶头的一间,毛竹做桁架,树棍搭成椽子,薄薄的单片墙,窗上连玻璃也没有。我们从窗户向里看,黑洞洞的,什么也看不清,只听见嘀嘀嗒嗒,不知什么声音,朝下一瞧,屋顶上正往盆里落雨水呢:外面正下雨。本来就不大的屋子,倒给这些盆盆罐罐挤满了,一个二十多年教龄的中年教师至今还住在这样一间不能不称之为"寒窑"的房子。我不禁有些心酸。

可"老陈"自己呢,成天乐呵呵的,既没抱怨过,也从不发牢骚,更没说过(报纸上的人就常这么讲)。不,他根本没谈过有关房子的事情,只有当学生没带雨具或忘了蒸饭的时候才发出"到我家去"的这样邀请。我们一直还以为他的生活条件挺优越呢。

"房子事件"发生之后,同学们好像一下子都长大了许多。

X月X日　星期二　晴

今天的作文课上,讲的内容是"观察"。"老陈"先举了例子说:"有的同学就是不喜欢仔细观察,什么人都是'一双大的眼睛,两个圆圆的酒窝',就不能有小眼睛、没有酒窝的人啊?你们看,我的两只眼睛就一大一小,酒窝也是逗号形的。"一边说一边画给我们看,大家笑得前俯后仰,"老陈"也哈哈地笑了。

上"老陈"的课我们向来就这样,无拘无束,非常活泼。他总是有意无意地提些问题,有时还故意讲错,让我们纠正,大家一点儿也不感到紧张。我们讲错了也不害怕,他从不责怪,反而笑着说:"错的好,一错就把问题提出来了。"不多久,就连最胆小的同学也能够举手发言了。

说也奇怪,就在这笑声中,我们班的纪律不知不觉好了,作文水平提高了,班干部的工作能力也加强了,很多事自己就能做主。黑板报办的也不错,全校评比,我们还得了个二等奖呢。

我们渐渐地喜欢"老陈"了,和他在一起就像和知心朋友在一起,无话不谈。

X 月 X 日　　星期五　　晴

"教师节"快到了,各地都在评比优秀教师。同学们也在议论"老陈"算不算优秀教师呢,要不算吧,仅仅一学期,我们班起了那么多可喜的变化;要算吧,他又和报纸上登载的优秀教师不大一样。他讲课总精力充沛,生动有趣,实在看不出来他带病坚持工作过,更没住过医院,当然,也不存在在病床上批改作业的事例了。而且……而且,据说他 18 岁就递交了入党申请书,到现在连党员还不是呢,这……

不过,有一点可以肯定,"老陈"早已经变为我们初三(3)班同学对"陈老师"的爱称了。

2. 品评,明确日记体文章写法的好处

师:这篇文章日记体明确,这种形式一下子就吸引了我们,同学们想一想这篇日记写了几件事?表现陈老师什么精神?

(生讨论后回答)

生1:写五件事。第一件事,写了同学们对陈老师布置的练字、写作、独立办报等要求不满,其实是赞陈老师让学生养成自立的品质。第二件事,写了陈老师给同学们制订"病例卡",赞颂陈老师善于纠正学生坏习惯。

师:请坐,分析得不错!请其他同学接着分析。

生2:第三件事,同学们看到陈老师过着清贫生活,一下长大了,赞颂了陈老师生活简朴,乐观向上的精神风貌。第四件事,写了陈老师善于采用多种手法,提高同学们学习兴趣。赞颂陈老师教学有方。第五件事,陈老师是同学们心目中的优秀教师。

师:分析得太好了。请同学们想一想,为什么一篇文章,能写陈老师这么多事迹,能展现陈老师这么多优秀品质,而文章并不显得空洞呢?

(生讨论后回答)

生3:因为采用了日记体的写作形式。

师:非常好!日记体形式独特,内容还丰富。

3. 请学生修改自己的文章,试用日记体。

三、品评材料

白描语文 >>>

1. 请王莎读第三则日记。

X月X日　星期四　雨

今天,我和晓红去了"老陈"家。

前几天,消息灵通人士报告,"老陈"家就在学校后面,又小又矮,里面黑洞洞的,连一件像样的家具都没有。这个消息就像一颗炸弹在我们中间炸开了。下课后,我们就向"老陈"家跑去。

穿过教学楼,深一脚浅一脚的,我们终于找到了厕所旁的"老陈"家。天呀!这里竟是棚户区。"老陈"就是最顶头的一间,毛竹做桁架,树棍搭成椽子,薄薄的单片墙,窗上连玻璃也没有。我们从窗户向里看,黑洞洞的,什么也看不清,只听见嘀嘀嗒嗒,不知什么声音,朝下一瞧,屋顶上正往盆里落雨水呢:外面正下雨。本来就不大的屋子,倒给这些盆盆罐罐挤满了,一个二十多年教龄的中年教师至今还住在这样一间不能不称之为"寒窑"的房子。我不禁有些心酸。

可"老陈"自己呢,成天乐呵呵的,既没抱怨过,也从不发牢骚,更没说过(报纸上的人就常这么讲)。不,他根本没谈过有关房子的事情,只有当学生没带雨具或忘了蒸饭的时候才发出"到我家去"的这样邀请。我们一直还以为他的生活条件挺优越呢。

"房子事件"发生之后,同学们好像一下子都长大了许多。

2. 师生研讨,感情共鸣

师:这则日记最后写道:"房子事件发生之后,同学们好像一下都长大了许多。"你对这句话是如何理解的?(生讨论后回答)

生4:因为老师家生活条件并不好,但老师并没抱怨,而且当同学有困难时,老师伸出热情之手,这种对待生活的态度感动了我们,使我们变得懂事了,所以有长大许多的感觉。

师:分析得很好!同学们,虽然我们现在生活条件优越,但我们更应该像陈老师那样,在同学有困难的时候,伸出温暖的手。

其实,读到这里,我们也应"有长大许多"的感觉,因为我们被文中流露出的陈老师的精神品质感动了,我们与文中同学感情上产生了共鸣。这一点也是这篇文章成功的魅力所在。

3. 学生修改自己的文章,使自己的文章有一处真挚感人。

学生感受:

要灵活运用写作形式

通过此次写作,我们掌握了日记体文章的写法。

话题作文写作范围广,文体不限。我们以前对文体理解不透,只知道写记叙文、议论文。对一些新颖的文体例如:寓言、童话、日记等知之甚少。这次写作训练,我们对日记体的写作方法有了全面的了解:

1. 日记体文章的格式:有日期、天气状况、主体部分。
2. 选材不受格式的限制、各自成一个故事,从不同的侧面表现人物。
3. 虽各故事各自成段,但都为一个中心服务。

在今后的写作中,我们一定灵活运用日记体文章的写作形式,为自己的文章披上绚丽的外衣。

教师反思:

独特的形式为写作带来了新亮点

作文训练后,当拿起学生的作文,我眼前为之一亮:

1. 在批改中,一大批形式新颖独特的文章跃然纸上,同学们日记体形式运用得很好,有日期、有星期、有天气情况、有内容。只是个别学生日期没有居中。天气状况写得不清。

2. 选材中,同学们都能选择典型的事例,为文章的中心服务。通过记叙、描写等手法,塑造教师感人的形象,表现了献身的精神,还有的同学注意了感情的表达,学会融情于叙、融情于景、融情于议,让感情自然地流露字里行间。

3. 个别同学详略处理得不好,有的日记篇幅过长;有的过短。使文章总体结构安排不好。

这些有待于在今后的写作中不断地完善,不断地提高。

四、评价大众化

学生的作文不是老师改出来的,而是在评价中成长起来的。每个学生都是一块浑金璞玉,教育就是炼金琢玉的过程,教师的责任在于让每个学生熠熠生辉,这就需要教师掌握评价的艺术。2011版语文课程标准在谈到写作教学评价时指出:"写作的评价,要重视学生的写作兴趣和习惯……",笔者在实践中不断摸索、积累,努力使写作评价课像"非常6+1"那么引人入胜。

1. 评价原则

苏霍姆林斯基说:成功的欢乐是巨大的情绪力量,它可以促进儿童好好学习的愿望,缺少这种力量,教育上任何巧妙的措施都是无济于事的。教师应该帮助学生找到成功的"门路",我认为这个门路就是"兴趣"。掌握好评价的策略就能激发学生写作的兴趣。

(1) A 等评价原则

众所周知,作文的综合性很强,老师往往把每一次写作训练都当成一次中考作文来评价:立意、结构、形式、内容、表达……,这种面面俱到的要求对学生来说是苛刻的,说白了就是老师想通过一次写作训练让学生什么都会,要学生"一口吃个胖子"。我认为作文评价应该有梯度和层次,因此实行了 A 等评价原则。每次写作训练我只要求达到一个目标,达到这一个目标的作文就是 A 等。这样,就降低了学生写作的难度,消除了学生的畏难情绪,诱发了学生的写作欲望。

(2) 阳光普照原则

每次作文只要求达到一个目标,一般情况下学生都能达完成。评价作文时,除了对达到目标的优秀者进行表扬,还对其他方面进行表扬。例如开头、结尾、表达等等,哪怕学生只有一个词值得欣赏,也要大力表扬。这种大面积表扬让大多数同学体验到成功。成功的体验必然带来学生的自我欣赏,兴趣必然在自我欣赏中诞生。

(3) 人人参与原则

对学生作文的评价权不能只掌握在老师手中,学生有权对其他同学和自己的习作做出评价。每次作文我都让学生参与评价,个人评、小组评。同时,每位同学还拥有对自己作品及别人作品的最终评价权。有权力就有"义务",学生有了评价权必然有修改义务。学生根据他人评价修改自己的作文,或帮助他人修改作文。这样,改变了以往学生对作文漠不关心的态度,"作文"成了大家展示自己的舞台,成了大家关心的话题。

2. 具体做法

在具体的教学实践中,不能把原则教给学生,而要把原则变成可操作的教学方法。

(1) 广泛评议——花开满室,争奇斗艳

我的学生盼望写作后的时刻,因为这时可以一睹他人习作的芳容,更可以一展自己习作的魅力。学生写完作文后马上互换,从三方面进行评议。第一:本次作文的要求是否达到;第二:有哪些富有创意的词句;第三:各抒己见找优点。每位批改者须将对方的闪光点制成卡片,标明作者、题目。每位同学的习作都被欣赏,每位同学都在欣赏别人。满室是花,真可谓万紫千红总是春!

(2)大面积表扬——精彩纷呈,快乐无限

戴尔·卡耐基认为:人性中最本质的愿望,就是希望得到别人的赞赏。学生的成长需要阳光,学生的进步需要赞赏。赞赏犹如阳光,能开启学生创造的大门。我们在讲评课上表扬学生习作的所有闪光点,讲评课就是学生充分展示自我、张扬个性的大舞台。

第一:榜上有名。优秀作者、优秀题目、语言大师、文坛新秀、真情使者、创意能手……大多数同学能看到听到自己的名字,学生就会兴致勃勃,信心十足地参与进来。

第二:登台亮相。请优秀作者或介绍自己的创作体会,或宣读自己的文章;请文坛新秀或谈成功秘诀,或谈成功喜悦;其他同学或谈欣赏这些习作哪些地方,或谈自己的感受……欣赏自己,欣赏他人,其乐融融。

第三:擂主争夺。最有创意句子的作者就是擂主,请其他同学仿写或者是以此为话题来写。看谁能打败擂主,谁能保住"擂主"称号。要使学生得到成功的体验,教师就要竭力让学生发射几枚"闪光的火箭"。在我们的擂主争夺中常有"闪光的火箭"发射。

第四:名作珍藏。教师把优秀的学生习作打印出来,由每位同学收藏这些作品。每篇习作后面都留有空白,让学生自由评说。榜样就在身边,力量更是无穷;这个榜样又是平凡的,大家又尽可藐视榜样、赶超榜样,让自己随时成为他人的榜样。

第五:创意积累。凡学生习作中出现有创意的句子,老师都会摘抄,学生都会积累。这些句子有时是老师推荐的,有时是学生推荐的,学生往往当堂背诵喜欢的句子。在这个过程中学生就会发现自己的语言和名家的同样美丽,学生就能体会到祖国语言文字的魅力,这样学生怎能不热爱自己的母语呢?

(3)针对训练——学而时习,再现美丽

一些老师在认识上存在一个误区:只应重视"写什么",不用训练"怎么写"。

谁如果谈了怎么写,谁就走了老路。写作是实践活动,学生多写就行了,"熟能生巧"嘛。但又有几个学生能对写作的方法和技巧心领神会,无师自通?有多少学生面对一大堆材料,而苦于找不到合适的表现形式?因此我们的作文讲评的一个重要原则是评练结合。一"练"指导目标,二"练"讲评目标,三"练"语言。这样前面评议和表扬所激发出来的热情才能找到用武之地,学生"修剪"文章才能得心应手,学生的文章才能再现美丽。

教师对学生的态度,恰如一把犁刀的两面:它可以割破孩子的心,留下永恒的伤疤;也可以从中"掘出生命的新水源"。我希望评价能够掘出学生写作的新水源,给每位学生以机会,因为即使是天才,也需要成功的机会来酿造信心。作为园丁,老师的工作就是:使每一朵花都盛开。唯有始终如一的耕耘、积极正确的评价,才能年年有百花的齐放、岁岁有硕果的丰收。

第四节　白描写作教学的本质

俗话说:无欲不举笔,无情难成文。表达真情实感是白描写作教学的本质。情感"不精不诚,不能感人,故强笑者虽悲不哀,强怒者虽严不威"(《庄子·渔父》)。一篇为人称道的文章,往往渗透着作者真挚浓厚的情感。正所谓:真情流露,方能妙笔如花。2011版《语文课程标准》第四学段对写作教学提出的第一个要求就是:写作要有真情实感,力求表达自己对自然、社会、人生的感受、体验和思考。因而,我引导学生关注自我、亲近自然、感悟生活,去捕捉自己的情感火花、去拨动自己的心弦、去开发灵魂深处的宝藏。

一、关注自我,真情倾诉

如果说情感是文章的生命,那么"真实"就是情感的生命。就像朱自清所说的:句句话从他心坎上出来,句句话打在咱们心坎儿上。写作不仅要有"所遇",更要有"感发",使百般思绪、千种情怀如潮水般喷涌而出,汇成澎湃激荡的巨流,方可写下动人心魄的至情文字。因此,我把"自己"作为写作训练的基点。一个长跑是弱项的女生真切地感受到:一听到要测试长跑,浑身就好像是触了电,汗毛全部摆出"大阅兵"的阵势。悲哉我体育少年,悲哉我少年体育!学生们在现实生活中的所遇,通过他们心灵的折射、情感的过滤,展现在文章里,就有了他们独特的情感温度。

二、亲近自然,情有所依

无论是喧闹的都市,还是宁静的乡村;无论是万顷碧波,还是当空皓月……大自然总会向我们展示它的美丽和神奇,向我们发出心灵的呼唤。我指导学生放飞自己,亲近自然,为自己的情感寻找合适的"载体",使心灵中沉淀的美得以反馈和展现。走进春天,学生就会发现:燕子,用它俏丽的尾巴剪开薄冰;小草,摇着尖尖的脑袋东张西望……情动于中而形于言,大自然撩起了学生感情的波澜,勾起了学生的遐思妙想,自然就能笔至情到,妙笔生花。

三、感悟生活,情满笔端

生活就是语文教科书,学生的每一天都是精彩的语文阅读。让学生观察生活,体验生活。在观察外物的同时体验自己的内心感受,在挖掘生活的同时挖掘自我。向生活要素材、要激情。走近亲情,学生就会帮妈妈洗头发:那丰富的泡沫像朵朵洁白的浪花,洗涤着妈妈头发上的油污,浸润着妈妈心头上年复一年的渴盼……敏锐地捕捉住感人的瞬间,用自己的心灵再现、升华,这样的感悟进入了一种真正的审美情感状态。观察一旦融进自我内心体验以及对生活的真实感受,写出来的文章当然感人至深。

[典型课例]

"情有所依"写作训练

写前对话

写作内容:

以"感受_____"为题目,写一篇600字以上的文章。

写作目标:

通过联想找寻合适载体,表达自己对生活的真情实感。

写作过程:

一、导语

作文题目已经在黑板上了,大家想一想,你想在"感受"的后面填上什么呢(成功、失败、幸福、亲情、友情……)?嗯,这些词都挺抽象的。那怎么样,把这些抽象的感受变为具体可见的东西呢?大家还记得《乡愁》吗?

二、欣赏余光中的《乡愁》,初识"情有所依"

1. 请大家看大屏幕。

乡　愁

余光中

小时候

乡愁是一枚小小的邮票

我在这头

母亲在那头

长大后
乡愁是一张窄窄的船票
我在这头
新娘在那头

后来啊
乡愁是一方矮矮的坟墓
我在外头
母亲在里头

而现在
乡愁是一湾浅浅的海峡
我在这头
大陆在那头

2. 诗歌表达了诗人什么样的情感？

诗人浓浓的乡愁就像油画的着色一层层加深。小时候离家读书，心中充满着对母亲的思念；长大后，为了谋生而奔走他乡，除了对母亲的思念，又增加了对爱人的惦念；到后来，一方矮矮的坟墓，把我与母亲——生者和死者，永远地隔开了。到现在，那一湾浅浅的海峡，把我和祖国隔开了，至此，故乡之思上升到了国家之思。所以，优秀的作品都充满着动人心扉的真情。

3. 大家一下子就感受到诗人的乡愁，这是为什么呢？

乡愁本是非常抽象的情感，但诗人却用邮票、船票、坟墓、海峡这些具体可感的东西，作为自己感情的载体，含蓄地表达了诗人绵长的乡思。

4. 让我们再来回顾朱自清的《春》的结尾（大屏出示）。

思考：作者借助什么表达对春天的喜爱和赞美之情？

作者借助刚落地的娃娃、花枝招展的小姑娘、健壮的青年，热情洋溢地赞美了春天。

小结：要表达自己内心的感情，必须借助具体的"载体"。

三、小小练笔,学习"情有所依"(大屏出示)

妈妈的头发白了

把满头的黑发给了我

妈妈的腰弯了

把挺直的脊梁给了我

妈妈的_____

把明亮的双眸给了我

妈妈的_____

把美丽的青春给了我

思考:由我的"明亮的双眸"、"美丽的青春"联想到妈妈的什么?请填在横线上(眼睛花了,皱纹深了)。

小结:正因为有了妈妈的白发、弯腰、昏花的双眼、深深的皱纹这些具体可感的"载体",我们才感受到了妈妈为了孩子辛苦了一生、奉献了一切。

四、运用联想,寻找"感受"载体

本次作文的题目是"感受_____",我们从同学补充完整的题目中选一个来寻找载体,好不好?那就选《感受温暖》吧。

1. 现在请同学为"温暖"寻找载体,把"温暖"变得具体可感(学生独立动笔完成)。

2. 同桌讨论,互相修改。

3. 全班交流。

预设:

生1:傍晚,霞光柔和地照着大地,像父母呵护儿女一样温暖和煦。我独行在马路上,享受着阳光的沐浴。把一丝丝的伤痛化作流云,融入了暮色中。

生2:那次的一丝温暖,胜过温暖的火炉,胜过了火球似的太阳,胜过了柔软的沙发,胜过一千杯、一万杯温暖的奶茶和咖啡。

生3:温暖是永不褪色的红布,永不熄灭的火炬,永不发霉的粮食,永不落伍的士兵。

生4:温暖是一棵大树,当太阳把大地烤得炽热时,你可以在下面乘凉;温暖是一双大手,当你最困难的时候,它会安慰你,使你不再沉浸于苦恼之中……

师:我们在感受温暖的同时,还应该怎么做呢?

生:温暖就在我们身边,需要我们用心去感受,去体会。在我们获得温暖的同时,也给予别人温暖吧。因为只有这样,我们的天空才会更灿烂,我们的世界才会更美丽!

五、学生动笔写作

现在,我们学会为自己的"感受"寻找载体,那就让我们铺纸执笔,写下自己的至情文字吧。

让情感在写作中闪光
——"情有所依"讲评案例

讲评目标:

1. 学会通过联想找寻合适载体表达自己对生活的真情实感的方法。
2. 学习"援引成辞,抒我之情"的抒情方法。

讲评过程:

一、导语

读着同学们的文章,我就是在体会一份份真情。比如写《感受亲情》:同学们有的再现暖融融的家庭的温馨,有的描述相濡以沫的艰难的往昔,有的表现母爱的琐碎与伟大,有的感知父爱的严肃与博大。应该说,每一位同学都写出了有真情的佳作。特别是以下这些同学的作品,更为精彩。

二、展示优秀作品(大屏幕展播题目、作者)

《感受第一次》	王振宇	《感受攀崖》	姜海东
《感受四季的活力》	邢晓平	《感受作业少的夜晚》	苏　涛
《感受足球》	于　浩	《感受无私亲情》	毕珊珊
《感受诗的意境》	孙华聪	《感受差生》	于凤慧
《感受挑战》	江亭桦	《感受地下生活》	张　静

三、妙语点击

1. 师:请榜上有名的同学朗读自己的精美语句,其他同学注意思考:从这句话看,作者找到什么载体来表达自己的情感?(大屏幕展示)

①足球就是人生,要有一路的崎岖、挫折和汗水。我们要把我们的人生踢得更好。(于浩)

②作业少只不过是一把双刃剑,利用好它可以杀敌一万,反之则一事无成。

(苏涛)

③初四的生活像是刚刚在盐酸里脱过了水,除了学习还是学习;要不然就是刚从白色染缸里爬出来的一袭纯白,白得耀眼!(杨腾)

④想到这儿,我内心深处那平静的海面在不停地颤动,似乎有一种力量在海洋中翻滚,那就是——亲情。(毕珊珊)

⑤如果有地缝,我多想变成蚂蚁钻进去,一了百了。(王艳阳)

⑥当我彻底感受到我是一个差生,我是班级的后腿,我的前进需要别人拉着我走的时候已经太晚了。我已经无法摆脱差生这个名号,正如伊拉克人们无法摆脱一连串的灾难一样。(于凤慧)

⑦一直都这么提心吊胆,我也太胆小了吧,不行,得改改。"咚咚咚"又来了,这次……我才不怕!"稀里哗啦"一阵开锁的声音,完蛋了!不好了!用脚趾头都可以想出是老爸回来了。(张静)

⑧伴着筷子的哀鸣,同学们狼吞虎咽,好不痛快。一番鲸吞之后,食堂又是一番景象:刚才多拿的那些筷子现在大派用场,同学们将筷子插到剩饭上,一个个"仙人掌"便在同学们手上诞生了。更有甚者,将筷子碎尸万段,插在了一半馒头上,倒真有几分像刺猬。不过,不知那筷子是否招惹你了,一下子整个食堂成了动植物天地。我隐隐听到有人在嘲笑,嘲笑这些整天高唱爱大自然的同学。(李禹洁)

⑨一双又破又旧的黑皮鞋,一条看上去早已褪了色的灰色裤子,一件粉红色的上衣,看上去显得很单薄,里面衣服的领子也露了出来,一双黑而粗糙的手,左手握着一个尼龙袋,齐耳的头发间随时可以看见银丝的飘动,眼角的鱼尾纹也很清晰,珍爱的眼神似乎在等待着什么。(姜文超)

⑩班主任吴老师的脚崴了,可仍然每天按时来到教室,来上课,来辅导,来看着我们的进步与成长。你看见了吗?他走路时那一跌一倒的样子,真叫人担心,而老师却从不说苦,默默地忍受着这肉体上的痛苦,不肯给同学带来半点麻烦。(房凯悦)

2. 分小组品评自己最喜欢的两个语句,围绕"情有所依"来赏析其中的妙处。

四、赏析精品,拓展延伸

1. 师:情感的载体可以是人,也可以是物,还可以是什么呢?请欣赏王振宇同学的作文。(生看大屏幕,听王振宇同学朗读。作品见后面"学生作品")

思考：

①作者表达了一种什么情感？这种情感的载体是什么？

②结合你的写作实际，你从中受到哪些启示？

2. 自主探究，交流感悟。

①学生交流

②师小结过渡：情感的载体还可以是"成辞"。即已经固有的言辞，它包括经典作家的言论，言简意赅的成语，革命领袖及英雄人物的言论等。

③学习"援引成辞，抒我之情"

师：近代大学者王国维《人间词话》中有段集词名句，学坛广为传颂，请看大屏幕：

古今之成大事业、大学问者，必经过三种之境界："昨夜西风凋碧树，独上高楼，望尽天涯路"此第一境也。"衣带渐宽终不悔，为伊消得人憔悴。"此第二境也。"众里寻他千百度，蓦然回首，那人却在，灯火阑珊处。"此第三境也。此等语皆非大词人不能道。然遽以此意解释诸词，恐为晏、欧诸公所不许也。

王振宇和王国维一样，都成功地运用了一种抒情的方法，我就给起了个名字：援引成辞，抒我之情。

师：这种方法还可以分为哪两种形式？（学生讨论解决）

生：一种是引用，一种是活用。

师：请同学们再读王振宇同学的文章，分别找出这两种形式的例子。

生：同桌俩分别找其中的一种，然后互相交流，品味这种方法的好处，尝试运用到自己的写作中。

五、练习巩固

以"书"为话题，尝试运用这种方法，说一句话。

1. 学生自主写作

2. 全班交流。

生1：古人云："书中自有黄金屋，书中自有颜如玉，书中自有千钟粟。"

生2：俗话说："书山有路勤为径，学海无涯苦作舟。"

生3：高尔基曾经说过："书是人类进步的阶梯。"没有书的生活，索然无味；没有书的生活，暗淡无光；没有书的生活，令人恐惧……

生4：我读书常常"终日不食，终夜不寝，以读，有益。"

师:我们平日看电视、书报、上网,都注意了积累知识,为我所用。同学们都是生活的有心人,我们要把这种好习惯发扬光大。

六、欣赏品评

分发作文,自由欣赏你周围同学的习作。要求:

1. 不少于5篇,且老师推荐的作品不少于2篇。

2. 重点欣赏"情有所依"的妙处,一篇习作至少加一次批注。

七、布置作业

请同学们总结本次作文的得失,写一篇反思式后记。

[教师寄语]

著名的人民教育家陶行知老先生说过:"教人做人,教人做真人,教人做真善美的新人。"是啊,千教万教教人求真,千学万学学做真人,让我们永远以此共勉。

[学生作品]

感受第一次

俗话说:"万事开头难。"任何事如果没有第一次,你永远也不会体会到其中的酸甜苦辣,只会是那只惧怕黔驴的老虎。

暑假中,我被老爸老妈"威逼",无奈之下和他们登上了蹦极的道路。漫步在山中小径,四处绿树红花,鸟语花香,但时不时地传来几声鬼哭狼嚎般惨叫却大煞风景,身后的脊柱也仿佛结起了千斤重的冰坨。哎,此次前去蹦极,生死未卜啊!

来到山顶,四下看去,大有"会当凌绝顶,一览众山小"的豪情,可向身下一望,波涛滚滚,千丈之高,顿时两腿酥软,一下子瘫在了平台之上。我要真下去了,那可就是"飞流直下三千尺,疑是英雄落九天"啦。

老爸此时也没了以前的英雄气概,而老妈则大有"江姐"的风范——宁死不上。无奈,我又成了那无辜的"替罪羊"。工作人员麻利地给我系上了弹簧绳,望着那千丈之高的山涧,我不禁倒吸了一口凉气,下面仿佛是油锅,刀山,一秒,两秒……我极力地念着董存瑞、黄继光的名字来安定那颗吃了兴奋剂似的心脏。

老爸再也看不下去了,在身后推了一把来"解脱"我。我只觉得一阵头重脚轻,便一个跟头栽了下去,胃里则仿佛有孙行者在大闹天宫一般。我紧闭双眼,生怕看见这恐怖的世界。不久之后,振荡逐渐减小,我慢慢睁开双眼,才发现倒看的江面也"别是一番滋味在心头",那飘荡的感觉也大有神仙腾云驾雾之感。

回到地面的时候,我不禁怀念刚才那种刺激的感觉。第一次也许会有许多惊险,也会有许多困难,但这过后才能感受到第一次的珍贵。

感受失败

放学的铃声终于响起,回到位子上坐定,看见上课考的试卷已经放在了桌子上,拿起一看,大为惊讶,我狠狠地挤了自己一下,好疼。顿时,我的脑子里一片空白,望着眼前的试卷,万万没有想到自己不及格,我呆若木鸡,只觉得滚烫的热泪在眼里打转,但我没有让它落下来,就这样任时间一分一秒地逃走了……

不知如何草草了事的把书包收拾好了,像只让人厌恶的灰老鼠从门缝里溜了出去,听不见任何的欢笑,任何的声音,只觉得一丝丝的寒意。我像只孤独的流浪猫在街头可怜的行走。我的沮丧,我的失落让我抬不起头,不敢正视每个人的眼光,因为我觉得每个人正用蔑视的眼睛盯着我。几天下来,我都不敢面对班主任,每当他一步步向我靠近,我的呼吸都在加快,每有时机可以躲避他,我都会毫不犹豫地把握它。我的心没法安定,每当看到这份试卷我就坐立不安,尤其是面对爸爸妈妈和班主任的时候。

在订正这份卷的时候,我无奈地把鲜红的分数重重的压叠在了下面,望着一个个鲜红的叉子,我手中的笔似乎在半空中凝结了,脑子里乱成一团,真想把这可恶的一页快翻过去,我的心好乱,不知怎么做了一题又一题,就这样,在自责中煎熬着度过了每一分。

坐在桌前,每当身边有声音,便会将它们藏到暗处,不知为什么,我不想让它见到光明,毕竟那是我丑陋的一面,心中永远的一个黑色的记号……

[学生感受]

援引成辞,抒我之情

刘勰《文心雕龙》中云:"明理乎成辞。""成辞"指已经固有的言辞,它包括经典作家的言论,言简意赅的成语,革命领袖及英雄人物的言论等。这些内容已被人公认,是业已证明的客观真理,具有很大的权威性和鲜明的理论性。援引成辞,引经据典能增加文章的理论色彩,思想深度,产生醒人耳目、启人智慧、耐人寻味的作用,给读者造成一种内容博大在、立论坚实、力达千钧之感。

王国维正是因为借用他人的文学作品做比喻,才极形象地描绘出进行艺术创作或学术研究的三种境界。我在写作中采用这种方法,收到了比较好的效果。

像本次写作,我直接援引成辞就有三处:

1. 俗话说:"万事开头难。"
2. 来到山顶,四下看去,大有"会当凌绝顶,一览众山小"的豪情。
3. 我慢慢睁开双眼,才发现倒看的江面也"别有一番滋味在心头"。

根据需要,活用成辞有五处:

1. 我只会是那只惧怕黔驴的老虎。
2. 我要真下去了,那可就是"飞流直下三千尺,疑是英雄落九天"啦。
3. 而老妈则大有"江姐"的风范——宁死不上。
4. 我极力地念着董存瑞、黄继光的名字来安定那颗吃了兴奋剂似的心脏。
5. 胃里则仿佛有孙行者在大闹天宫一般。

韩愈说过:"学以为耕,文以为获。"阅读是写作的先导,没有读的"耕耘"就没有写的"收获"。我因此对所读之书进行熟读精思,融会贯通,积累材料,让它成为自己写作的"源头活水"。同时学会迁移,运用到自己的写作中去。这样写作时,吾意所欲言,无不随意所欲,内容应笔而生,如泉之涌,滔滔不竭。

[教师反思]

感悟生活,升华情感

画家的感情挥洒在作品的线条里,他们在展现个性;诗人的感情倾注在作品的文字里,他们在诠释情感;音乐家的感情融在作品的旋律中,他们在感悟生活。在这些作品的背后,都蕴含着创作主体的审美情趣、人生理想、精神意识,所以有人说:"艺术就是人生"。

教师,在学生的生活中充当着点燃学生生命之火的角色,而语文教师从本专业的实际出发,最佳的行为方式就是运用多种渠道去点击学生的心灵深处,拨动学生情感的这根弦,以期他们能产生情感的共鸣。而这种共鸣的最佳表现方式,就是写作。

感悟是在人的心理观念基础上派生出的一种特殊情感活动。它是培养学生审美情感的重要一环,也是学生写好作文必备的审美品质。如果说观察是桥梁,那么感悟就是这座桥梁的基石。仅仅满足于看到生活中的一些表象是远远不够的。在写作中,我要求学生在观察外物的同时观察自己内心感受,在挖掘生活的同时又挖掘自我。叶圣陶先生提出作文应"得法于课内,得益于课外",所以我十分注重学生从生活中汲取作文养料,观察社会生活。

除了本次作文,以"回报"为话题的一次作文,学生也写得比较成功:

《努力的回报》:我打遍天下无敌手,勇敢的卷心菜和软弱的豆腐都败在我的刀下,向我求饶。我不但不放过他们,还让他们"上刀山,下油锅",最后心服口服地归顺我口。(王灵灵)

《痛苦的回报》:我只觉得手凉凉的,眼前黑黑的,两只耳朵嗡嗡的,两腿颤颤地。不一会儿醒过神来,看看手上的肉都炸翻了,血一个劲地向外涌,心中有说不出的痛。(姜明)

《亲情的回报》:那丰富的泡沫像朵朵洁白的浪花,洗涤着妈妈头发上的油污,浸润着妈妈心头上年复一年的渴盼……

这样的感悟才能进入一种真正的审美情感状态。因此,情感是眼睛与心灵的合体,它必须融进自我内心体验以及对生活的真实感受,才能感人至深。本次作文的成功之处,正在于此。

第四章 04

白描拓展课程

有时白描画也会略敷淡彩稍加渲染。在白描语文教学中,可以说拓展课程是"略敷淡彩"地"渲染",虽然是"渲染",但是万万不可缺少。拓展阅读课程力求用精当的方式突破教材的有限性,不求热闹、不作矫饰,鼓励学生到生活中学习语文、学习生活中的语文,拓展教科书的内容,"弥补"课堂教学的不足。收到以少胜多、以点带面、以形传神的教学效果。

第一节　白描拓展课程综述

有时白描画也会略敷淡彩稍加渲染。在白描语文教学中,可以说拓展课程是"略敷淡彩"的渲染了,虽然是"渲染",但是万万不可缺少。

有人说语文学习的外延即生活的外延,生活是一本永远也读不完的书。陶行知先生说得好:活书是活的知识之宝库。花草是活书,树林是活书,飞禽走兽、小虫、微生物是活书,山川潮海、风云雪雨、天体运行都是活的书,活的人、活的文化、活的世界、活的变化都是活的宝库,便是活的书。语文学习不仅仅是学教材,更要开阔眼界,增强积累,语文课程标准中提出:"善于通过专题学习等方式,沟通课堂内外,沟通听说读写,增加学生语文实践的机会。"

白描语文拓展课程设置的目的就在于:不求热闹,不作矫饰,力求用精当的方式突破教材的有限性,鼓励学生到生活中学习语文、学习生活中的语文,拓展教科书的内容,"弥补"课堂教学的"留白"。收到以少胜多、以点带面、以形传神的教学效果。

我们在教学中注意从如下方面丰富拓展课程资源:

1. 语文教材资源。课程资源的开发是中学语文教学面临的一个全新课题。教师首先要挖掘教科书的优势,拓展教科书的内容。文章千古事,得失寸心知。老师不但要把一篇文章的寸心所知告诉学生,还可以把自己认为好的,学生又有兴趣的,向学生推荐同一作者的不同文章、不同作者的同一类型的文章还有哪些,大家一起来读一读,比较比较,丰富阅读的视野。比如,可以把写《狼》的文作为一类文来学习。蒲松龄写狼的凶残与狡黠;毕淑敏写狼的聪明与神勇;中国大百科全书介绍狼的兽性;《狼和鹿》又告诉人们打狼引起生态失衡。这样把语文与其他领域的学习结合起来,把课内与课外有意识沟通起来,有利于比较,有利于多元解读,有利于多角度解读。这样,就扩大了学生的读写面,并引导他们走正路、走近路。当然,还可以结合课本上的综合性学习,拓展课程资源。如"古诗苑漫步"、"背起行囊走四方"等,带领学生从课堂走入生活,从生活再走入课堂。并且教师尝试以多样、有趣、富有探索性的材料和方式展示教学内容,灵活设计活动,尽可能地寻找学生活动的新载体等。

2. 阅览室资源。刘彝(《画旨》)中说:"读万卷书,行万里路,胸中脱去尘浊,自然丘壑内营,立成鄄鄂。"的确是,课堂小天地,图书大舞台。我们学校设有藏书丰富的阅览室,语文老师每周阅读课带领学生走进去,不仅读课程标准要求的必读篇目,还可以博览群书。老师指导阅读的方法,至少每五页有旁批、圈点、点评;要求有读书笔记(文摘、心得体会、读后评等)。还组织学生自出题目,进行考查,形式多样,有答题比赛,有辩论会,也有演讲会等形式。另外,鼓励学生自费订阅《中学生阅读》《作文报》《故事会》《语文报》《演讲与口才》等多种报刊杂志,这样,既提高了学生语文素养,又开阔了学生视野,收到了极好效果。

3. 影视天地资源。电影电视是大众媒体,特别是电视,覆盖面广,信息量大,只要收视得当,学生收益也是很丰富的。我们对学生收看什么电视节目,收看时间等都有针对性的指导和合理化的安排,如《三国演义》《红楼梦》《水浒传》《西游记》等根据经典名著改编的作品,还有《电视散文》《感动中国》《中国汉字听写大会》《中国谜语大会》等有利于培养学生听、说、读、写能力,博见多闻和勇于创新的栏目,我们还指导学生在收看影视节目时,注意搜集优秀广告,以及积极向上、富含哲理的歌词,节目串词,并有意识的将其运用到写作中去,这样又提高了写作水平,得益匪浅。

4. 网络世界资源。与影视相比,网络又是目前内容最丰富,速度最快捷的传播媒体。我们充分利用学生的好奇心,正面引导学生上网查找资料,整理资料,拓宽学生的学习视野。并且充分利用学生感兴趣的微博、微信平台,让学生建立自己的博客,写心情日记。我们也在班级积极创建班级网站,设置多个板块,既有学科知识树,也有德育长廊,还有每日之星,班级新闻快报等栏目。学生自己动手动脑开辟个性化的学习园地,既培养了学生的创新能力,又提高了学生的审美情趣。

5. 地方生态民俗资源。在综合性学习的活动中充分利用地方的自然生态和文化生态的资源。包括乡土地理、民风民俗、传统文化生产和生活经验等。如恰逢春节,我们组织学生了解春联的故事;端午节日,我们组织学生走人寻常百姓家,考察端午习俗;秋风乍起的时候,我们组织学生观察大自然的变化。我们引领学生用耳朵去听,用眼睛去看,用心去感受。用笔描绘出内心的情感,用积累的诗文妆点描绘的画面。这样的主题活动学生兴趣浓厚,积极性高,而且在活动中,合作精神、创新能力和竞争意识也得到进一步的培养。

总之白描语文倡导生动活泼自主的学习方式,改变单一的讲授文本为主的教学方式。采取多种多样的能充分体现学生自主学习、自主实践的形式,用有限去创造无限,用简省去创造丰盈,用创新去开创未来。学生在老师的引领下,大胆质疑,深度思考,勇于实践。读书,看报,演讲,组织新闻发布会,故事会,朗诵会,演课本剧,办手抄报,编习作集等。让学生在丰富多彩、生动活泼的语文实践中学习语文,在讲述、讨论、交流、品评、操作等活动中促进发展,形成扎实的语文能力,并且体验语文学习的乐趣。

伟大的文学家托尔斯泰说过:"知识只有当它靠积极的思维得来,而不是凭记忆得来的时候,才是真正的知识。"我们不能让学生成为"记忆仓库"。而要引导他们在语文活动中扩大视野,发展语文能力,当好学习的主人,从而让每个学生的个性和创造潜力得以发展。

第二节　观察课程

[课程解读]

用心观察

心理学家认为:观察能力是指善于正确、全面深入的感知事物特点的能力。观察是认识的基础,敏锐的观察力能使人从直观材料中获得更多的知识,发现更多的问题,从平凡的现象中悟出非同一般的奥秘和规律来。所以,语文教学应该培养学生敏锐的观察力。

著名作家余光中说过:"我们期待的散文,应该有声、有色、有味、有光。"我们习惯用视觉去观察、感受描摹景物,其结果往往犹如一幅寂静的,并无多少生机的平面画作,如果我们能调动多种感官去观察描摹事物,那我们的文章就会生动得多。

一、平日观察,让生活走进学生的眼睛

生活是在不断地更新的,它总是以不同的面孔出现在我们的面前。太阳总是新的,就看你有没有一双慧眼。为了帮助学生用心去观察人生,我们坚持在课前五分钟进行口头作文,坚持每周随笔。

口头作文的对象既可以是老师同学、父母亲人,左邻右舍身上发生的有趣的事情,还可以是课内课外,书上电视中的所见所闻所感。老师可以即兴点拨,也可以预设题目。身边小事,国家大事都可以走进学生的视野。教师引导学生,关注生活,扩大信息接收量,让源头活水滋润学生的心田。

比如有同学因一则新闻的触动畅谈自己的看法;有同学因为书中的某句话引发对过去的回忆;有同学叙写与父母间的一次小争吵;有同学醉心于早晨太阳与云的追逐;有同学灵敏地捕捉到秋的气息;还有同学会因一片落叶引发无限的遐想;会因一只枯死的蝴蝶勾起内心深处的怜悯;会被路边的野菊花顽强的生命力所震撼;会为马路上丢失的下水道盖子愤愤不平;还会因老师的一个眼神领会师爱,因朋友的相助发现有朋友相伴的日子是那样的阳光灿烂……

学生在表达过程中,说真话、抒真情,交流的都是自己对生活的观察。每个人

对生活都有自己的见解,相同的事件观察的角度又不尽相同。五彩缤纷的生活就像一幅立体的画,既生气勃勃,又深刻动人。从而加深了学生对生活的感受,调动了学生观察生活的兴趣,这时候布置学生把自己的观察所得记录下来,养成写观察日志的习惯,欣喜地看到,此时的观察日记就有声有色,有情有义。比如一次数学老师课堂发火,离开教室后,课代表在课前五分钟讲了自己去找老师的故事,然后周末写出了这样一篇观察日记《原来我没有懂》:

"……

我至今忘不掉老师的身影。拐角处,老师落寞地倚在冰冷的墙上,半垂着头,深深地叹气,仿佛叹尽了一切。我忽而有种心酸,红了眼眶想要落泪。——这还是我的老师吗?如此颓废,如此落寞,刚才暴躁的他,去了哪里呢?

你抬头,望见我,声音喑哑似藏尽苦涩,轻轻叹一句:"刚才我没控制好脾气,出来静静,没事。只是为什么,那么简单的知识点,他却不会呢?这样怎么考上高中,他是那么有希望的啊!"

我从未见过这样的老师。没有盛气凌人的气势,只有那惋惜失落了的期望,渐渐散去。

我走过去,轻轻鞠躬。"老师,对不起。"对不起,我一直没懂你。对不起,直到现在我才懂了老师暴躁伪装下那对我们殷切的期望。

对不起,老师。原来我没懂你。现在才明白你的良苦用心,会晚吗?谢谢你,老师。这次让我懂你。请让我今后,为你分担些,可以吗?

这个故事深深地打动了那些一直没有理解老师的学生们,激发了他们尊敬老师,热爱学生的热潮。也让学生更加关注日常生活琐事,让每周随笔成为生活习惯,实现了为写作创建最真实的状态——本色、清醇、自然、人性。

二、专题观察,让细节走进学生的心里

法国微生物学家、化学家巴斯德曾经说过:"在观察的领域中,机遇只是偏爱那种有准备的头脑。"因此,培养学生敏锐的观察力,必须有计划、有准备,可以同写作训练有机地结合在一起,让学生言之有物。

比如要学生完成一段《晚归》的场景描写,可以让学生亲自站在街头,观察傍晚时的灯光、车辆,人们的精神风貌。通过观察学生心中有丘壑,写出来的作品自然不会空洞。

对于一些具体体裁的写作练习,更要组织有目的有计划的观察,才能实现写作目标。比如写一篇介绍学校的说明文,可以带着学生亲自去走一走,按照空间顺序,观察学校的布局,抓住建筑物的特点,突出学校的文化特色,这样写出的文章才能具体、准确、到位。

在学校组织的各项活动中,语文教师更要抓住机会,有目的、有计划的组织学生观察,写感受。例如体育文化节前,布置学生写一篇《最美的一幕》;周末志愿者义务劳动,布置一篇《那天,我永远忘不了》等等,要学生留心观察,写出细节,写出新意来。因为有生活的基础,写出来的作品就不再是干瘪,空洞。而变成一株枝叶繁茂的大树了。

前不久,初四毕业班的同学为准备体育测试,大家在操场上练得不亦乐乎。语文老师抓住这个契机,围绕这个主题,布置作文题目《春天的味道》,在学生的笔下,有的写出了自己挥洒汗水拼搏的身影,有的写出了老师同学鼓励的师生情同学谊,还有的写出了父母周末陪练的父女情深……

一篇篇洋溢着青春色彩的文章,因为事先布置了观察的任务,描写中涌现出来许多生动可观的细节,呈现出许多感人至深的特写镜头,读来让人或忍俊不禁,或潸然泪下……

三、情景观察,让方法走进学生的思维

真正意义上的写作是内心需要的真实表达,可是学生往往因为不会观察,表达出来的感受混乱无序。

学生进行自由写作并不代表教师放任自流,我们会在学生的观察兴趣形成之时适时的巧妙的进行写作指导,学生开心接受。日本教育家小原国芳说:"国语不是训治之学,而是活思想问题,是川流不息的生命。"的确,因为有思想溶剂渗入观察当中,语言文字便显得极富弹性与张力,如何去观察?需要教师在迷惘时指点迷津。设置情景,有的放矢,有步骤的帮助学生用一定的方法去观察是非常可行的。

比如在观察景物时,要引导学生抓住特征,按一定的顺序,有条理地多角度地进行观察。一节作文课,指导学生观察《美丽的玉兰花》。老师展示摄影师拍摄的一组玉兰花的镜头。学生追随摄影师的镜头观察玉兰花,摄影师将镜头拉近,出示整个树冠上开满花的图片,让学生整体描述。然后再将镜头放大,再出示一朵

玉兰花让学生细致描述。这样让学生学会了由远及近,由整体到局部的观察方法。

然后老师不断调整着镜头,出示一朵花的不同角度图片,或者正面,或者侧面;或者含苞待放,或者盛开;或晴天,或雨天;或清晨或中午。同是一朵花也会呈现不同姿态,让学生描述花的不同姿态。学生明白了观察角度不同,捕捉到的景物就不同。

接着老师出示不同颜色的玉兰花(视觉)、玉兰树被风吹动(有风声)、花瓣落下(听觉)、蜜蜂采蜜(嗅觉)、用手触摸花瓣(触觉)的视频,让学生分别描述看到的情景。学生懂得了观察事物原来可以多感官的进行。

最后还可以让学生发挥联想和想象,用相关的事物去描写玉兰花,或者描绘玉兰花背后的故事等等。学生由此学会了可以写眼前实实在在的,还可以由此及彼写虚实相生的内容,丰富了观察的内涵。

课堂的情景设置方式是丰富多彩的。根据写作需要既可以利用多媒体的演示,也可以通过游戏,课本剧表演等方式设置具体的情景,引导学生边观察边思考,学生经历过亲身体验,就会在误入藕花深处时,寻得柳暗花明又一村的醍醐灌顶。

比如针对学生不会具体描写人物,描写人物不细致的问题,老师设计了这样一个情景:指导观察"姚明投篮"的视频,学生最初只是简单的四个字的概述"姚明投篮",在老师的引导下,学生仔细观察慢慢回放的镜头,然后描述每一个动作过程,最后形成具体流畅的文字。学生明白了,观察动作可以像慢镜头回放,一个镜头一个镜头的连贯起来就变得有画面感,如同朱自清先生《背影》的买橘子动作,细腻动人。

著名教育家叶圣陶说过:"作文这件事离不开生活,生活充实到什么程度,才会写成什么样的文章。"叶老的话精辟的道出了作文与生活有着密不可分的联系。因此,作为教师,要带领学生走进他们喜欢的,容易接近的实际生活中去,在生活中发挥才能,激发灵感,做生活的有心人,留心观察生活,把生活中看到的、听到的、想到的用优美的语言文字记录下来,这样学生在写作时才会觉得有事可写,有话可说,有感可发,写出的文章才有真情实感。

[典型课例]

观察秋天

学习目标:

1. 学习多角度(听觉、视觉、嗅觉、味觉)观察秋

2. 学习用适合的联想和想象去描绘秋

教学过程:

一、导入

师:同学们,你们愿意不愿意把你们的心里话告诉老师?在五彩缤纷的画卷中你最喜欢哪个季节?

生:畅所欲言

师:实际上四季都是大自然的馈赠,有着各自的细腻和美好。活泼的春、火热的夏、明艳的秋、素洁的冬。这些美丽的景致都是咱们同学心灵的映衬。老师也是一个喜欢自然的人,你们猜猜老师喜欢哪个季节?(能说出为什么吗?)

师:咱们看看那些同学与老师心有灵犀

生:猜两三人

师:老师到底喜欢哪个季节请看大屏幕

(生齐声回答:秋)

二、出示屏幕(寻秋)

师:老师特别钟爱秋,因为秋是一个特别的季节,特别在哪儿?这节课咱们来观察秋天、感受秋天,对了,细心的同学们你感觉到我们这个季节是什么季节了吗?

生:秋季

师:对了,按节气讲的确是到了秋天,可是你从周围景物的变化中觉察到了秋天吗?看哪位同学是个细心的同学,我最喜欢这样的同学。

生:秋天在人们悄悄变厚的衣服上。

师:你从衣着的变化找到了秋天。

生:秋天在飘零的落叶中。

师:你从落叶发现了秋的萧瑟。

生:秋天在南归的雁阵里。

师:你从敏感的雁群中读出了背井离乡。

生:秋天在成熟的果实里。

师:你读懂了收获。

生:秋天在凄清的苦雨里。

师:你读出了秋天的惆怅。

师:这些同学是留心生活,善于观察的同学,文学家鲁迅先生曾经说:如要创作,第一需要观察。的确是,没有观察就没有写作素材,知道吗?大作家、大艺术家都很注意认真观察。施耐庵《水浒传》三次写老虎,都非常生动精彩,为什么写得精彩呢?据说,施耐庵为了写老虎的细微特征,不仅翻山越岭,访问猎户,还亲自跑到深山老林里观察老虎,所以同学们,要想对秋天有深刻独特的感受,发现秋天的美,就要仔细的、全面的去观察秋天。现在请大家随老师一起去感受秋天吧。

三、出示屏幕(绘秋)

师:同学们你们看到了秋天了吗?(师:出示屏幕三组画面)同学们,你仔细观察老师捕捉到的画面,一会儿把你看到的印象最深的讲给大家听,让大家闭上眼睛也能看到画面,好不好?

生:看到了秋天满地金黄的落叶。

师:你从颜色上判断出来了秋天的到来。

生:我看到了秋水变的瘦瘠,水落石出了。

师:你从秋天的水流的形状,发现了秋。

生:我从红彤彤的苹果,金灿灿的玉米,农民的笑容中发现了秋。

师:太好了,你从收获中观察到了秋,还观察到了人们的笑容,你描绘得很细致呢。

刚才同学们讲述的是目睹的秋、可以看到秋的色,秋的形,还可以看到画面上没有的信息,信不信?著名作家朱自清描写春天的时候就做到了这一点

师:将春花图打开,请一生朗读,体会文字之美。

生:本段文字是用了许多精彩动人的比喻和拟人。对描绘景物的特点,抒发作者感情有突出作用。如写花的鲜艳,不直接说出红的桃花、粉的杏花、白的梨花,而直接用"火""霞""雪"来比喻,充分调动读者的想象力,那火焰的炽热气势,霞的轻柔艳丽,雪的高洁纯净,同时映入读者的脑际,给人以生活的实感。

师:你读出了作者用修辞营造的美好氛围,真了不起。

生:"桃""梨""杏"你不让我,我不让你,都开满了花赶趟儿,将竞相开放的花

儿写动、写活。

师：你读出了作者赋予春花人的情致。真是细致的孩子。

师：大家讨论讨论，哪些是画面上没有的，是作者用心感受的。

生：闭了眼，树上已经满是杏儿，桃儿，梨儿。那火焰的炽热气势，霞的轻柔艳丽，雪的高洁纯净。

师：这就要联想和想象，由现在想到过去，由现在想到未来，你可以试一试。

师：以落叶图为例（四人一组讨论）推一位代表交流，如：昨天还是翠绿欲滴，生机盎然，可是现在染成金黄色，最初坠落的，也许只是那么一片两片，像一两只断魂的金蝴蝶，但接着，便有哗哗的金红的阵雨了，接着，便在树下铺出一片金红的地毯，而这地毯上铁铸也似的竖着光秃秃的疏落的树干和枝丫，直刺着高远的蓝天。

师：原来用眼睛看还要用脑子思考，才能看出与众不同的美丽来，现在同学们闭上眼睛用耳朵听。咱们再试试谁能听到秋天来。

四、出示屏幕（触秋）

大雁南归的声音，雨打落叶的声音，风吹动落叶的声音，人一声感叹，唉：天凉好个秋。

生：回答听到的声音

师：谁能听到画面上没有的声音（打开尘封的记忆，展开丰富的联想）？

生：大地母亲望着南归的雁阵，哀伤地说："唉，有一个孩子漂泊他乡了。"

师：你能够读出大地对雁阵的留恋，多么有创意呀。

生：挺拔的大树，平静地看着落叶打着旋儿，在冰冷的雨和着泥，化作一抔，他暗暗的祝福着：谢谢你的奉献，明年，我们又会长出一树的繁阴，你还是你么？

师：落红不是无情物，化作春泥更护花。你的联想，让我们读懂了奉献的内涵。

生：李清照落寞的倚在小楼斑驳的栏杆上，瘦削的身影怎敌秋风来袭？故人已逝，故国飘零，她微微的哆嗦一下，不由一声感叹，唉：天凉好个秋。

师：有人说，想象力比知识更重要，你能够联系李清照的身世，道出人物的心境，这是怎样深厚的才华呢？同学们今天的表现，让老师浮想联翩，似乎看到65位文豪站在领奖台上，接受诺贝尔文学奖，现在老师先发放秋天的礼物给你们（老师发放苹果、梨、花生、葡萄）。

师:同学们想不想马上就品尝秋伯伯送给你们的礼物,这时候你就品尝到了秋味了。

师:苹果得意洋洋的说:秋是甜的,

红辣椒摇头晃脑的说:秋是辣的,

生:葡萄得意洋洋的说:秋是酸的,

生:槐籽不好意思地说:秋是苦的,

师:同学们,你们这么说还有人不高兴了

生:谁呀?

师:菊花说:秋是芬芳的,原来老师闻到了秋的气息,还有什么气息可以闻得到呢?

师:从自然当中我们通过视觉、听觉、嗅觉、味觉等全身心地进行了交流,我们发现了秋竟有这么多魅力,这是我们用心观察到的。于是我们的小朋友们说:秋是——的季节(生谈对秋的感受,用一个词或者用一个句子)

生:秋天是美丽的季节。

生:秋天是丰收的季节。

生:秋天是香甜的季节。

生:秋天是思念的季节。

生:秋天是丰富多彩的季节。

生:秋天是与众不同的季节。

五、布置作业

选择秋的一个画面,多角度观察,抓住特征,启动你的想象,感受秋天的魅力。写出一篇小文,600字左右。

板书:

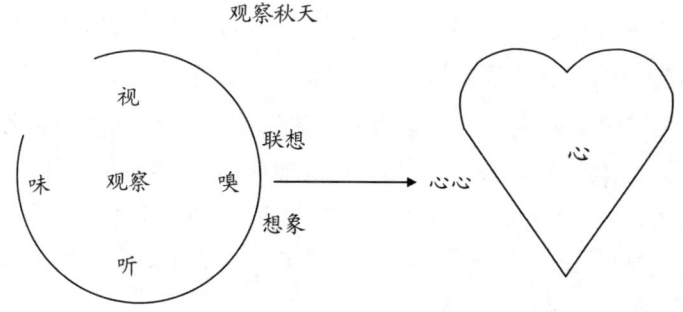

第三节 电影课程

[课程解读]

电影,那就像一部立体的文章。看,镜头拉近,对准了人物的眼睛,于最细微处,我们看到了痛楚、困惑和挣扎……

电影被称为"第七艺术",综合了戏剧、文学、绘画、音乐等多种艺术形式,对提高人的艺术修养具有极高的价值。电影作为一门综合艺术,不仅给人以美的享受、美的熏陶,同时能促进想象力和创造性的发展,开阔人们的视野。教师应该充分发挥影视文化的特殊魅力,将其融入到课程教学资源建设中。融入到学科教学过程中。

影视艺术的育人功能在全面推进素质教育中越来越受到重视。影视文化以其高度的综合性、具象性、时尚性以及艺术性和技术性兼并的绝对优势而引人注目。

一、推荐影片

要精心选择电影的内容。不是任何电影都可以看,教师一定要做好充分的课前准备,做到对影片的情节和内容心中有数,精心策划对学生的引导和教育,这样才能让学生有目的地去观看,做到有的放矢。

每个周末,老师都推荐学生看一部经典电影。参考每周的《中国电视报》,关注中央电视台的电影频道、国际频道等影视栏目,选择适合学生的经典作品,或是影片与课文同步,或是影片与时代发展同步的原则,陶冶学生高尚情操,激发学生进一步阅读的兴趣。比如《格列佛游记》、《战争与和平》、《巴黎圣母院》等等,记录下播放的准确时间,作为课后作业让同学们自由观看。

观看也可以在课堂进行,这就需要把"精看"与"泛看"相结合。电影的显著特点是信息量大、持续时间长,而且具有反复播放、分段播放的功能。因此,组织学生有效的观看是其核心所在。组织学生观看影片,使学生更多地感受电影的文化艺术氛围、了解文化背景、适应各种人物的语言。同时要善于控制课堂,适时地进行必要的点拨,并与学生保持积极的交流。

二、写观后感

电影是文学的再创造,文学是电影的蓝本。电影艺术是一种文化,一个人对影视作品的"阅读、鉴赏和评价"体现了一个人的文化素养。

学习课文《跨越百年的美丽》,我播放了《居里夫人》取得成就震撼世界影视片段和放弃优越生活,忍着丈夫去世之痛顽强拼搏的影视片段。布置学生写一篇读后感,学生的作品中洋溢着对居里夫人的伟大人格的钦佩,也深深体会到了课文中"多么伟大的壮举!""多么杰出的女性!"这句话的内涵,明白了人生的价值不在索取而在奉献。

电影给写作任务提供了话题,观看后教师应组织学生对某些科学性、代表性的问题进行讨论,以促进知识的迁移和思维的加深,可要求学生在观看电影后交一篇短文,可以写观后感、写影评和续写,给片中人物写信,把故事写下来或给导演提建议等,这样,学生的习作能自由表达,体裁多样,个性飞扬。

三、课堂交流

推荐给学生看的每一部影视作品,老师都要提前观看或者与学生同期观看,以便提出有针对性、建设性和引导性的问题。老师也可以从人物的刻画、景物的抒情、小细节表现大主题等方面去引导学生进行探讨交流。

课堂这种讨论可包括影片评论、电影制片艺术、影星的表演艺术、电影主题及背景资料和电影业的新闻等等。教师还可设计对影片的思想性、艺术性的讨论,使学生看完影片产生回味,激发思维热情,进而展开评论和赏析,提高他们创造性的语言应用能力。如《火烧圆明园》描述的是八国联军入侵中国的一段屈辱史,通过影片的观看不仅让学生了解这段历史,更重要的是激发学生的爱国热情。

四、拓展阅读

优秀的影视作品来自于优秀的文学作品,文学是先于影视而存在的,好的影视作品首先有赖于一个扎实的文学剧本,而不少名垂影史的佳片更是改编自优秀的文学名著,如美国的《乱世佳人》、《教父》、《阿甘正传》,中国的《林家铺子》、《早春二月》、《芙蓉镇》、《红高粱》等等,所以早年有文学乃电影之母的说法。影视鉴赏也为影视文学的阅读及相关内容的阅读打下基础。

通过一个学期的教学实践,学生从电影中了解到更多文学知识,受到美的熏陶,同时也激发起盘根问底的阅读兴趣。如从《乱世佳人》的电影中学生对《飘》产生兴趣,从《鸦片战争》中学生对林则徐,对清政府由兴到衰产生好奇。于是老师可以利用课余时间向学生推荐有关的书籍让学生阅读,学生如获至宝,积极阅读,天天享受阅读的乐趣。从某种意义上讲,影视作品和文学作品的"期待视野"是交互性的,很多学生往往是因为喜爱某部影视作品并进而化为阅读文学作品的期待,影视成了学生和名著之间的"媒介"。

附学生作品:

人鬼之间
——《灵异第六感》观后

人是有灵魂的吗?小时候,爷爷讲过的许多民间传说涉及鬼神之事。读书时,看了《西游记》、《聊斋志异》等名著,才明白人鬼神之间,也会有那么多生动有趣的故事。最近看了美国导演沙马兰的著名影片《灵异第六感》,恐怖之后,一脉温情的感动与震撼渐渐袭来,洋溢身心,久久无法散去。

马尔科姆医生是一名杰出的儿童心理医生,受到政府表彰,帮助过不少人走回正路。不料,一名治疗不成功的青少年闯入马尔科姆家枪击医生后自尽……一年后,马尔科姆医生再遇与自尽青年相似的病例,令他决定帮助这个叫柯尔的孤僻怪异的小男孩。起初,男孩不肯向他袒露心声,后经过相处,小男孩终于道出心中的秘密,原来他拥有阴阳眼,可以看到鬼魂。但马尔科姆却不相信他,认为他患了臆想症。偶然的机会,马尔科姆发现原来小男孩说的是实情。因此,他鼓励柯尔勇敢面对,并帮助那些鬼魂。小男孩终于摆脱了心理的阴影,与母亲敞开心扉。在治疗柯尔的同时,马尔科姆医生发现自己的婚姻出现了问题,他与深爱的妻子隔阂加深,无法交流。他回到家中,看到熟睡的妻子……突然,妻子手指上的结婚戒指滑落于地……一切恍然大悟:他已经是个鬼魂了!原来,他早在一年前就被那个少年枪杀了。妻子带着对他的爱,戴着他留下的结婚戒指,一直沉浸在悲痛中。他先是震惊,后是流着泪跟熟睡中的妻子告别,那一刻真实感人。

影片之所以成为经典,除了导演沙马兰的天才,演员布鲁斯、童星海利的精湛演技,对人物心理表现的精确把握和完美诠释外,剧本的精巧构思与不事张扬的铺垫也让人叹为观止。但最让人难忘的是,整部影片涌动着一股温情的暖流。母亲对柯尔的爱,马尔科姆医生对病人的责任,妻子对马尔科姆的思念,人与鬼魂之间的和谐相处与帮助,都源于一种心灵上的倾听与关爱!

柯尔与母亲的亲情。影片一开始就展示了一个艰辛的单身母亲,极爱儿子柯尔。她非常努力地做一个好母亲,所以她挑剔柯尔领带上的污迹;她和柯尔对话的时候总是蹲下来;她失业的时候,还会为柯尔编出美丽的谎言,描述那些根本不存在的巧克力美食。不管柯尔在别人眼里有多怪,妈妈总是坚定地对柯尔说:"我绝不会认为你是怪胎,永远不会。"

马尔科姆与柯尔的友情。"如果你不相信我,你怎么能够帮我。"当柯尔几乎绝望地喊出这句话,海利的表演彻底征服了我,他所展现的柯尔恰到好处——充满了绝望和不安,又惹人怜爱。若没有对马尔科姆的信任,柯尔不会去尝试进行交流,问题不可能解决。若没有对柯尔的信任,马尔科姆无法了却心愿。

马尔科姆与妻子的爱情。她整天看着两人婚礼的录影带,以泪洗面。结婚纪念日会为他倒上他最爱喝的酒,并且会在梦里时刻想念着他……他亦是深爱她而不愿离去。

荡气回肠,只是为了最美的平凡。情感真挚细腻,充满生活哲理,也许这些就是经典的元素。

由此,我似乎明白了影片后面柯尔说的他看到的那些鬼魂:"他们像我们一样走来走去,不知道自己已经死了,他们只能看到自己想看到的,我经常看到他们……"他们已然包括了他面前的男主角——马尔科姆医生。小时候,也许每个人都有过自己的内心秘密、自己坚信不疑的东西,却又无法与父母沟通,无法得到认同,是代际产生的沟壑?还是思想的隔膜?对情感的寄托、对理解的渴望、对人际关系的反思、对权威的追随与质疑……这一切,也许很多人一生都难以找到准确答案。我们也只是看到了我们想看到的吗?

在心灵麻木时狂欢,在灵魂幽暗处陶醉。

真正给自己带来伤害与烦恼的究竟是别人,还是自己?真正需要帮助的究竟是别人,还是自己?

于是,想起了林则徐留给我们的名言"十无益":父母不孝,奉神无益;兄弟不和,交友无益;存心不善,风水无益;行止不端,读书无益;心高气傲,博学无益;做事乖张,聪明无益;时运不济,妄求无益;妄取人财,布施无益;不惜元气,医药无益;淫恶肆欲,阴骘无益。

[典型课例]

借电影之眼学表现

教学目标：

1. 在战争中看人性的乐观主义精神。
2. 学习电影中的移情于物与细节刻画人物的方法。

教学准备：

1. 观看电影《最长的一日》
2. 问题准备：

①战争,意味着流血和牺牲,可是在影片中,我们看到的更多的是从容和镇定,哪些人物的表现让你难忘?

②战争影片,离不开宏大的场景表现激烈的交战,可是影片中有许多情节却宁静、甜美得让人忘记了战争,你觉得这样叙事合理吗?

③这场战争,德军兵败的主要原因是什么?

教学过程：

一、导入

1. 说说关于战争的名言。
2. 说说我知道的著名战役。
3. 师简介《最长的一日》：

二战战争电影永恒经典的史诗扛鼎大片。全景式演绎世界战争史上规模最大、持续时间最长、标志着欧洲西部战线盟军大反攻的海空两栖登陆战役——1944年诺曼底战役前一天的各方面和第一天的全过程。登陆日的最后确定与德军对登陆点的错误判断,盟军的快速行动与德军的滞后反应,深夜三地空降后方,清晨五路登陆海滩……盟军最大的一个成功案例。战争中天时、地利、人和的重要性以及盟军将士的英雄情结。宏大雄浑,客观纪实,逼真生动,精彩纷呈。

二、观后感受

结合下面三个问题,交流对影片的感受。

①战争,意味着流血和牺牲,可是在影片中,我们看到的更多的是从容和镇定,哪些人物的表现让你难忘?

②战争影片,离不开宏大的场景表现激烈的交战,可是影片中有许多情节却

宁静、甜美得让人忘记了战争,你觉得这样叙事合理吗?

③这场战争,德军兵败的主要原因是什么?

三、写作指导

(一)影片回放

战火硝烟中,英国皇家海军总指挥牵着爱犬在炮火中指挥若定;而陆军总指挥所到之处,都带着一位乐手,吹着苏格兰风笛;诺曼底的一位老人,穿越炮火为盟军献上珍藏多年的葡萄美酒;一幢孤零零矗立在海边的小教堂首先遭到了炮火的袭击,但是在这面临灭顶之灾的小屋中,主人却幸福得载歌载舞,不但不加以躲避,反而挥动早已准备好的法国国旗,表示欢迎。

1. 下列影片中小道具(小狗、风笛、葡萄美酒、法国国旗)的使用,让你感受到什么?

2. 学生交流。

3. 师总结:小狗、风笛、葡萄美酒、法国国旗,这些小的道具,在炮火的洗礼中,无不折射出一种极富感染力的乐观精神。小道具表达大情怀,应用到写作上,就是:移情于物,借物抒情。

(二)影片回放

战争即将结束,两名盟军的士兵在寂静的村庄里静静的对话……

一名美国新兵面对着眼前的一名德国兵刚要板动步枪,忽然传来一声:"别怕,他(德国兵)早就被我打死了。"

循声望去,原来是一位靠在墙角的美国老兵,因为失血过多已经生命垂危。

"你观察到他(指德国兵)和咱们有什么不同?"老兵问。

"……"

"你看到没有?他的靴子穿反了。让我们来猜猜,他一定是在睡梦中被召上前线的。"

1. 思考:诺曼底登陆是二战的转折点,对于这样一个大型的历史事件,当然少不了宏大的场景,激烈的交战。但导演却将镜头对准了喧闹战场中寂静的一隅——两个小人物的对话,你觉得这与战争的宏大节奏合拍吗?

2. 生交流,师总结:作为电影,观众只有通过近镜头看清演员的面部、眼神,才得以揣摩角色丰富的内心世界,从而内心产生震撼。这里近镜头的细节展示让战争的叙事节奏舒缓下来,作为敌方的德军在导演的镜头下并不是以一幅凶神恶煞的面孔出现,他们同样是以'服从命令是军人的天职'为做人准则的优秀的士兵,他们身上同样闪烁着人性的光芒。这种人性的展示引人思考。

  细节,在这里形成了雷动后的寂静、紧张之余的松弛,产生了一种跌宕起伏的叙事节奏感。这正是我们在平日的作文中所忽略的。如果没有对人物的细节描写,叙事就会流于平淡,也就少了最动人的瞬间。

  四、写作练习

  题目:《今晚,又开家长会》

  要求:运用移情于物和细节刻画的方法来描写。

第四节　名著课程一

[课程解读]

闲读书　读闲书

闲时读书,有三则资料引起了我的关注与思考:

1. 根据中国出版科学研究所开展的全民阅读调查,2010年我国国民每年人均阅读图书仅有4.5本,远低于韩国的11本,法国的20本,日本的40本,以色列的64本。

——思考一:"我们只读正书,不读闲书。"这是很多中学生的心里话。所谓的"正书",乃是为升学考试而读的教科书;所谓"闲书",是区别于实用阅读、功利阅读的经典书籍。今天我们的学生只应试,不阅读,不思考,有知识无见识。如果一个人中小学阶段的阅读生活是单调的、贫瘠的,那么他一生将终究无法建设一个属于自己的精神大厦。

2. 我国台湾作家龙应台回忆自己给六岁的儿子安安读《水浒》产生的后遗症:安安把自己装扮成江湖好汉,拦劫过路的老妇人,"嘿！过路的客人,留下买路钱！兄弟们需要点盘缠！"

——思考二:经典作品也需要有良性的引导与智慧的选择。

3. 北京大学中文系教授张颐武提出建议:一天花20分钟读"闲书"。理由:真正的阅读生活是只读闲书,满足我们心灵的阅读。读"闲书"能增加我们对人生的感受力,对事物的看法及敏感性。"闲书"少读了,就会使大家的心灵变得很硬,缺少柔软的力量,缺少生活的情趣。

——思考三:现在,有越来越的"书迷"蜕变为"网迷"。网络阅读已成为越来越多青少年的生活习惯。网络阅读的特点是:浅阅读、碎片化特征。信息碎片的轰炸,正在破坏孩子们独立阅读和思维的习惯。

以上三种现象引发的后遗症,反映在我们的语文课堂上就是:学生独立思维的能力低下,独立解读文本的能力低下,而这些,不是教师在课堂上简单的引导就能解决的。文学作品书写的是作家作为生命个体的情感体验和对生活的独特思考,阅读作品就是体验生命。语文课堂要求语文教师引导学生去自主感受作家作品所抒发的独特的生命体验。这个功夫不仅在课内,更多在课外;不是短期速效,而是长期默化。

由此想到《语文课程标准》中对初中学段的阅读要求:"学会制订自己的阅读计划,广泛阅读各种类型的读物,课外阅读总量不少于260万字,每学年阅读两三部名著。"按照新课标规定的"每分钟不少于500字"的阅读速度,需要5200分钟,平均到每天,不足15分钟。这里的15分钟正是每天的课余"闲"暇,这里的名著即是经典、是课本以外的"闲书"。由此可以肯定地说,"闲读书,读闲书"正是新课标给我们提出的最佳读书方案。

一、读书四步

1. 荐读:认识经典。引导学生告别不良书籍,告别网络,向学生推荐优秀书目,于浩瀚书海中认识和鉴别有益于身心健康的经典书籍。

2. 裸读:亲近经典。裸读,是原生态的独立阅读,不带任何阅读任务(如果阅读的时候布置许多任务,这样学生会害怕阅读而产生应付心理。读书一旦成为任务,就不那么快乐了)。从最初每天20分钟强制性的阅读到渐入佳境形成习惯的乐读。

3. 赏读:感悟经典。对经典说感悟、作鉴赏、写评论,提升解读文本和鉴赏语言的能力。这一阶段,要有读书方法的引领,读出门道。

4. 写作:挑战经典。读而优则写,这是读书的积累达到一定程度之后的心灵释放,也是对读书成果的一次真实检验。

三、读书六法

1. 制定计划法:每学年,向学生推荐三组古今中外经典的作品。让学生根据所推荐的书目,做《我的新年阅读计划》,对自己的读书活动做出详细计划。

2. 媒体介入法:篇幅较短的精美诗歌散文,可以借助配乐朗读来欣赏,也可以配图欣赏;篇幅较长的小说、戏剧可以通过观看电影和戏剧来入门。

3. 推荐读书法:向学生介绍名人读书的方法:如:陶渊明的不求甚解法,朱光潜的咬文嚼字法,徐特立的"不动笔墨不读书",从鸟瞰全局的整体阅读到圈点勾画的局部赏析……让学生有"法"可依。

4. 主题阅读法:打破课文编排的序列,进行同一主题的系列比较阅读,一个周或者两个三个周教授并阅读同一个主题的课内外相关文章。

5. 社团活动法：根据不同的阅读爱好，组织成立诗社、戏剧社、文学社等文学社团，邀请作家进校园，开展阅读嘉年华，制作手工绘本书等活动，演绎不同的文学经典作品。

6. 成果展示法：针对阅读的阶段性任务，及时对读书成果展出。比如：人人都可参与的"我最喜欢的一本书"，以小组为单位集体参与的"我们最喜欢的一位作家""诗歌散文朗诵会"等。

[典型课例]

以"故乡"为主题的阅读

一、"荐读"环节

主持人（男生）：故乡，是一个人生命的来源和最终的归宿。

主持人（女生）：故乡，是最能触动自己心弦的一段时空。

主持人（男生）：鲁迅先生对故乡哀其不幸，怒其不争，忧伤的乌篷船载着他和希望黯然离开。

主持人（女生）：你想知道下面这些美丽的地方都是谁的故乡吗？向你推荐那些遥远的地方，那些远去的作家，以及他们缭绕至今的袅袅乡愁……

PPT展示课件1：（配乐，配图，学生朗读）

我的故乡不止一个，凡我住过的地方都是故乡。故乡对于我并没有什么特别的情分，只因钓于斯游于斯的关系，朝夕会面，遂成相识，正如乡村里的邻舍一样，虽然不是亲属，别后有时也要想念到他。……

扫墓时候所常吃的还有一种野菜，俗称草紫，通称紫云英。农人在收获后，播种田内，用作肥料，是一种很被贱视的植物，但采取嫩茎瀹食，味颇鲜美，似豌豆苗。花紫红色，数十亩接连不断，一片锦绣，如铺着华美的地毯，非常好看，而且花朵状若蝴蝶，又如鸡雏，尤为小孩所喜，间有白色的花，相传可以治痢。很是珍重，但不易得。

——周作人《故乡的野菜》（散文）

师："淡语家山情味长"，这是某位学者对周作人散文的评价。通过对家乡野菜的描写，勾勒了一幅幅浙东古朴清纯的民俗画卷，流露出品花赏草的闲适情趣，也表达了作者对故乡的深情怀念。

PPT展示课件2：(配乐，配图，学生朗读)

葬我于高山之上兮，望我故乡。故乡不可见兮，永不能忘；葬我于高山之上兮，望我大陆。大陆不可见兮，只有痛哭。天苍苍，野茫茫，山之上，国有殇。

——于右任(台湾)《望大陆》

师：他是国民党元老。这是他眷恋大陆家乡所写的哀歌。是一首触动炎黄子孙灵魂深处隐痛的绝唱。1962年1月12日，他在日记中写道："我百年之后，愿葬玉山或阿里山树木多的高处，山要高者，树要大者，可以时时望大陆。我之故乡是中国大陆。"1962年1月24日于右任先生写下了感情真挚沉郁的诗作《望大陆》。后在台北谢世。叶落归根的渴望终未能如愿。

师：更多精彩片段，请看讲义。请大家自由朗读(此时，播放轻音乐，发放讲义)。

师：片段展示(长文片断，短诗全篇)：

沈从文《湘行散记》(散文集)

叶圣陶《藕与莼菜》(散文)

琦君《春雪·梅花》(散文)

普宁《割草人》(散文)

屠格涅夫《村》(散文)

叶塞宁(俄国)《给母亲的信》(诗歌)

余光中《春天，遂想起》(诗歌)

艾青《我爱这土地》(诗歌)

库西莫多《我的祖国意大利》(诗歌)

("成功的教学所需要的不是强制，而是激发兴趣。"如果只是简单地罗列一堆书目生硬地塞给学生，那就是典型的强制任务。把写作的背景故事介绍给学生，把文章的精美片段以分享的姿态呈现给学生。这些小小的片段只是原著之冰山一角，却是诱读之饵，会产生一种曲径通幽的引领的效果。辅以音乐和图片等多媒体来展示，形成一种诗意的审美氛围，建构起诗意的朗读课堂，学生在美的熏陶中会自觉主动地爱上读闲书。)

二、"赏读"环节

师：(播放《故乡的云》)"天边飘来故乡的云，它不停地向我召唤。"同学们，难道这朵云打上了故乡的标签吗？

生1:当然不是。因为看云的人想故乡了。

师:哦,当人的内心带有丰富的情感去看景物时,景物就有了情意。

生2:就是老师您常说的"一切景语皆情语"。

师(竖起大拇指):乡愁是一种抽象的情感,借助一片云,表达得就具体了。这叫"移情于物"。我们读了这么多的故乡作品,请找找每位作家的乡愁都藏到哪里了。

(生翻阅,思考)

生3:琦君住在美国,所以她的乡愁藏在梅花、荷花、龙井茶等有中国味的东西里。

师:梅花身上的中国味具体是什么呢?

生3:坚贞。"梅花香自苦寒来"嘛。

师:物有精神。如果我们写日本人想念梅花,中国人想念樱花。那就背离了生活。明白了这一点,移情于物时才合理。那么,同一个故乡的两兄弟——鲁迅和周作人,他们的乡愁一样吗?

生4:不一样。鲁迅笔下的故乡麻木、愚昧,像一幅单调黯淡的版画。周作人笔下的故乡像明亮的水彩画。

师:比喻太形象了!一切景语皆情语,反映出他们对故乡的情感是怎样的?

生4:哥哥恨故乡,弟弟爱故乡。

师:恨故乡,是势不两立的敌我之恨吗?显然不是,这种恨有些特别。大家思考一下,特别在哪里?

生5:这种恨就是:哀其不幸,怒其不争。表面是恨,其实是爱。

师:生活中,你遇到过这样的爱吗?

生6:小时候我偷妈妈的钱,妈妈狠狠地揍我,但我知道妈妈是爱我的。她是恨铁不成钢。

师:这是用恨的方式表达的爱。这是特别的爱给特别的你,特别的爱给特别的故乡。

……

师:乡愁藏在哪里?余光中于春天里,遂想起了故乡江南的秀气浪漫,想起了多莲多菱的湖,想起了母亲在记忆的江南里喊着自己归去;叶圣陶同朋友喝酒,嚼着薄片的雪藕,忽然怀念起故乡的藕与莼菜。这都是移情于物,移乡愁于故乡的一山一水一草一木。这就是我们今天的赏读收获。

师推荐阅读:学习作者对鲁迅和沈从文的乡土情结所做的深刻而细致的比较与归纳(内容选自《名作欣赏》2011年第一期《出走与归来》)。

(解析:奇文共欣赏,疑义相与析。好文章大家一起欣赏、一起讨论,就会有思想碰撞的火花,就会与作者有"心有灵犀"的沟通。值得注意的是,文章的美点往往很多,赏读课要注意一课一得,所以本课集中围绕"移情于物"这一目标来进行,如果面面俱到反而难有收获。)

三、写作环节

要求:以"故乡"为主题,写一篇作文,不少于600字。

附学生作品

清明的惆怅

这个清明节一定要回北郊看看,我跟妈妈说,毕竟我的童年是在那里度过的。那里,算是我的半个故乡。在这个特殊的节日里,轻轻地,去看望他"老人家"吧!

我是个很怀旧的人,喜欢回忆,我曾说过:小时候的那段回忆是我生命中最美丽的回忆,每一片关于它的回忆我都记得清清楚楚。

还记得那个小时候常让我摔倒的大陡坡,因为我总是像野狗般的狂冲下来,不摔才怪呢,而现在我却倍加想念它,我喜欢45°角构成的小山,喜欢上面的碎石,甚至想重温一遍当时摔倒的姿势。

还记得门前的几个小木桩,原本不是在那的,是我和小伙伴们从别处搬来的,盛夏的夜晚静静地坐在那里,大概没有"抬起头来数星星"的那份稚趣,而是低下头数脚下的快乐。

对了,还有那通向家门的小路,因为两旁都是小小的菜田,中间很自然地就留出了一条窄窄的小路,小路两边很整齐,记得当时爸爸担心雨天道路泥泞,在上面还铺了一层红砖……

还有,还有那枫叶林的回忆:秋天,金黄的一派,像一个燃烧的梦。只是秋天还远着呢!我实在等不及,我希望现在那里比秋天还要可爱。车向那里驶去,我的心却"怦怦"地跳……

车刚停下,我就迫不及待地冲了出去,只是,很失望……

"怎么,怎么成这样了……",我轻轻叹道。眼前一片荒凉,心头遂涌起李煜的那句诗:"雕栏玉砌应犹在,只是朱颜改,问君能有几多愁,恰似一江春水向东流。"

　　45°的坡现在貌似15°,原来坡上还有两棵高大的树,不知何时都被砍了。枫叶林,简直就是枯槁的瘦木啊!不剩几棵了,一片叶子也没有,我安慰自己:季节没到。

　　一排矮平房还在,但是好陌生,是它变矮了,还是我长高了?我竟认不出那是我十年前居住的地方。通向家门的小路还在,红砖也在,但我简直不忍看它那沧桑剥落的容颜,轻轻地在上面走了一遍,想起从前小路两旁妈种的油菜花,在早春的寂寞里灿烂地开。

　　小路的尽头,就是我的家,早换了屋主。近乡情怯,我竟不敢上前敲门。

　　邻居姜大姨他们夫妇已经退休了,现在还住在这儿,门锁着,大概回老家了吧!记得当时姜大姨最疼我了,我伸了伸脖子,向屋里望去……

　　没望到什么,却不小心抬头望到了天,暗淡的鸽子灰的颜色,我的心也暗淡了。我猛然转身,再也不想回头,十年啊,竟这样地从我手指缝里流过去了。我该早些时日来看你的!故乡啊,我竟这样地难舍你旧日容颜!

　　我说:时间,你怎可这般残忍!

　　我说:我想回到过去啊!那曾经走过的岁月……

　　清明——祭奠逝去的岁月,远去的故乡。

　　但愿人长久,千里共婵娟!

第五节　名著课程二

[课程解读]

《水浒》阅读
—— 单本名著阅读例谈

以前,我总是在假期时,布置学生去读《水浒传》,可回来一统计,五十个学生,读一遍的同学只有三两个。问其原因,他们都说:太长了,人物太多了,语言也晦涩,不愿读。于是,我思考:如何突破名著阅读的尴尬局面?我想关键是兴趣,因为兴趣是最好的老师。如何激发孩子阅读名著的兴趣?我采用了三步名著阅读法,即,说听评书——选点品读——专家视点

第一步:说听评书

但怎样才能让学生走进《水浒传》?我进行了问卷调查,结果很多孩子喜欢说听评书。但我想,如果只听大师的评书,而不去读原著,那只是让学生凑了"热闹"。于是,我决定让孩子们自己来"说书"。

首先每天拿出3~5分钟时间,由一位同学讲一回或半回。要求一是事件概括简洁完整,二是脱稿。为了让同学们克服掉畏难情绪,我就挑选最善讲的同学打头阵,第一个讲好了,就给后面的同学树了标。而且我"打磨"了第一个讲的同学:让他先讲一遍给我听,我提出修改建议,他再回家讲给爸妈听。直到他觉得做足了准备,我才让他登台。后面的同学看到第一个讲的同学赢得一阵又一阵掌声,都偷偷地在做准备。第二个环节是互动:讲者和听者互相提问。这一环节极大地激发了同学们的积极性,讲的同学读得更仔细了,听的同学纷纷拿起笔来,记录重点的内容。第三个环节是月回顾。讲一个月时,就让学生根据梁山好汉出场的顺序,归纳人物的主要事迹。

这样,不到三个月的时间,一百回的《水浒传》就全部"说"完了。学生对《水浒传》有了大致的了解,主要人物和主要事件基本能说出来。

第二步:选点品读

"说书"这种"散打"式的做法,只是让学生大体了解了故事梗概。如果止步于此,那么,学生的阅读只能停留在表面,根本不可能汲取到名著的精华。所以,

紧接着我就选点"扭打",让孩子们能够深入品读。

选取的第一个点是赏梁山好汉。曾经有人这样评价说,《水浒传》中一百零八个好汉就有一百零八种性格。金圣叹曾这样说过:"别一部书,看过一遍即休。独有《水浒传》,只是看不厌,无非为他把一百八个人性格,都写出来。"如此个性鲜明的人物应该让学生深度把握,于是,我让学生用双休日的时间整理小说中的主要梁山好汉,如宋江、武松、鲁智深、林冲、李逵、吴用等的肖像描写,根据人物的事件归纳出人物的性格特点,然后到课堂中交流展示。

交流课的第一个环节是"猜人物"。我用多媒体显示戴敦邦所画的主要水浒人物画像,让学生猜一猜:是谁？想一想:画家笔下的水浒人物,哪一个同自己想象中的人物形象一致,哪一个差别比较大？为什么？一石激起千丈浪,学生的参与热情高涨。第二个环节是"谁最像"。播放电视剧的部分视频,让学生说一说:哪个演员的塑造的人物最贴近原著？这样,学生就需要调动自己的阅读体验,说出自己的见解。第三个环节是"描人物"。学生写出自己最喜欢的一个梁山好汉,举出相关情节作为例证,并全方位对人物进行评价。有了前面的基础,学生写的质量就很高。如,有位同学是这样写的:"周国平说:'我的人生观若要用一句话概括,那就是真性情。'梁山好汉中不乏仗义疏财、侠肝义胆之人,可若真论性情,我认为李逵实乃第一性情中人。最初为了宋公明吃鱼与张顺大打出手,而后得知大家互相熟识之后丝毫不计前嫌,心胸宽广是他;宋江被押至法场,第一个赤膊握斧救宋江,无畏无惧是他;回家接老母,老母被虎吃,一人单枪匹马杀四虎孝心昭昭是他;一时怒起打死殷天锡导致柴进被捉,后又探穴救柴进勇于承担责任的是他。而这豪侠仗义又有些肆意妄为的是他,是个粗人不会细腻地表达自己内心的爱恨情仇。他只会爱便敬,恨便杀,以致最后的最后,无悔地随宋江而去。他大可集结人马夺皇位,可他没有,因为宋江一意招安。李逵的真性情,在豪放,在粗犷,在爱憎分明,在侠肝义胆,更在他如铁般身躯里,那一颗不善表达实则炽热又温柔的心。"

品读找的第二个点是找出作品中众多好汉的异同。在比较中,从作品的细节入手、比较分析异同。如:

1. 被逼上梁山的好汉
2. 主动投奔梁山的好汉
3. 身怀绝技的好汉

4. 比较两位打虎英雄的异同

5. 好汉绰号的分类

6. 被蒙汗药蒙倒的好汉

7. 获罪脸上刺字的好汉

8. 比较鲁智深和李逵、武松的性格异同

9. 三位女将的异同

……

品读的第三个点就是寻小说结构上的美点。如链式结构、回目的特点、设置悬念、留白艺术、伏笔及前后照应等方面,选择一个或几个点赏析。

通过选点引领学生扎扎实实阅读小说,让学生的阅读不仅仅停留在浏览有趣的故事情节,而是边阅读边思考和整理,真正从名著阅读中汲取到丰富的精神食粮。

三、专家视点

经历了"选点品读",应该说学生对《水浒传》中的人物和主要情节是非常清楚的,但离读懂、读深、读透还是有一定距离的。而只有读懂、读深、读透,才可能让学生明白《水浒传》作为经典的价值之所在,才可能让学生从名著阅读中获得更大的益处。基于此,根据学生的阅读视野和阅读经验,我向学生推荐了《金圣叹点评＜水浒传＞》和刘再复先生的《人文十三步》等著作,用专家的阅读感受去引领学生。学生读了这些评论后,再读《水浒》,就会带着专家的观点去审视作品,帮助学生走向文本的深处。当然,学生必须有自己的独立思考和发现,必须自己去研究作品的内涵。这样,比第一次阅读学生有了很大提高。如,有的同学探讨梁山好汉失败的原因,有的同学评价了作者的愚忠思想,有个女同学还结合时代背景谈到作者对女性的歧视……通过这样的品读,让学生真正走进文本,提升了学生的阅读品质。不知不觉中,短短一学期,学生积累了厚厚一本读书笔记,也把长长的一部《水浒传》读完。

鸿雁在天空飞翔,需要借助云气的托浮;鱼儿在水里游泳,一刻也离不开水。学生阅读名著,也需要老师智慧的引导。

[典型课例]

赏《水浒传》中的好汉形象

课前准备：

根据梁山好汉出场的顺序，整理主要人物的主要事迹。

教学目标：

梳理小说中塑造的主要人物形象和人物的主要事迹，对人物有更深的了解和全面的评价。

教学设想：

通过金圣叹的评价，引领学生走进文本的深处，提升阅读质量。

教学流程：

一、导入

金圣叹曾这样说过："别一部书，看过一遍即休。独有《水浒传》，只是看不厌，无非为他把一百八个人性格，都写出来。"今天这节课，我们就一起走进《水浒传》，来说说这些英雄好汉。

二、猜一猜，评一评

多媒体显示戴敦邦所画的主要水浒人物画像，学生思考：

1. 猜猜这是谁？你知道这位好汉的哪些事迹？

2. 哪一个同自己想象的人物形象一致？哪一个不一致？为什么？

三、读一读，品一品

过渡：金圣叹在《读第五才子书法》中说："吾最恨人家子弟，凡遇读书，都不理会文字。只记得若干事迹，便算读过书了。"《水浒传》中人物形象极有个性，这与人物个性化的语言、动作和心理是分不开的。下面，我们就来赏析《水浒传》中的精彩片断。

片断一：赏析"武松打虎"（大屏出示）

1. 学生自由朗读

A、说时迟，那时快；武松见大虫扑来，只一闪，闪在大虫背后。那大虫背后看人最难，便把前爪搭在地下，把腰胯一掀，掀将起来。武松只一闪，闪在一边。大虫见掀他不着，吼一声，却似半天里起个霹雳，震得那山冈也动，把这铁棒也似虎尾倒竖起来只一剪。武松却又闪在一边。原来那大虫拿人只是一扑，一掀，一剪；三般捉不着时，气性先自没了一半。那大虫又剪不着，再吼了一声，一兜兜将回来。

B、武松见那大虫复翻身回来,双手轮起哨棒,尽平生气力,只一棒,从半空劈将下来。只听得一声响,簌簌地,将那树连枝带叶劈脸打将下来。定睛看时,一棒劈不着大虫,原来打急了,正打在枯树上,把那条哨棒折做两截,只拿得一半在手里。那大虫咆哮,性发起来,翻身又只一扑扑将来。武松又只一跳,却退了十步远。那大虫恰好把两只前爪搭在武松面前。武松将半截棒丢在一边,两只手就势把大虫顶花皮胳嗒地揪住,一按按将下来。那只大虫急要挣扎,被武松尽力气捺定,那里肯放半点儿松宽。

C、武松把只脚望大虫面门上、眼睛里只顾乱踢。那大虫咆哮起来,把身底下和起两堆黄泥做了一个土坑。武松把大虫嘴直按下黄泥坑里去。那大虫吃武松奈何得没了些气力。武松把左手紧紧地揪住顶花皮,偷出右手来,提起铁锤般大小拳头,尽平生之力只顾打。打到五七十拳,那大虫眼里、口里、鼻子里、耳朵里,都迸出鲜血来,更动弹不得,只剩口里兀自气喘。

2. 学生默读,做圈点批注。

(1)找出文中运用的精妙的动词,说说精妙之处。

抽生交流。

预设:

①文中"轮"和"劈"两个动词用得最妙,写出了武松用尽力气恨不得一下子把老虎打死的情形,突出了武松的力量之大。

②写大虫时,作者用了"扑、掀、剪"三个动词,写出了老虎的来势凶猛。

③"揪、按"用得也很巧妙,写出了武松抓住时机制服老虎,表现了他超人的力量和过人的胆识。

④C段文中写大虫垂死挣扎时用了"咆哮、爬、做",衬托了武松的勇猛。

⑤B段文字中用了"跳、退"写出了武松面对老虎的进攻,避开正面攻击,寻找老虎的破绽,表现了他的机智勇敢。

⑥第一段文字中"闪"也表现了武松的机智。

(2)老师有个疑问:第一段中,写武松时,连用了三个"闪"字,是不是重复,如果你觉得重复,你能换成其他的词吗?

预设:

我觉得不重复,因为这三"闪"显出武松的机智与敏捷,这是面临猛虎的锋芒毕露而机智避让的"三闪"。一是表现了动作的准确,在遭到大虫的突然袭击、毫无准备的情况下,"闪"既是本能的反应,又是防御的手段;二是刻画了鲜明的形象,"闪"一字更能体现人物的机警敏捷;三"闪"体现武松有计谋、主动地躲过大虫。说明武松有勇有谋、智勇双全。

(也可以让学生试着换成"躲、藏"体会原文的精妙)

师小结:我们发现作者选择人物在关键时刻的动作来写,通过"闪、轮、劈、揪住、按"等这样一系列动作的贴切运用,写出了当时情况的危急、有力地突出了武松的武艺高强。不仅如此,作者在行文中还注意制造行文中的波澜,比如,武松用力过猛,打折哨棒,不仅武松心下一惊,我想读者也会为武松捏一把汗。也正因为如此,武松赤手空拳打死老虎更能体现其神勇。

3. 讨论,深入理解武松形象。

问题:小说中写道,当武松得知山上真有老虎时想转身回去,会不会削弱英雄的形象?

①小组讨论

②全班交流

预设:作者围绕着岗上有没有老虎多次描写了武松心里活动及其变化。他从不信,到真知有虎,心理活动有三点:(1)他信虎又不信虎。因"读了印信榜文,方知端的有虎",这是信;不信表现在"只顾上去看怎地"。(2)他对虎又怕又不怕。怕虎说明他是人不是神,他虽是好汉也知道虎要吃人的;不怕,表现在"怕甚么鸟,只顾上去",说明他有本事。(3)对老虎是有准备又没有准备。武松上岗后,自言自语地说:"那得甚么大虫,人自怕了,不敢上山。"见一块大青石,"却待要睡"。这说明他放松了警惕,又没准备。这样写才符合武松的思想性格。"又信又不信"写他很自信,这是英雄性格。信与不信是基于怕与不怕,不怕他就不信,相信他就怕,怕就得回去,回去就不是武松。这就使我们非常真切地感到武松是人世间的打虎英雄,而不是从天上掉下来的神仙。这就愈发显示出了武松的神威,读后使人感到非常信服。

片断二:鲁智深拳打镇关西(大屏展示)。

1. 抽生朗读

A、郑屠户心头火起,操了一把尖刀,恶狠狠扑过来。鲁达一把擒住他手腕,一脚踢在小肚子上,郑屠户扑通一下倒在地上。鲁达用脚踩住郑屠户胸膛,骂道:

"你这狗一样的人,也敢叫镇关西,你是怎么骗了金翠莲的。"说着,一拳打在郑屠户鼻子上,就好像开了个油盐铺,酸甜苦辣都冒出来了。

B、郑屠户手里的刀也扔到一边,嘴里大叫:"打得好。"鲁达说:"还敢应声,没打够你。"照准眼上又是一拳,这次好像开了个染坊,红的黑的紫的都冒了出来。这回郑屠户开始求饶了,鲁达说:"你不求饶,硬到底洒家就不打你了,求饶还打。"又是一拳打在太阳穴上,这次就像开了个乐器铺,锣鼓铙钹一齐响。郑屠户挺在地上,一下子不动弹了,鲁达说:"你这家伙装死,洒家还打。"正提拳要打,看见郑屠户脸色渐渐变了,果然被打死了。

C、鲁达寻思:"这小子不禁打,看来要吃官司了,还没人给送饭,不如趁早撤退。"心里想着,鲁达站起身来,大步离开,一边走,一边回头喊道:"你这小子装死,回头再找你算账。

2. 说说三位"鲁达",哪位读得好?为什么?

3. 哪些句子、词语用得精妙?找出并赏析。

①学生自主圈点批注。

②全班交流。

预设:

(1)"只一拳"的字眼先后出现了三次,辨别这三次描写有什么不同。

第一拳:"提起那醋钵儿大小拳头""噗的只一拳,正打在鼻子上。"这一句既写出了鲁达拳头的大小,突出它的粗大和力量,还用了拟声词,写出了出拳的迅速。

第二拳:"提着拳头来眼眶际眉梢只一拳"语言简洁,突出了出拳的力量。

第三拳:"又只一拳,太阳上正着",更说明鲁达出拳之迅猛,威力大。

(2)学生找出三个比喻的本体和喻体,体会其妙处。

明确:

第一拳:"却便似开了个油酱铺,咸的、酸的、辣的一发都滚出来。"比喻的相似点是血流满面,疼痛难忍的滋味与油酱咸、酸、辣的滋味相同,滋味万千。

第二拳:"也似开了个彩帛铺,红的、黑的、紫的都绽将出来"。这一比喻相似点是红的血、黑的眼珠、紫色的脓血与彩帛铺相同,五颜六色。

第三拳:"却似做一个全堂水陆的道场,磬儿、钹儿、铙儿一齐响"。这一比喻相似点是神志晕迷,两耳乱鸣与水陆道场上各种乐器的响声齐鸣一样,纷乱嘈杂。

三个比喻,充分地表现了打的效果,表现了鲁达威猛,淋漓尽致地展现了郑屠的狼狈相,使人觉得鲁达的三拳,痛快淋漓,尽致解恨。

(3)调用多种感觉器官

作者调动了嗅觉、视觉、听觉多角度描写。从嗅觉上写,"似开了个油酱铺,咸的、酸的、辣的一发都滚出来";从视觉上写,"也似开了个彩帛铺,红的、黑的、紫的都绽将出来";从听觉上写,"似做了一个全堂水陆道场,磬儿、钹儿、铙儿一齐响。"描绘出了一幅又一幅有味、有声、有色的写意画。

(4)"按住、踢倒、踏"一系列词语生动形象地写出了鲁智深武艺高强、疾恶如仇。

5. 赏析鲁智深粗中有细的性格。

问题:鲁智深不仅率直粗犷,勇而有谋,并且粗中有细,你能从上面片段中找出依据吗?

预设:为了惩治郑屠这个地痞无赖,愤怒的鲁达并未逞一时之勇,来到肉铺,劈头盖脸就揍他一顿,而是采取先激后打的策略,对郑屠大加戏弄,激起郑屠的怒气,让郑屠手持剔骨尖刀先动手,然后将他引到街上,当众质问,接着自己的动手就顺理成章。

不慎失手打死郑屠后,鲁智深想到坐牢无人送饭,马上随机应变:"这厮诈死,洒家和你慢慢理会。""一头骂,一头大踏步走了",为自己的出逃赢得了时间。

片断三:李逵沂岭杀四虎、李逵打死殷天锡(大屏展示)

A、读李逵沂岭杀四虎片段

话说李逵将水取来,到得松树边石头上,却不见了娘,只有朴刀插在那里。李逵心头一惊,忙连声叫唤,却无人回应。李逵顿时心慌,忙丢了香炉提上朴刀四处查看,只见不远处的草地上有团团血迹。李逵见了,就趁着那血迹寻去,寻到一处大洞口,只见两个小虎儿在那里啃一条人腿。却不是老娘的尸身是什么?李逵顿时须发竖起,将手中朴刀一挺,一刀一个就结果两只小虫。这时那母大虫从外回来,见此情形,张牙舞爪向李逵扑来。李逵道:"正是你这孽畜害了我娘!"放下朴刀,跨边掣出腰刀。那母大虫到洞口,先把尾去窝里一剪,便把后半截身躯坐将入去。李逵在看得仔细,把刀朝母大虫尾底下,尽平生气力,舍命一戳,正中那母大虫粪门。

李逵使得力重,和那刀靶文中也直送入肚里去了。那母大虫吼了一声带着刀,往涧边跳去。李逵拿了朴刀,赶上前去。那老虎负疼,直往山下奔去。李逵恰待要赶,只见就树边卷起一阵狂风,吹得败叶树木如雨一般打将下来。自古道:"云生从龙,风生从虎。"那一阵风起处,星月光辉之下,大吼了一声,忽地跳出一只吊睛白额虎来。那大虫望李逵势猛一扑。李逵不慌不忙,趁着那大虫势力,手起一刀,正中那大虫颔下。那大虫退不到五步,只听得"轰"的一声,倒在地上登时死了。李逵怕还有大虫又到虎窝边看了一遍,洞中的大虫却已被他杀得干干净净。

1. 生自由朗读。

2. 默读片断,思考:

(1)找出李逵杀死四只老虎时,作者运用的精妙的词语。

(2)想象一下,让武松用刀杀死老虎,让李逵赤手空拳打死四只老虎,好不好,为什么?(结合人物的个性特点来说)

小组讨论交流,推荐发言。

B、读李逵打死殷天锡片断

众人却待动手,原来黑旋风李逵在门缝里都看见,听得喝打柴进,便拽开房门,大吼一声,直抢到马边,早把殷天锡揪下马来,一拳打翻。那二三十人却待抢他,被李逵手起,早打倒五六个,一哄都走了。李逵拿殷天锡提起来,拳头脚尖一发上,柴进那里劝得住。看那殷天锡时,呜呼哀哉,伏惟尚飨。

1. 生自由朗读。

2. 默读片断,思考:

①找出这个片段中运用的精妙的词语。

②说说作者写李逵打死殷天锡时,能不能也像写鲁智深那样三拳打死他?(结合人物特点来说)

3. 小组讨论交流,推荐发言。

4. 再认识李逵

金圣叹曾这样点评道:李逵是上上人物,写得真是一片天真烂漫到底。看他意思,便是山泊中一百七人,无一个得他眼。《孟子》"富贵不能淫,贫贱不能移,威武不能屈",正是他好批语。联系小说中的故事情节,说说金圣叹的评价是否合理。

预设:抓住李逵孝顺、讲义气、正直、反抗精神最彻底、作战很勇猛,经常打头阵等。

5. 比较人物异同

①大屏出示金圣叹的点评:

《水浒传》只是写人粗卤处,便有许多写法。如鲁达粗鲁是性急,史进粗鲁是少年任气,李逵粗鲁是蛮,武松粗鲁是豪杰不受羁靮,阮小七粗鲁是悲愤无说处,焦挺粗鲁是气质不好。

②大家看,金圣叹认为:在作者的笔下,梁山好汉有相同之处,但又有其鲜明的个性。鲁智深、武松、李逵这三人都是经典的英雄形象,你能说说他们的异同吗?请大家写下来。

③小组交流,相互修改。

④每组推荐一位同学,全班交流。

预设:

他们都是性情刚直,好打不平,不畏强暴,不避危难;但他们又各有其特点,鲁智深是军官出身,阅历较深,富有正义感,痛恶社会的不平,他虽然性格急躁,行动莽撞,但在斗争中有时又很细心机智。拳打镇关西,没想到三拳把他打死了,他立刻想到要为此吃官司坐牢,自己单身一人无人送饭,于是假装气愤,指着郑屠尸道:"你诈死,洒家和你慢慢理会。"一头骂,一头大踏步去了。这样便脱身而去了。武松性情刚强,他为了替兄报仇,考虑得极为周密,从调查情况入手到杀嫂逼取口供,杀西门庆,自首县衙,一步步按着他的安排都做到了。这又说明他心思缜密。而李逵则和两人大不相同,他憨直、刚强、勇猛无比。他是个真正的粗人,一味蛮干,不计后果,又有几分天真,好管闲事,又常常惹出事端。在门缝里听得喝打柴进,就抢将出去,在二三十人中早把殷天锡揪下马来,一拳打翻,拳头脚尖一发上,眨眼间,殷天锡一命呜呼。

片断四:学生自主选择片断,赏析喜欢的梁山好汉。

要求:

1. 用上面的学习过程,采用同样的方法,自主选择人物进行赏析(重点分析经典人物形象,如,宋江、鲁达、武松、吴用、林冲、杨志等)。

2. 小组代表发言,师生共同交流。

预设:

武松:武艺高强,讲义气,但有时滥杀无辜

宋江:仗义疏财,忠君,主张招安

林冲:武功高强,被逼上梁山的

四、布置作业

看一集《水浒传》的电视剧,结合你对某个人物的认识和理解,可以给电视剧中的演员写封信,说说他塑造的人物优缺点。也可以给导演写封信,就电视剧的翻拍情况谈谈自己的意见。

第六节　素材课程

[课程解读]

采撷感动心灵的写作素材

什么是写作呢？很多人认为作文就是考官出题目，学生计时写作。其实，我们看到的只是写作的最后一个环节。一篇好的作品，往往要经过漫长的发酵过程。那个漫长的发酵过程，就是写作之前的素材积累过程。素材从哪里来？生活。张中行先生说："要把作文由'象牙之塔'拉到'十字街头'"。只有置身广阔的现实生活，才能采撷最感动心灵的写作素材，建一座取之不竭的素材宝库。

一、常见主题，分类理"材"

素材，指的是从现实生活中搜集到的、未经整理加工的、感性的、分散的原始材料。当生活中的素材一旦被我们的慧眼识别，就要进入我们的素材宝库时，将面临一个如何理"材"的问题。最便捷可行的方法是：分主题整理。

可以整理记录在一个分色分类的笔记本上，扉页题上自己拟的名字，然后是自制目录，自编页码。一个色彩一个主题。

这种以主题分类的素材本，一定要区别于同学们常用的摘抄本，摘抄本摘抄的是好词好句、名人名言、典故事例等，是语言表达上对优秀作品的借鉴与积累。写作文，如果这样先去读作文选，一味抄写别人作品，"以范文为主"，而不注重开发自身素材，无疑邯郸学步，东施效颦。而素材本中分主题记录的是自己的真实经历和自我的个人体验，是被打上了自我标签的自我品牌的成长记录本。具体说，每一主题下记录的是自己经历的一件又一件具体的事情。这才是"以自己为主"，"言自己之志"的"写心"之作。

最基础的库存有以下十大主题：

1. 爱（感恩、奉献、帮助）（父母、长辈、老师、同学、动物、植物、弱势群体、陌生人……）
2. 竞争与合作
3. 宽容与理解

4. 诚实与信任

5. 挫折与坚强

6. 自信与乐观

7. 兴趣与烦恼

8. 友谊与集体

9. 社会与和谐

10. 环保与低碳

二、及时记录,概括记"材"

什么时候记录素材呢?当学生们对生活有所感悟时,那就是写作的灵感出现了。此时应该及时记录这些素材。可以选择以下几种方式:

1. 用照片记录,简单写上照片说明。

2. 如果时间仓促,可以分别用几句话概括事件。

3. 如果时间充分,最好以日记的形式对事件做完整的记录,在记录中描写当时感动自己的场面或者细节,也可对事件做简单的议论。

例如:有一位同学第一次坐飞机,她很新奇,不但拍了照片,还记录了自己的观察和感想,她把这段记录归在"坚强与乐观"的主题类下:

第一次坐飞机,是雨天。可是我惊讶地发现:乌云的上面是蓝天白云,飞机很勇敢,穿越云层后,就看到了太阳。威海在下雨,向北,却是晴天。感悟:人生也如飞行,在人生的航线上,认准正确的方向,心无旁鹜,就会安全到达理想的彼站。这个过程中,会经历风雨阴霾冰雹,但是只要勇敢向上不退缩,就会看到生命的晴空。东边日出西边雨,人生的天空也是如此,不会永远都是阴霾,雨天时要看到晴空,永远心怀希望。

对素材积累的过程是在课堂外进行的,但是,老师可以在课堂内加以引导。利用课前5分钟开展口头作文。每天一个主题,让同学们说时事、说身边的新鲜事……让他感觉到素材本子很有用处,翻本如开芝麻门,自己建立的就是一座自主品牌的素材宝库,拥有绝对的知识产权和绝对的自我体验。

日日翻阅,日日更新,此时,再将相关名家名言抄在相应主题下,他山之石与本土资源相得益彰。读之,日久天长,生出乐趣;写之,心情得以释放,下笔如泉。功到自然成。

[典型课例]

"爱"的素材展

课前准备：

学生以小组为单位，评选出最佳素材本，参加班级展出。展出时间为一天。教师阅览，从中收集素材资料。同学阅览，从中评出"爱"的最佳素材。（每人在自己认为的最佳素材下画一颗星，星星最多者为最佳）

一、"佳材"展示

1.《我读懂了爸爸的爱》(PPT 展示)

9月10日：因为迷上下棋，我的一次周末作业没写好。爸爸把我的棋盘撕成两半。我恨他。

9月13日：我的左手长了一个疣。爸爸今天带我去看病，听说用激光可能会伤到手筋，他坚决拒绝用激光治疗。

9月18日：这些天，爸爸到处打听偏方，连路旁的小广告都不放过。他每天用手术刀和药贴来帮我治疗。他小心翼翼用刀很轻，简直变了一个人。

10月1日：功夫不负有心人，我的疣终于被爸爸的土办法除掉了。为了表示庆祝，爸爸送了一个礼物给我。是那个棋盘：原来父亲在摔坏它的第二天，就把它粘好了。

2. 生评

3. 师总结：

这份素材的记录用日记的形式保持了事件的连贯性，另外，在记录的过程中关注了爸爸的细节。在事件的发展中他对爸爸的认识改变了，读懂了爸爸的爱。

素材的记录不是完整意义上的作文，因为素材的记录强调及时的捕捉，所以不妨简单记录。这样也不会造成大的写作压力。在轻松的写作状态下，往往会有令人意想不到的灵感出现。

二、慧眼识"材"

下列关于"爱"的素材，全部出自同学们的素材本子，哪一种是你感兴趣的？为什么？

1. 大屏出示：

A：今天下雨，我没带伞，妈妈来给我送雨伞。

同桌帮我讲解了一道数学题,真是好同桌!

B:最近,我数学总是马虎,老师在我的试卷上写了一段话:简便运算是一件多么奇妙的事啊,你的步骤充满了智慧!只需认真二字,你就能准确算出。对你充满期待!

2. 生交流。

3. 小结:我们每天经历的事情,见过的人不知有多少,如何从中筛选和提炼呢?要有一双慧眼:见人所未见。一颗慧心:想人所未想。

A组素材,很多同学都经历了,可以说是老生常谈,很难对读者有吸引力。

B组素材,很新颖,是一次难得的经历。"对于我们的眼睛,不是缺少美,而是缺少发现"。要拥有一颗充满真善美的心灵,用美去发现美,去感悟最丰富的精神世界。

三、关注小"材"

关于"爱"的主题,请比较下列两组素材,你觉得哪一组更适合中学生写作?

1. 大屏出示:

A组:电视上看来的大的事件:神6升天、雅安大地震……

B组:生活中亲历的凡人小事

2. 生交流。

3. 小结:生活中,素材有大小。要关注那些大事件中的小细节,关注小事件中的闪光点。因为审题时我们常说,"大题小做""小题大做"。越是大的主题越要通过小的细节来表现,越是小的题目越要详细地作一番大的文章。最终都是归结到一个"细"字。对于大家了解的都大同小异,所以写作时,如果以此为素材,往往流于庸常。反倒是自己身边的平凡之人与平凡之事,为别人所未经。又因为自己亲身经历,为之所感,才可能于心灵深处感动别人。所以,要关注那些来源于生活中的小素材。

四、实战演练

1. 出示作文题目,审题:

《爱,就在我身边》、《瞬间》、《带着爱出发》、《心中的彩虹》、《打开心的窗户》、《美在路上》

2. 请打开"爱"的素材宝库,选择其中的素材,看能对应哪一个作文题目,说说理由。

3. 交流。

4. 小结：我们的素材其实就是对生活中真、善、美的总结和归类。以"美在路上"为例，先说对路的理解，可以理解为大路小路人生之路，再说美，景物美、人物美、人性美……无不可以，当然，人性之美是最高层次的美。那么，思考素材库中的十大主题：爱（感恩、奉献、帮助）是一种美，竞争与合作、宽容与理解……哪一个不是美呢？此时，我们把每一个主题下对应的素材一一比较，选择，犹如囊中取物，有备而战，何愁无米之炊？

第七节　时事论坛课程

[课程解读]

生活处处皆语文
——热点论坛伴我行

语文课程标准指出：关心学校、本地区和国内外大事，就共同关注的热点问题，搜集资料，调查访问，相互讨论，能用文字、图表、图画、照片等展示学习成果。"两耳不闻窗外事，一心只读圣贤书"的书呆子是适应不了时代发展的。为此，语文教学应该大胆注入时代活水，融入浓浓的生活气息，让学生感觉生活处处是语文，从而不断提高学生学习语文的兴趣，丰实学生的听说读写能力。

学生的听说读写能力如浮在海面上的冰山，露出海面的一角只是他的显能，在海面以下看不见的大部分是他的潜能。教师的责任在于，引导学生开发自己，使冰山露出庐山真面目。

"世事洞明皆学问，人情练达即文章"。为提升学生的洞察与深度解读能力，锻炼听说读写能力，我提醒学生每天留心观察班级、学校热点，关注国家时政新闻，抽空与中央电视台的新闻"见面"，如《新闻联播》《新闻联播30分》《新闻直通车》《焦点访谈》《海峡两岸》等节目。在此基础上，我们推出了"热点论坛课程"。可推荐班级热读的名著名段，加以评点；可朗读时文，解说妙处；可描绘生活热点，交流心得；可讲述社会热点，发表见解；可叙述国家大事，评议长短；可辩论；可访谈。

例如，世界杯期间，足球如冬日里的麻辣烫，夏日里的冰淇凌，是举国上下的焦点，茶前饭后的侃点，影视报刊的卖点。我随行就市，将论坛变为"侃球时空"。班上的"球迷们"乐不可支，畅所欲言，唤醒大批球盲。当韩国队扳倒意大利，踢翻葡萄牙时，众说纷纭，这五分钟就成为"辩论会"，韩国实力派与裁判袒护派两种意见针锋相对，为使自己的言论更具战斗力，双方主动收看收集有关报道评论，收集球队、球员有关资料，以便辩论时旁征博引。这样，学生不但学到了知识，也学会了查找资料，更重要的是锻炼了口头作文能力和评论能力。一月下来，以"足球"为话题的作文，学生写得内容充实，见解精辟，自然是水到渠成的事了。

9·11事件,阿富汗战乱,巴以冲突,飞机失事等皆是同学们关注的焦点。几次侃下来,可写的内容很多:如《难民自述》《给本·拉登(布什、沙龙)的一封信》《假如我是……》《从失(机)事看……》等,学生很感兴趣,一些见解如鲠在喉,不吐不快。

对学生意犹未尽的或者还想深度解读的话题,每个月末再设一节热点论坛课,让学生充分展示自己的风采。叶圣陶先生说,训练学生作文,必须注重于倾吐他们的生活积累。而"风声、雨声、读书声,声声入耳;家事、国事、天下事,事事关心",把生活、社会这一活水引入课堂,不但听说能力得到锻炼,也为写作打下基础——"风行水上,自然成文"。

[典型课例]

位卑未敢忘忧国

学习目标:

1. 通过口语交际活动,提升学生能力。

2. 搜集要闻,文明交流,专心倾听,表达观点。

课前准备:新闻采集(提前一月准备)

1. 全班同学以6人为单位,搜集开学一月以来的重大新闻事件,选择大家都特别感兴趣的话题,能详细讲解,有独到看法和有理有据的分析。(小组成员分工合作,展示形式多样,如视频、图片、PPT等)

2. 推选一名新闻发言人,为大家讲解。

课堂活动环节设计:

一、时事播报

班长主持:大家好,本次热点论坛的主题是"位卑未敢忘忧国","风声、雨声、读书声,声声入耳;家事、国事、天下事,事事关心",才是合格的新时代的学子。本节课的热点论坛分三大板块:国际风云、中国时政、民生热点。

我们将分组按板块展示。小组内分工合作,介绍重大新闻事件,深入分析评论。最后我们将评选出"最佳团队"、"最佳发言人"、"最佳评论员"。

(一)各小组派新闻主播,简要播报最为关注的本月时事要闻,评审团成员为非本组主播评分,提出意见与建议。

教师预设:

1. 国际风云板块

(1) 普京应对乌克兰危机。

(2) 索契第十一届冬季残疾人奥运会。

(3) 美国哈佛 – 史密森天体物理学中心观测到宇宙诞生初期急剧膨胀的首个直接证据。

(4) 搜寻失联的马航 MH370 航班。……

2. 中国时政

(1) 中国南极科考船"雪龙"号驶出重冰区

(2) 中国南极泰山站建成并投入使用。

(3) 嫦娥三号着陆器和"玉兔号"月球车工作。

(4) 国家主席习近平出访欧洲四国。

(5) 中国两会召开……

3. 民生热点

(1) 云南昆明火车站广场恐怖事件。

(2) 全国各地中高考改革。

(3) 舌尖上的安全:崔永元自费拍摄纪录片,揭秘转基因食品安全与否。

(4) 雾霾问题的治理。

(5) 反腐廉政建设……

(二)班长主持评选最佳主播

综合评委的分数,评出冠、亚、季军。

二、新闻论坛

1. 选择论坛话题:小组从以上新闻中选出最感兴趣、最想参与的话题。班长综合各小组意见,选出 1~3 个比较集中的话题。

2. 准备深度解析:小组交流准备论坛发言,要有独到的深刻见解。

3. 争锋焦点论坛:同一话题的小组对垒,由各组的发言人深度评析时事,提出自己的独到见解,深入探讨重大事件,了解本质原因,提出应对策略。意见不同,可以开展辩论,注意互相尊重。

4. 赛一赛:谁的见解更深刻,更能得到同学支持。小组成员可参与互动交流,声援本组发言人。

5. 评委评选出"最佳评论员"。

三、下笔成文

根据课堂的交流,写出自己对某一焦点问题的深度见解:《焦点(　　)之我见》,300字左右。组内交流后,推荐在班级交流。

四、作业

查阅相关资料,修改自己的文章,使之更有深度。

第五章 05

在实践中前行

从走上语文教育之路的那天,我就下定决心:做孩子们喜欢的语文老师,创造孩子们喜欢的课堂,为孩子们提供优质的语文教育。因为这样的信念,我从来没有停止过追求的脚步。即使走不多远,但我一直躬行践履在课堂教学的研究之路上——一路跋涉,一路向前。耐力是一种智慧,坚持走难走的路,必定能见到不寻常的美景。

第一节　触动心灵　飞扬创意

《语文课程标准》指出"写作要感情真挚,力求表达自己对自然、社会、人生的独特感受和真切体验。";"多角度地观察生活,发现生活的丰富多彩,捕捉事物的特征,力求有创意的表达。"我校课题组认真领会《课标》精神,经常学习赵明老师的学术报告,结合我校的写作教学实践,深入扎实地开展了创新写作教学的研究,取得了积极的成效。

一、体味生活学会感动,关爱生命倾诉真情

写作是学生主体心智的反映,是学生人格精神的体现,更是学生心灵情感的再现。俗话说:"感人心者,莫先乎情。";"无欲不举笔,无情难成文。";"缀文者情动而辞发,观文者披文以入情。"因而,我们引导学生关注自我、亲近自然、感悟生活,去捕捉自己的情感火花、去拨动自己的心弦、去开发灵魂深处的宝藏。

1. 关注自我,情动辞发诉衷肠

如果说情感是文章的生命,那么"真实"就是情感的生命。就像朱自清所说的:句句话从他心坎上出来,句句话打在咱们心坎儿上。因此,我校课题组把"自己"作为写作训练的基点。一个长跑是弱项的女生真切地地感受到:一听到要测试长跑,浑身就好像是触了电,汗毛全部摆出"大阅兵"的阵势。悲哉我体育少年,悲哉我少年体育!学生们在现实生活中的所遇,通过他们心灵的折射、情感的过滤,展现在文章里,就有了他们独特的情感温度。

2. 亲近自然,情有所依辟蹊径

无论是喧闹的都市,还是宁静的乡村;无论是万顷碧波,还是当空皓月……大自然总会向我们展示它的美丽和神奇,向我们发出心灵的呼唤。我们指导学生放飞自己,亲近自然,为自己的情感寻找合适的"载体",使心灵中沉淀的美得以反馈和展现。走进春天,学生就会发现:燕子,用它俏丽的尾巴剪开薄冰;小草,摇着尖尖的脑袋东张西望……情动于中而形于言,大自然撩起了学生感情的波澜,勾起了学生的遐思妙想,自然就能笔至情到,妙笔生花。

3. 感悟生活,常使学生泪满襟

生活就是语文教科书,学生的每一天都是精彩的语文阅读。让学生观察生活,体验生活。在观察外物的同时体验自己的内心感受,在挖掘生活的同时挖掘自我。向生活要素材,要激情。走近亲情,学生就会帮妈妈洗头发:那丰富的泡沫像朵朵洁白的浪花,洗涤着妈妈头发上的油污,浸润着妈妈心头上年复一年的渴盼……敏锐地捕捉住感人的瞬间,用自己的心灵再现、升华,这样的感悟进入了一种真正的审美情感状态。观察一旦融进自我内心体验以及对生活的真实感受,写出来的文章当然感人至深。

二、品文学点燃激情,尝成功尽展个性

人的心灵世界是最广阔、最深邃的,我们的学生对人生充满憧憬,生活中有许多梦想,思维中有许多火花。只要给他们打开一扇窗户,他们的心灵就会展翅飞翔;只要给他们一条河床,他们的情感就会流淌;只要给他们一些阳光,他们的激情就会燃烧。

1. 你读,我读,读美文——读出灵感

写作需要灵感,灵感的诱因是多方面的。在阅读作品中产生的情感共鸣,是写作灵感的其他诱因无可比拟的,由此,我们在每节课的开端,用精挑细选的美文去点燃学生情感的火花,去激起学生心灵的涟漪,让学生体验到了文学的魅力,找到了情感喷薄的出发点。一时间,课堂的美文大餐成为时尚,班里的"追星热"变成了"追文热"。赏名作,读美文,写大作蔚然成风。

2. 你说,我说,大家说——说出自我

写作苦,写作愁,学生已经到了"为编作文强说愁"的地步,无感可发,无情可书,令人痛心疾首。十三四岁鲜活的生命面对写作"愁"怅满怀,这是对生命的亵渎。为了放飞学生的心灵,还学生一个自由的写作空间,我们每堂课的"开心时刻",让学生说"东家长"、话"西家短",甚至"指点江山,粪土当年万户侯"。心灵不受压制,交流没有羁绊,学生视野豁然开朗,感觉骤然敏锐。"胸中有丘壑",一时间真情喷涌,精彩无限。

3. 你炒,我炒,大家炒——炒出自信

成功的欲望犹如求生的本能,只需给点阳光就灿烂。我们每堂课有"回眸一笑":一个词,一句话,一个提问,一个突发奇想……老师都在班上大加表扬,让学生体验到成功的喜悦;创意之星,故事大王,小小演讲家,实中小名记……"瞧去,一大片,一大片,满是的";"创意之星"今日是你,明日是我,"你不让我,我不让你,都开满了花儿赶趟儿"。真可谓"万象更新除旧文,日新月异绘真情。"

三、积跬步以致千里,汇细流以成江海

开卷以阅,掩卷而思,从长篇名著到短小佳作,无不得益于丰厚的生活、文化、情感的积淀。我们深切地认识到"积跬步""汇细流"的重要。在"鼓励有创意的表达"实验中,我们做的大量工作就是帮助学生从日常生活中、时事中、书海中过滤、收集、积淀文化与情感的精华。

1. 时事论坛——聚焦生活热点

"世事洞明皆学问,人情练达即文章"。正如叶圣陶所说,训练学生写作必须重视倾吐他们的生活积累。所以我们充分利用课前五分钟论坛,追逐时事潮流:适逢十六大,我们就"焦点访谈";遇到世界杯,我们就来"侃球时空";突发9·11,我们就"反击恐怖"。还有"加入世贸"、"申奥成功"、"伊拉克战争"、"非典时期"等等都成为我们评说天下风云的热点话题。心怀天下,胸有八极,学生写作怎能不下笔千言,日行千里?

2. 奇文共赏——品味经典语言

名著时文是睿智的师长,是启航的风帆,是创意的催化剂。品读名著时文,意在达到"读书破万卷,下笔如有神"的终极目的。唐宋八大家之一的欧阳修,在向人讲述作文之道时也说:"无他术,惟勤读书而多为之,自工。"学生每天读十页名著、赏一篇时文,然后在一起说说、背背、评评。每天与经典的语言对话,怎能不追求经典?每天与高尚的心灵交流,怎能不走近高尚?

3. 点击时尚——拷贝流行语言

科技在发展,时代在进步,新概念层出不穷,流行语言极富青春色彩。"网上冲浪,克隆作业,绝缘空间,教练下课,复制温暖"等具有时代特色的语言,犹如催化剂让文章更具活力。学生积累本中有一方收集流行语言的天地,语文课堂上有一方评说流行语言的天地。让学生追求时尚,让写作不拒潮流,我们会发现学生习作的语言是那么富有时代气息!

4. 开采思维——张开创意之翼

如果说写作素材的储备和积累是写作的硬件,那么思维方式、思维能力就相当于写作软件。没有软件,硬件储备就是闲置的,无法被激活。思维能力弱,不能融会贯通,死的知识不可能转化为活的能力。所以,我们非常重视对学生思维能力的培养。如让学生从《伤仲永》这个故事中提炼观点,起初大多数学生只围绕着"勤奋"来立意。进行了发散思维的训练后,学生就知道还可以从配角——父亲的角度提炼观点:父母应重视孩子的后天学习、父母应重视早期教育等。所以联想想象、求异思维、逆向思维、发散思维、聚合思维等等思维训练是不可缺少的。应当说我们对学生思维能力的培养是持久的,是卓有成效的,我们志在让学生写作时能"笼天地于形内,挫万物于笔端。"

四、迷惘时指点迷津,关键处授之以渔

我们认为并不是有了激情,有了积累,就一定有了美文,激情要有好的角度喷发,积累要有好的形式倾诉。古人说"不以规矩,不成方圆。"学习写作就要掌握规矩,所谓规矩就是写作中遵守的写作本身特有的规律,熟练地、巧妙地、独运匠心地运用各种写作方法和技巧来表达客观世界和内心情感。因此"一手松,一手硬"成为我们的宗旨。"一手松"即给学生松绑,放飞写作,把主动权还给学生,张扬学生个性;"一手硬"即教师引导是硬道理,就是说学生写作的创新需要教师授之以渔,让学生有"法"可依。

1. 创意的语言:激活思维,亮丽思想

过去说语言是思想的外衣,我们认为它不仅仅是外衣,更是创作者内在思想、情感的流露。我们的实验是从亮丽学生习作的语言入手的,现在我们学生文章中的创意语言常令人兴奋不已。如:要表达温暖的感觉,以前学生会说"我感觉心里暖烘烘的",而现在学生会说"我心里比盖了被子还温暖"。我们让学生积累这样的句子,让学生剖析这样的句子,让学生运用这样的句子。学生不再拘泥于普通的语言表达,也不拘泥于一种创意表达,而呈现出多姿多彩的,富有个性的表达,从而激活了学生的思维。

2. 创意的构思:万紫千红,沁人心脾

构思,指文章的布局谋篇。在创意构思的训练上,我们采用的是"阅读——规律——写作"三位一体的训练方法。我们和学生一道通过阅读教材总结出构思规律,再找文章巩固,然后运用到写作实践中去,使写作和阅读真正结合起来。这些构思可以说是匠心独具的,在学生面前展现出全新的视角。如:在围绕"我爱母亲"这个话题写作时,学生往往把"下雨送伞,下雪送衣,深夜看病"等陈旧的事例罗列在一起,而进行了"细节再现"这种构思训练后,发现学生再现的是"母亲的眼角,母亲的背影,母亲的手"等细节,与这些细节相关的独特的材料就纷纷涌至学生笔端。综观学生习作,其构思各具特色,个性纷呈,细品其中滋味,如沐芬芳。

3. 创意的形式——情思如泉,个性张扬

写作是一种情思流,写作就是开情思之源,导情思之流;写作教学则是引导学生开"源"导"流"的系统工程。导"流"即巧妙地将情思加以疏导,引"流"入"海","源"、"流"两畅,佳作才能产生。要给如泉的情思寻找一条充满个性的"河槽",即给文章内容寻找一种新颖别致的形式。为此,我们对学生习作的形式进行了"戴着脚镣跳舞"的训练,效果极好。如我们要求以伊拉克战争为话题写一篇文章,有的学生就以《战火中的日记》为题,以四篇日记连缀成篇的形式,写了一位伊拉克男孩在战争中的不幸生活:

(1)子弹在响——妈妈告诉我那是汽车鸣笛。

(2)愚人节——我希望这场战争只是一个玩笑。

(3)走出防空洞——请你告诉我,我的家在哪里?

(4)战争的反思——难道只是石油惹的祸?

小作者以自由的形式、闪光的片断、细腻的笔触去描写战争中小人物的心理感受,有力凸显了"战争"给人类带来的创伤。

五、巧评价激发兴趣,多形式遍洒阳光

学生的文章不是老师改出来的,而是在评价中成长起来的。每个学生都是一块浑金璞玉,教育就是炼金琢玉的过程,教师的责任在于让每个学生熠熠生辉,这就需要教师掌握评价的艺术。我们在实践中不断摸索、积累,努力使写作评价课像"非常6+1"那么引人入胜。

1. 广泛评议——花开满室,争奇斗艳

我们的学生盼望写作后的时刻,因为这时可以一睹他人习作的芳容,更可以一展自己习作的魅力。学生写完作文后马上互换,从三方面进行评议。第一:本次作文的要求是否达到;第二:有哪些富有创意的词句;第三:各抒己见找优点。每位批改者须将对方的闪光点制成卡片,标明作者、题目。每位同学的习作都被欣赏,每位同学都在欣赏别人。满室是花,真可谓万紫千红总是春!

2. 大面积表扬——精彩纷呈,快乐无限

学生的成长需要阳光,学生的进步需要赞赏。赞赏犹如阳光,能开启学生创造的大门。我们在讲评课上表扬学生习作的所有闪光点,讲评课就是学生充分展示自我、张扬个性的大舞台。

第一:榜上有名。优秀作者、优秀题目、语言大师、文坛新秀、真情使者、创意能手……大多数同学能看到听到自己的名字,学生就会兴致勃勃,信心十足地参与进来。

第二:登台亮相。请优秀作者或介绍自己的创作体会,或宣读自己的文章;请文坛新秀或谈成功秘诀,或谈成功喜悦;其他同学或谈欣赏这些习作哪些地方,或谈自己的感受……欣赏自己,欣赏他人,其乐融融。

第三:擂主争夺。最有创意句子的作者就是擂主,请其他同学仿写或者是以此为话题来写。看谁能打败擂主,谁能保住"擂主"称号。要使学生得到成功的体验,教师就要竭力让学生发射几枚"闪光的火箭"。在我们的擂主争夺中常有"闪光的火箭"发射。

第四:名作珍藏。教师把优秀的学生习作打印出来,由每位同学收藏这些作品。每篇习作后面都留有空白,让学生自由评说。榜样就在身边,力量更是无穷;这个榜样又是平凡的,大家又尽可藐视榜样赶超榜样,让自己随时成为他人的榜样。

第五:创意积累。凡学生习作中出现有创意的句子,老师都会摘抄,学生都会积累。这些句子有时是老师推荐的,有时是学生推荐的,学生往往当堂背诵喜欢的句子。在这个过程中学生就会发现自己的语言和名家的同样美丽,学生就能体会到祖国语言文字的魅力,这样学生怎能不热爱自己的母语呢?

3. 针对训练——学而时习,再现美丽

新的课程标准颁布以后,我们觉得有的老师在认识上存在一个误区:只应重视"写什么",不用训练"怎么写"。谁如果谈了怎么写,谁就走了老路。写作是实践活动,学生多写就行了,"熟能生巧"嘛。但又有几个学生能对写作的方法和技巧心领神会,无师自通?有多少学生面对一大堆材料,而苦于找不到合适的表现形式?因此我们的作文讲评的一个重要原则是评练结合。一"练"指导目标,二"练"讲评目标,三"练"语言。这样前面评议和表扬所激发出来的热情才能找到用武之地,学生"修剪"文章才能得心应手,学生的文章才能再现美丽。

教师对学生的态度,恰如一把犁刀的两面:它可以割破孩子的心,留下永恒的伤疤;也可以从中"掘出生命的新水源"。我们希望老师的评价能够掘出学生写作的新水源,给每位学生以机会,因为即使是天才,也需要成功的机会来酿造信心。作为园丁,我们的工作就是:使每一朵花都盛开。唯有始终如一的耕耘、积极正确的评价,才能年年有百花的齐放、岁岁有硕果的丰收。

　　记得沾化实验中学王校长曾说过:一个课题的成功运作离不开有权之士、有志之士、有识之士的三结合。我们文登实验中学创新写作课题组有幸生存于这样的结合中,所以取得了一些成绩。今后,我们会更加努力地将创新的触角伸向写作教学的各个领域,发掘学生心灵中的动情之处,引导他们在创新写作中品尝成功的喜悦,在创意表达中享受写作的快乐。

第二节 冷眼看语文课堂教学

新课改过去四年了,我们到底收获了什么?不可否认,我们有的教师对一些新理念的理解"浅尝辄止",盲目跟风,语文课堂教学出现了"矫枉过正"的现象,致使语文课堂教学出现了很多做"无用功"的现象。该是我们冷静思考、认真反思的时候了,我们不能把这个"任务"交给专家、名师,我们才是研讨课堂教学的主人!

一、关于容量:浮夸的课堂,一个要点接着一个要点

走进今天的语文课堂你会发现:"浮夸风"仍存留在语文课堂。曾经听了初一的一节写作指导课——《用细致的描写表现人物》。老师一共讲了五种细致写人的方法:一是肖像、语言、神态、动作、环境描写;二是以事写人;三是加修饰词;四是运用修辞方法;五是于细微处见精神。我不知道对细致写人的方法这样分类是否准确,但我觉得这已经很全面了,可正是这"全面"造成了课堂效率的低下。我们老师生怕人家说自己的课堂容量不够大,所以在设计课时千方百计面面俱到。《用细致的描写表现人物》这节课,老师用心设计了课堂练习,但由于讲的方法太多,每个练习只是讨论了一下:这段文字运用了什么方法?我们老师想想:只知道人家运用了什么方法学生就会写了吗?这五点学生能一节课就掌握吗?让学生一节课学会所有的细致写人的方法,与"一口就想吃个胖子"有区别吗?让学生在整个初一阶段学习这五个方面,就已经够多的了。一节课我们可以只讲其中一点,再创设情境设置几个有梯度的练习,让学生"动"起来,让学生对这种细致写人的方法有充分的领悟,以后再逐渐学习其他方法,就是我们平日所说的:一步一个脚印地前进。

"容量"大小是以什么做标准的?内容很多,可学生什么也没有学会,是容量大吗?我刚踏上讲台时,一位老教师就告诉过我:课堂教学千万不能贪多。每节课我们都应该想想让学生"得"什么,也就是说学生"得"的多就是容量大的课,反之就是容量小的课。

想要学生"得"的多,在备课时就要设计具体的教学目标。《用细致的描写表现人物》一课的教学目标就太"全面"了。由于目标太大了太宽泛了,教师指导起来往往会在表面上滑过来滑过去,学生似乎什么都学到了,但只是走马观花罢了,不会在学生的脑海里留下什么痕迹,往往是多目标变成了无目标。只有教学目标清楚了,我们才能合理剪裁教材内容、选择教学方法、安排教学过程,也就是说我们的语文课还得像散文那样"形散而神不散"。只有教学目标"实在"了,才能让学生实实在在地学习;只有实实在在地学习,学生才能一步一个脚印地提高语文素养。

二、关于对话:热闹的课堂,一个问题接着一个问题

走进语文课堂,无论你听到的是家常课,还是公开课,常是教师"问声"不断,学生"热情"讨论。不论可疑还是不可疑,老师都要"问";问题不论巨细,小到一个字词,大到整篇课文的构思和主旨,都要四人小组讨论,整个课堂是"热热闹闹"的。但我们老师有没有思考:我教给学生些什么?学生能学到些什么?

我曾听过《罗布泊,消逝的仙湖》,老师是这样处理的:生读一遍课文,然后教师逐一提出了四个问题,学生讨论。这四个问题是:

1. 今日的罗布泊是怎样一个地方? 2. 过去罗布泊是怎样一个地方? 3. 罗布泊为什么消亡? 4. 同样的悲剧还有哪些? 在学生讨论交流的时候,教师又提出了若干个小问题,最后还有一个拓展问题:我们应该怎么做?现在你要到西藏去旅游你应该怎么做?

课堂教学必须考虑效果。我们看,这四个问题真的是"问题"吗?"今日的、过去的罗布泊是什么样的?"文中写得很清楚,学生读一遍文划下来就是了,不用加以"研究",就不需要学生讨论了!我们老师总是有这样的顾虑:如果提了有"难度"的问题学生回答不上来怎么办?那岂不要"冷场"了吗?再者,第四个问题学生没有讨论的基础:"同样的悲剧还有哪些?"学生不去查阅资料只是讨论能知道吗?为什么出现这样的现象呢?我认为根源在于我们老师对"对话教学"的误解。有人说过:在"对话"的理念指导下,一位教师所应扮演的角色正如一位"婚姻介绍人",作为"介绍人",应当留出充分的时间让学生和文本对话、交流,进行"零距离"的接触,让学生"原汁原味"地感受。我们老师是如何来理解"对话教学"的呢?

误解一:简单的一问一答就是对话教学

"对话教学"是指"阅读教学中学生、教师、教科书编者、文本之间的多重对话,是思想碰撞和心灵交流的动态过程"。不是简单的一问一答,提问如果只是为了追求课堂表面对话效果,那是浅层次的,因为它不能让学生真正走入文本内容。比如上面的案例:过去的罗布泊是什么样的?这个提问有启迪学生思维的价值吗?这样的提问过于简单直露,激不起学生思考的兴趣。《罗布泊,消逝的仙湖》,老师可以把前三个问题变成一个问题:罗布泊发生了怎样的变化?原因是什么?这样一来,学生就需要把过去的和现在的罗布泊进行比对,用自己的语言表述出来,也就是这个问题有了"研究"价值,从而活跃了学生思维,将其注意力集中到文本内容上去,再从文本内容中领悟出自己的一点东西来。

误解二:学生参与了就是对话教学

有的老师简单地理解:课堂对话就是让学生参与,让学生讨论是让学生参与的最好方式。的确,讨论作为一个教学环节是好的,但必须是需要讨论的时候才讨论。而如果脱离了文本或者选择的时机不对,所谓的讨论就只剩下热闹了。表面的热闹不能代替独立的思考,更不会得出独到的结论。像上面的问题:过去的罗布泊是什么样的?文章的4—8自然段生动地描写了过去罗布泊的美丽,学生都能找出来,无须讨论。

新课标提倡"自主、合作、探究"的学习方式是要学生参与到课堂中来,但我们老师作了极其简单的理解:让同学们都"讨论"吧。老师在课堂上设计一个讨论话题交给学生,然后就在教室里走来走去,任凭学生在那儿叽叽喳喳,有时说的并不是教学内容。讨论时间一到再来交流,没有留时间给学生静下心来沉思……这就造成了语文课堂教学的肤浅化。

"讨论"作为一种教学方式,确实能把学习引向深入,活跃学生思维,在独立思考的基础上集思广益,能起到互相学习、互相促进的效果。但不论选用何种教学方式,都是要紧扣课文的特点,从学生知识和身心需要的实际水平出发,当用则用。离开了实际,追求花样翻新,那就会成为泡沫。如,《罗布泊,消逝的仙湖》的教学设计最后一问:假如你到西藏旅游你应该怎样做?学生了解西藏的有关情况吗?老师如果就让学生探讨这个问题,是不是要把相关材料提供给学生?否则我们就是让学生无根据地空想,也只能是假答案——什么答案都对。

三、关于范围:泛滥的课堂,一个拓展接着一个拓展

"拓展"这一教学环节是新课标主张语文教育要打破学科本位以后产生的新

教学环节,这是对传统的语文教育的一次新的突破。但在实际教学中我们对"拓展"这一环节认识不明,我认为主要有以下二个原因:

原因一:想要体现出语文与生活的联系

语文教学应该拓展,正如课标所说的,要"注重跨领域的学习,拓展语文学习的范围,通过广泛的实践,提高语文综合应用能力"。可有的老师认为既然"语文的外延与生活的外延相等",那么就应该无限地向生活拓展;有的老师认为对文本的理解是无止境的,所以上起课来就无止境地拓展。

杏林子的《生命 生命》一文,一篇能引起学生对生命思考的散文,引导学生深入阅读文本是很有必要的。可一位教师是这样讲的:在让学生大体知道课文写了三件事之后,马上进入了"拓展":第一个拓展问题是:由文中的三件事你想到了什么?第二个问题是:读完了文章后你有什么感想?你想到了哪些人物?第三个问题是:你觉得生命像什么?第四个问题是:出示杏林子的一段话,让学生谈想法;第五……第六……总之,一节课大部分时间抛开文本让学生大谈感想。

教师要拓展学生的学习范围、要与学生的生活实际相结合、要打破学科本位是无可非议的,但是,这种拓展应该是有一个中心的,这个中心不是别的,正是语文本身。我们应该围绕语文来拓展,目的是要让学生对语文有更深入的认识和更真切的体验。陈军老师有一段话说得好:课文是教学之本,课堂的活动都要聚焦课文。拓展的基点是课文,拓展的时空也是课文。拓展,是思维活动的扩张,如增强思维深度、扩大思维广度等,是扎扎实实的拓展。如此,深读一句话可能比上网6小时更有拓展性。

原因二:想要体现出语文课的人文性

新课标中强调工具性与人文性的统一,大力倡导语文教学"为人的发展打下精神的底子",有的老师就无限地扩大了"人文性",好像谁再谈"工具性",谁再教语文知识,谁就是和课改对着干。所谓工具性与人文性的统一就是要我们不能偏废,宣传"人文性"的力度可能大了些,但这是针对过去语文教学脱离文本内容、单纯做技术性分析和训练而言的,并不是要我们完全抛弃"工具性"趋向"人文性"。语文课就是要和语言文字打交道,就是通过对语言文字的理解、探究,去感受作品的内涵,去领悟作者蕴含其中的思想情感。《生命 生命》中第三自然段有这样的句子:我借来医生的听诊器,静听自己的心跳,那一声声沉稳而有规律的跳动,给我极大的震撼,这就是我的生命。老师如果能和学生一起理解品味这句话,从中感受到杏林子那种强烈的生命意识,唤起学生对生命的思考,岂不是"工具性"和"人文性"都兼顾了吗？也只有"工具性"和"人文性"融合为一体,语文课才能为人的发展打下精神的底子！

  语文课就是学语文,每堂课学什么,怎么学,直接关系到学生语文能力的提高、语文素养的形成。正如于漪老师所说:让学生学有所得是一堂课的基本要求,也是一堂课成功与否的底线。

第三节 推行教研三步曲,提升研究品质

在进行课堂教学研究的过程中,我校不断总结校本教研的得失,总结形成了独具特色的校本教研三步曲:问题的聚集与解决——组织具有鉴别力的对话——策划具有竞争力的比赛,在这条主线的引领下,我校的课堂研究工作全面有序推进,教师开展教研的能力和水平得到极大提升。

一、问题解决——校本研究的基本方式

想让教研和教师的实际需要相匹配,就必须聚焦日常教学中的问题。我们试图遵循这样一种思路:寻找问题——解决问题——反思问题。换言之,教师能够对问题的内涵进行"确切表达",并能结合亲身体验进行"实践改进"。为了培养教师的这种能力,我们尝试着做了一些事情。

1. 找准切入点,用问题驱动教研

我们锁定日常教学中有价值的关键问题。何为有价值的"关键问题"?我们认为要满足四个条件:是否源于自己的教学实践,是否是自己提出并想解决的问题,对改善教学状况是否有帮助,是否是力所能及的。譬如在调研中发现,不少教师对新课标了解不够深入,对中考命题导向不明晰,对三维目标的落实停留在表面上,这些现象阻碍了教师课堂设计与授课水平的提高。针对这些问题,我校开展了新课标解读活动、中考命题分析活动、学科教学计划交流活动。这些活动澄清了教师的错误认识,明确了本学科的教学任务,全面提升了教师对教材的把握能力,从而提高了课堂教学的效率。

2. 把握提升点,将教研导向深入

有些教师觉得即使自己再努力,也不会有明显的提高;偶尔有一些新的尝试,也看不见什么效果……如何使教研活动走向深入,从而有效提升教师的专业水平?每位领导负责1~2个学科,深入课堂,引领教研活动。我们每周每学科都有固定的三节教研时间:一节听课,一节评课,一节网上论坛或集体学习。领导主持时引领教师对探讨内容进行梳理,针对共同认可的地方总结成经验,加以推广;针对发现的问题探究原因,寻找良策,有价值的问题就确定为下一步研究的小专题。

3. 名师引领，催百花齐放

为了能及时解决问题，我校成立了"名师团队"，让名师成为校本教研的"排头兵"。我校的名师是怎样选出来的呢？首先是毛遂自荐，其次是民主评议，第三是综合考评排队，第四是培训过关。一路过关斩将，名师们倍感荣耀也倍感珍惜。我们对名师们提出的要求是：敢于并能够说"向我看齐"这句话，以无声的号令、以自己的行动去带动和影响大家。我校名师的工作主要有三项：一是进行"五步问题式读书"；二是"三听三看三想"式听课；三是主题引领式示范课。这样名师们充分发挥传、帮、带的作用，带出了一批勇于创新、业绩突出的教师，从而使各学科百家争鸣、百花齐放。

另外，为了能随时了解课堂教学存在的问题，我校领导全部走进课堂，采用了四五分钟捕捉某一环节、20分钟左右把握教师的优缺点、全课堂观察三种方式与教师沟通；为了规范课堂，我校不断总结提升教学思路，推出了自主课堂改革的"三四三"思路，即三次备课、四步教学流程、三个着力点；为了强力推进"自主学习"，我校全面铺开"六做到"……

以上做法，就是让教师参与"寻找问题"、想对策"解决问题"，有人督促、有人引领、大家追随，然后全体进行"反思"。在这样一个不断循环的过程中，不断提高着教师发现问题、解决问题的能力。

二、制度化——让教研成为习惯

让教师在教研活动中"打破沉默"，乐意并真实地"敞开经验和困惑的窗户"，在积极主动的倾听与回应中"分享精神、经验"和进行"自觉有效的反思"。在这个过程中，就会形成教研氛围，让教研成为习惯。

1. 三段式沙龙教研

所谓三段式即是：准备阶段——研讨阶段——延伸阶段。准备阶段分为两步：问题提炼、自我思考。目的是让每一位参与沙龙的教师都是带着思考进来的。研讨阶段分为三步：即引发彼此交流，进行思想交换；引发质疑，在柔性碰撞中展开"质疑性"对话；引导联系自我，进行"照镜子"式的主动反思。延伸阶段即是深入讨论和亲身实践。如本学期进行自主课堂研究，我校就进行了三次"三段式沙龙教研"：

教研中心要求全面使用"导学案"，对老师来说是全新的。准备阶段，分三批到杜郎口学习,回来后进行实践,研讨的问题是"如何编写导学案"。研讨阶段,一是四位老师交流了如何编写导学案;二是"大家谈":你的导学案和这四种导学案相比,优缺点分别是什么?如何改进?三是你的收获有哪些?延伸阶段:会后两周内,每个学科必须拿出新授课、复习课、讲评课三种导学案,然后和分管主任、业务校长研讨。

如何有效地使用"导学案"?我们就开展了"从一个角度切入谈谈如何进行学习方法的指导。"的沙龙式研讨会。这次我们先进行了语文组的"沙龙教研",其他学科组的名师、组长列席了会议。

在实践的过程中,老师们又发现:在交流发言时,学生只顾自己的发言,不听其他人的发言。于是,又召开了"如何指导学生点评、补充研讨会"的沙龙式教研……

我们就是这样挖掘来自老师教学实践中的问题,又把这些问题"还原"到老师中去,引发教师们的思维碰撞,推动教师们在实践中改进。

2. 经验交流式教研

文登二中通过各种主题经验交流活动拨动了教师们"展示自我"的心弦,"逼"大家融入"展示自我价值"的舞台。如:"杜郎口之行经验交流""优秀教师教学艺术展示""课堂教学研究体会交流""小组有效合作经验交流""好书给我教育智慧交流""优秀反思交流会"等等,这些交流不断冲击教师的思想,推动教师教改的步伐。教师们用真实的故事、真诚的语言、真挚的情怀,感染和启发了更多的教师。

我们把"经验交流式教研"分三步来进行,即准备阶段——交流阶段——实践阶段。准备阶段,即发现问题,确立主题——个人写反思,学校选拔;交流阶段,即典型交流——大家讨论;实践阶段,即以备课组为单位找准一个切入点进行"实践改进"。如,我校对生命化课堂研究的时间、内容做了具体安排和明确要求,一年多后,我们发现仍有很多老师过分注重教学内容的把握,而忽视了学情分析。为使教师"从教得清转变到学得会"的教学观得到落实,学校就连续推出三个会:教师读书报告会、生命化课堂经验交流会、杜郎口所见所感交流会。

这两种教研方式程序规范化、目标明晰化、参与全体化,再加上研讨的问题都是大家急需解决的,所以真正地让教师"敞开经验和困惑的窗户",从而提升着教师,促进着课堂,提高着质量。

三、教学比赛——促进教研提升水平

在教研的过程中,每位教师或多或少地会有一些思路或想法,有时意见还会相左,我们认为需要搭建一些平台,让教师去充分展示。对迫切希望指导的教师,学校帮他"登高";对盼望展示自己才华的教师,学校给他"搭台";对害怕"展示"的教师,学校为他们"加油"。

1. 着眼于差异的比赛

如何让教研活动引发不同层次教师的兴趣?我校以"满足不同教师的不同需求"为宗旨,着眼于教师差异,借用差异巧设活动,让各个层次的教师都有所获。如:学校积极开展上实教师"四课"活动,即新教师汇报课、青年教师展能课、中年教师特色课、骨干教师示范课。第一阶段采取"同课异构"的形式;第二阶段为"专业比试";第三阶段为"教后反思"。严格的赛程规则与上课、评课等演练,有效地促进了不同层次教师的授课、议课水平,有力地发展了教师的反思能力。

2. 培养合作意识的比赛

导学案编写赛。设置为三轮:以备课组为单位编写导学案,先通过研讨统一思路,每人编写导学案,然后再集体研讨,明确存在的问题和改进的方法;每个备课组推荐一篇优秀导学案,以学科组为单位进行再研讨,再修改;以学科组为单位推荐优秀导学案,学校择优,然后优秀导学案在全校交流推广。为了促进集体备课的效果,我们就进行了以备课组为单位的"集体备课比赛"……

另外,还有"过关式的比赛",想在短时间内让教师理解某一种思路,就在全校范围内进行一一过关赛;"着眼于明晰的比赛",这一种比赛的形式是"辩论",活动是专门针对教学研究过程中出现的问题或分歧进行的……

可以说,"三步教研"活动基于教师的需要,针对性强,有力地推动了教师教学水平的提升,保证了教学质量的持续提高。

第四节　抓住核心问题，走进学习实践

新课标简明、清晰地指出了语文课程的核心任务：义务教育阶段的语文课程，应使学生初步学会运用祖国语言文字进行交流沟通，吸收古今中外优秀文化，提高思想文化修养，促进自身精神成长。如何完成这个任务？新课标也指明了方向：语文课程是实践性课程，应着重培养学生的语文实践能力，而培养这种能力的主要途径也应是语文实践。在语文教学的过程中，我坚持以"核心问题"为纲，精心设计"学习实践活动"，很好地完成了语文课程的核心任务。

一、"挖出"核心问题，"瘦身"教学内容

走进语文课堂，无论你听到的是家常课，还是公开课，常是教师"问声"不断，学生"热情"回答。不论可疑还是不可疑，老师都要"问"，问题不论巨细，小到一个字词，大到整篇课文的构思和主旨。有的老师觉得可能觉得问题提得多，才能更多地解决学生的疑问，才能实现目前倡导的"对话教学"。可这些问题能够激起学生的思考吗？的确，问题就是思维活动的起点，但这并不表示问题越多越好，过多的问题只能使语文课堂紊乱，我主张每节课最好是有一个"核心问题"。

每一篇课文都是编者精心挑选的优秀作品，因而每一篇课文可用来教学的内容都很多，但在教学时不能面面俱到。作为一名语文教师该如何来确定教学内容？我想，这是语文教师最重要的基本功。有人认为，要先看课标。课标要求我们教什么，我们就教什么，基于课标教学嘛。我认为不是这样的，因为语文课标不像理科课标那样，直指知识点。而语文课标，是针对"一类"的要求，如，"欣赏文学作品，有自己的情感体验，初步领悟作品的内涵，从中获得对自然、社会、人生的有益启示。对作品中感人的情境和形象，能说出自己的体验；品味作品中富于表现力的语言。"这样的要求如何通过一篇课文来达到？所以对我们语文教师来说，首先要做的是研读教材，找出本篇课文的"教学内容"。我向来崇尚简单、自然，我以为一篇课文最好是选择一个点来教学，围绕着这个点设计一个问题，这个问题我称之为"核心问题"。这样，整个课堂就清晰、简明，重点突出，学生就容易有所获。

那么，如何研读教材才能准确把握住"核心问题"？我的做法很简单。第一步，读课文时思考：作者想表达什么，或者是本文的什么最吸引（感染、震撼）我。第二步，再读课文思考：是通过什么方法表现出来的？这时，我们可以把所有方法都列出来。第三步，再思考：哪一种方法是最主要的，或者哪一种方法是不同于本单元其他课文的。第四步，依据上面三步的思考，归纳出"核心问题"，并根据课标的相关要求叙写本节课的学习目标。下面，我以《失根的兰花》一文为例子进行阐述。

第一步，读课文时我思考：作者想表达什么？显然是爱与思念。第二步，我思考：他是如何把自己的感情表达出来的。我找到了借物抒情，作者写了祖国的建筑，祖国的花，祖国的乡村，还写了梦中的老屋……这就是借物抒情，借助对具体的事物和景物的描写来表达自己内心的思念。第三步，依据上面的思考，我确定的核心问题是：你从哪里读出了作者对祖国的思念？说说你的理由。这样，"借物抒情"这种方法自然地就已成为本节课的学习目标。

解决"你从哪里读出了作者对祖国的思念？说说你的理由"这个问题的过程中，要"读文章品味文章优美自然的语言"吧，要谈到"用具体事物表达思念的吧"，能"感受海外游子对祖国的思念之情"吧。这样，既不能把课文肢解了，又能让学生深入思考探索。为什么呢？一是因为这个"主问题"给了学生"自由度"，放飞了学生的思维，而如果有很多问题，反而是画好了框子让学生跳进去，束缚了学生的思维；二是因为"说理由"的时候，学生要"透过"文字感悟文字背后的情感，这就让学生深入文本，和文本对话，和作者对话。

如果不抓住主要"问题"，生怕有遗漏，设计出来的问题就会"面面俱到"，而又"什么都没抓到"。如，有位老师设计《失根的兰花》一课，从"失根""有根""作者心中的根"三个角度设计了九个问题，有的问题里还包含两三个问号，几乎一个自然段一个问题。但这么多问题，相当于肢解了课文，又会让学生的脑子"乱成一锅粥"，不是吗？关键是有多少问题能够激起学生的思维呢？

"核心问题"的设计，避免了"满堂问"，学生也就真正成为了学习的主人。李海林老师说：课程与教学改革，无非是以下三个方面：一是为什么教（学），即教学目的的问题；二是教（学）什么，即教学内容的问题；三是怎么来教（学），即教学方法的问题。在整个课改的过程中，我们是非常关注教学方法的，现在应该关注一下教学内容了。作为一名语文教师在每节课前我们都应该思考：这节课"教或学什么"呢？我们能够设计出一个"核心问题"吗？

二、预设有层次的学习活动,提高思维含量

我想改用苏霍姆林斯基的一句话,那就是:真正的课堂乃是一个积极思考的王国。事实证明"满堂问"的课堂思维含量是不会高的,而只有让学生去"亲自"去学习,才能激发学生思维。所以有了"核心问题"以后,我就围绕着核心问题设计课堂学习活动,让学生在实践中提升语文能力。一般情况下,我的课堂有三种类型的活动,分别是:自主学习活动、合作学习活动、交流学习活动。

自主学习是学生通过独立的分析、探索、实践、质疑等方法来实现学习目标。自主学习一是要把学习主动权还给学生,让他们自觉地学习,乐于学习;二是让学生学会学习,善于学习,养成良好的学习习惯,掌握一定的学习方法。自主学习不是一放了之。而是应该要做到"三有":有任务、有要求,有方法指导。如,教学《艰难的国运与雄健的国民》时,我提出的核心问题是:找出文中的比喻句,理解、感悟字里行间所蕴含的哲理、洋溢的感情。自主学习的任务是:请学生带着这个问题默读课文;要求是:边读课文,边圈出把什么比作什么,点出重点词语,曲线划出重点句子,同时在旁边写上自己的理解或感悟;方法提示:联系国家民族的历史思考,联系自己的经历思考,联系他人的做法思考,联系相关的名言诗句思考,联系作者的情况思考……这样,学生静下心来,与文本对话,与作者对话。要求和方法意在养成学生圈点批注的习惯,又让学生注重推敲重点语句,提醒学生"谈理解"要围绕着重点词句来谈。把"联想"法推荐给学生,实际上是让学生学会"联系实际加深理解"这一阅读文章的方法。

自主学习结束后,如果多数学生有难以解决的问题、多数学生对问题的理解比较肤浅时,我会安排合作学习。也就是说,并不是每次自主学习结束后都要进行合作学习。合作学习的问题仍然是"主问题",任务则是:交流自己的思考;要求是:必须能够说出自己的思维过程或学习方法;方法是:轮流发言,倾听者要提出自己的不同意见或疑惑。

自主学习或合作学习后,我一定会安排交流学习。交流学习其实就是师生、生生间的深度交流、思考的过程。一是不能只交流小组的共同意见,还要交流形成共同意见的过程,更要交流不同意见,以尽可能多地暴露学生的问题;二是老师善于引导、追问。把握住内容的深浅,保证能够交流得开,交流得深。三是教师该讲时一定要讲。讲在学生的思维障碍处,那他们就不是在被动地听,而是处在积极的思维中。

在学习《心田上的百合花开》一文时,我设计的核心问题是:这是一株怎样的百合?你是从哪一个句子看出来的?为什么?进行交流学习的时候,在理解"百合一朵一朵地盛开着,花朵上每天都有晶莹的水珠,野草们以为那是昨夜的露水,只有百合自己知道,那是极深沉的欢喜所结的泪滴。"一句时,同学们对"欢喜的泪滴"有些拿不准。当时,我进行了追问式的引导:你有没有像百合这样喜极而泣的经历?或者看到过这样的场面?此时,学生没有谈自己经历的,我知道了学生自己没有这样的经历,所以很难理解"喜极而泣"。他们主要是想起了运动员获得冠军、登上领奖台时流泪的场面。我又接着问:那你能想到为什么获得冠军反而哭了呢?大多数同学了解运动员们赛前的艰苦训练,很多同学谈了自己熟悉的运动员平日的付出。这样,学生借助别人的经历,体会到成功来之不易!当时,一位同学还背诵了冰心的一首小诗——《成功的花》。

在这样的追问式引导的过程中,学生是主动思考的,而且在思考的过程中真正地理解了"成功的花"的背后是什么,懂得"美丽背后饱含着艰辛",让学生真正明白唯有奋斗才有可能成功。

合作学习、交流学习一定要在自主学习的基础上,因为学习知识,特别是理解和掌握知识必须依靠自己积极的思维实践活动,是任何人不可能替代的。可以这样说,自主学习是基础,合作学习是梯子,交流学习是升华,三者之间是"层层递进"的关系。

三、以实践活动评价,固化语文能力

学生在"核心问题"的引领下,经历了几次学习实践活动后,对文本的内涵会有比较深刻的认识,也学习到了作品运用语言文字的方法。这时,最好是根据"核心问题"及时对学生的学习进行"评价"。所谓的评价,仍是听说读写各方面的实践活动:或是激情辩论,或是角色朗读,或是静静写作……无论哪一种实践活动,都让学生既与课文"藕断丝连",又能走出一片新的天地:视野扩大了,能力提高了。

在此,我想重点谈一谈"静静写作"。我的课堂主要是采用两种方式让"读写联姻":一是仿写,二是片断练习。

仿写主要是模仿课文的语句或语段的结构、形式,训练学生遣词造句的能力。

有特色的佳句,运用排比的、比喻的、拟人等修辞手法的句子,运用语言、动作、心理等描写方法的句子……都可仿写。

我归纳出了三步仿写练习法:辨明特点、对话启迪、迁移练习。辨明特点,即弄清原语句或语段的结构形式;对话启迪,即通过对话让学生充分联想、想象,找出新的写作内容;迁移写作,即或是不变对象的练习,或是改变对象的练习。如,学习朱自清的《春》后,我设计了仿写练习。

第一步:辨明特点。原句是:

春天像刚落地的娃娃,从头到脚都是新的,他生长着。

春天像小姑娘,花枝招展地,笑着,走着。

春天像健壮的青年,有铁一般的胳膊和腰脚,领着我们上前去。

学生要先辩明这个语段的特点:三个比喻组成了一组排比句。

第二步:对话启迪。

学生通过三个问题,一是弄明白原句作者用"娃娃""小姑娘""健壮的青年"三个喻体,是为了突出自己心中的春天的特点。二是通过联想、想象,明确自己心中的春天有什么特点,以找到合适的喻体。

1. 对话作者眼中的春天是怎样的?是新、美、壮。

2. 你是怎么看出来的?从每个喻体中看出来的。"娃娃",代表着"新","小姑娘"是"美"的代名词,"健壮的青年"必然彰显着"壮"。

3. 那你眼中的春天是什么样的?

第三步:迁移练习。

学生仍用"春天"作本体,进行仿句练习。

"春天像一位神奇的画家,用彩笔作画,绘出多彩的大地。"

"春天像永不疲倦的号手,用嘹亮的号角,唤醒了沉睡的大地。"

"春天像一位巧手姑娘,用彩色的丝线,织出锦绣河山。"

为了进一步巩固,我又设计了改变了本体的练习:用比喻描写一下春天的"小溪"。学生也会妙语连珠:

小溪像一位欢乐的音乐家,一路欢唱着,走过高山深林。'"

小溪像一群活泼的孩子,蹦着跳着,跑过春日的田野。"

……

片断练习,是指运用课文的某种写作方法写作一个小片断。我也归纳出了小片断练习的"三步法":情景创设、对话启迪、真情创作。创设情景是为了调动感情,对话启迪是为了启发学生联想,知道写什么,或者说感悟写作方法。

例如,学习完《失根的兰花》后,我依据"核心问题"进行了一次片断练习:运用借助对具体的事物和景物的描写来表达感情的写法。

在《失根的兰花》的作者心中,充满了对祖国的爱,他的笔端蘸满了浓浓的爱国情,理解了爱,才能切身地理解失根的兰花对根的思念。那么,初一学生情感积聚的最浓厚处是哪里?应该是亲情。于是,我把"表达对亲人的思念"定为写作的重点。从学习文本迁移到写作,学生的情感转换是需要引导的,要唤起学生的写作欲望,首先要创设写作情境。

我创设了这样的情境:

我离开家参加了一次暑期夏令营。入营已经三天了,"我"要给妈妈写一封信:"妈妈,离开家才短短几天,我就想家了。我……"此时,忧伤而又缠绵的萨克斯乐曲《回家》响起来了……孩子们开始想家了……

我和孩子们开始了这样的对话:

师:"同学们,你脑海中出现了哪些画面?"

生:"我看到了妈妈给我烙的香喷喷的葱油饼。"

"我看到了爸爸脸上的黑胡茬。"

"我看到了小狗扑过来,热乎乎地舔我的脸。"

……

同学们的情感被调动了起来,方法掌握了,思念表达得很生动。写出来的片断就真情满满。

新课标指出:语文课程是一门学习语言文字运用的综合性、实践性课程。教师具备了"核心问题"意识,并长期坚持锻炼自己提取核心问题能力,具备了"取舍"能力,就能简化教学头绪,强化学习的综合性,从而有效定位"教学点"。同时,以"核心问题"为纲,设计有层次的学习活动和形式多样的评价活动,让学生在阅读中学会阅读、在听说中学会交流、在写作中学会写作,让学生在语文学习实践活动中不断促进自身的精神成长。

第五节　学习　反思　前行
——我的教育科研之路

工作中,我是这样确定自己人生坐标的:对语文的热爱是我人生坐标的横轴,对教育科研的追求是我人生坐标的纵轴。我愿意在自己找准的位置上不懈奋斗!

一、择善而从,勤学多思,不断充实自我

一个好教师必须有深厚的文化底蕴,只有具备了深厚的文化底蕴,才能内源性地生长出教育的理想和信念。基于这一认识,不管是人文类书籍,还是教学类刊物,我一有空就泡在书堆里。渐渐地我与鲁迅、托尔斯泰、毕淑敏有了心灵的交流;和叶圣陶、陶行知、苏霍姆林斯基有了思维的碰撞……书净化了我的灵魂,开阔了我的眼界,提升了我的理念,也丰厚了我的文化底蕴。

向书本学习的同时,我还不忘向同行学习。

执教之初,我常常一个人骑着自行车到几十里外的学校去听课。往往是起个大早赶到听课地点,来不及吃一口饭,顾不上喝一口水,我便沉迷到听课中去了。深深地记得于波和林继海两位老师。于波老师擅长上诗歌课,课堂上她总能以浓浓的"情"打动学生,整个课堂洋溢着诗的芬芳;林继海老师擅长上阅读课,他思路清晰、从没废话,是真正的"精讲"。好像在沙漠中突遇绿洲,我一头扎进他们的课堂。徜徉于两位老师精彩的课堂艺术中,我觉得特别享受。我的听课本上详实地记录了他们上课的流程,密密麻麻地写满了心得和反思。课后我将听课记录翻了一遍又一遍,细心揣摩两位老师的设计意图,加入自己的想法后再请两位老师指点,然后到班级中实践。两位前辈对我的影响至深:到现在我仍追求着蕴含诗意、思路清晰的课堂教学。有一年赴青岛听课,第二天大雨滂沱。同行的人都说:"雨这么大,还要倒几次公共车才能到听课地点,等赶到了,衣服早湿透了,不去了吧。"可那样的听课机会实在难得,我不能不去!傍晚,当全身湿透的我赶回旅馆时,同行的人都站在门口,脸上写满了担忧:因为我是个特别转向的人,他们认为我迷路走丢了呢。

凭着这种热情和执着,我对许多大家的教学实录进行认真地研究,对名师上课的每一个细节进行仔细地揣摩,力争内化为自己对语文课堂的认识和策略;只要有现场会,我都想方设法参加,钱梦龙、魏书生、程翔等许多名家的课让我受益匪浅。

就这样我不知疲倦地学习着。一次次的汲取百家之长,不断地充实着我,更催我不断反思、不断进步。

二、且行且思,且思且改,追求完美的语文教育

从走上语文教学这条路的那天起,我就下定决心:做孩子们喜欢的语文老师,创造孩子们喜欢的课堂,为孩子们提供优质的语文教育。因为有这样一个坚定的信念,所以我从来没有停止过追求的脚步。

九十年代初,在文登市教研员老师的指导下,我投入到"单元教学"的课题研究中。这是全新的教学模式:有通读课、精读课、自读课、总结课四种课型。实验过程中,我精心设计每一个导语,力求做到每一种课型之间链接自然、每一个环节之间衔接精彩,当时得到同行的一致好评,因而执教了文登市公开课。

渐渐地我发现:一堂好课不在于教师表演得多么完美,不在于板块与板块之间衔接得多么天衣无缝,而在于学生个性的张扬、素质的发展。

思索中我又赶上了"听说教学"的课题实验。"听说教学"要求教师和学生、学生和学生进行面对面的对话。实验过程中我发现:学生渴望更多的机会,来展示自己;学生有自己的见解,渴望老师倾听;学生不是一无所知,不是任凭老师装灌的容器!要尊重学生,课堂是学生的发展空间!在阅读课上如何贯彻这一理念?那一段时间,我很是困惑。不记得上了多少节研讨课:只记得为了构思一堂课,夜深人静,还静坐在书桌前;只记得与同事探讨,一会儿情绪低落,一会儿又喜上眉梢;只记得一堂课上了又改,改了又上;经过不断地反思、实践,我不再拘泥于教学模式,形成了我新的课堂风格——一个"网络"世界:师生之间、生生之间真正产生了心灵的碰撞,学生和文本之间真正有了深度的情感交流。

正是这样的且行且思且改,让我积极投身到新一轮课改中去。当大家对课改后的语文课一片赞扬的时候,我唱出了"反调":学生是活跃了,但是教师"静止"了;课堂是活跃了,但是浮躁了。我认为教师不能"静止"!我们在尊重学生主体性的同时,必须承认学生和我们有"智慧上的差距",我们必须与学生切磋、交流,必须大胆地亮出自己的观点。师生之间、生生之间,相互评价、欣赏,从而达到交流、补充、综合的目的。课堂不能"浮躁"！语文课应该多角度全方位地调动学生，让学生"读中学"、"听中学"、"看中学"、"想中学"、"做中学"，激活学生的思维，让学生"内活"起来。

为了扩大语文教学的外延，我曾经想方设法让学生博览群书，但我发现学生所得甚少，不是"读书破万卷，下笔如有神"吗？我用学生爱读的《鲁滨孙漂流记》做了问卷调查，结果太令我吃惊：学生除了记得野人吃人这样的情节外，其他的都忘了。这种现状逼我反思，我决定引导学生学习精读文章的方法。譬如以记事为主的文章，我让学生这样做读书笔记：概括故事内容——品味雅词佳句——谈感受——说评价；在每节课的开端我开设了"开心时刻"，让学生自由评说。慢慢地学生不只上课评，课下还接着讨论；慢慢地学生掌握了读书方法，既能把厚书读薄也能把薄书读厚。这样积累与运用周而复始，学生的读书不再被动，效果大大改观。

三、携手同事，披荆斩棘，共同走进教育科研

2000年走上了领导岗位的我，想起了苏霍姆林斯基的一句话："如果想让教师的劳动能够给教师带来乐趣，使天天上课不至于变成一种单调乏味的义务，那就应当引导教师走上从事研究的这条幸福的道路上来。"我愿意践行这句话。

恰好这年换教材了，大家都非常喜欢这套教材。可如何贯彻新修订的大纲精神？我给全校语文老师写了一封信：谈了新大纲的精神、新教材的特点以及中考的变动，号召大家同心协力，一起攻关，研究新形势下的语文课堂教学。这样我校的语文课堂教学研究活动就正式启动了。我先带领骨干教师把所有语文教师的课听了一遍，总结出我校语文课堂教学的优点；然后我以"我能学什么"为主题开了语文教师会，会上我把我校课堂教学的优点一一列举，请教师确定"自己能学什么"。一段时间后，我又领着全体语文教师相互听课，然后反复研讨。历时一年半的时间，最终我们探索出"整体感知——局部品味——想象拓展"的阅读教学思路。整体感知就是从文章的结构、内容、感情等入手整体把握课文；局部品味就是去品味一个词、一个句子、一段话，充分挖掘教学重点和难点；想象拓展就是听说读写各方面的训练、就是各种思维的训练。让我感到欣慰的是这一教学思路至今还在影响着我校语文教师。

在这样的教研活动中，我校的一大批青年教师迅速成长起来：有的上了优质课,有的成了教学能手,有的是学科带头人。

在教学实践中,我还发现学生面对写作"愁"怅满怀,无感可发,无情可书。作文千篇一律:无论是在立意、选材、结构还是表达上,都如出一辙。为了改变这种现状,2001年我们开始了"创新写作教学研究与实验"的课题研究。

第一次搞课题实验,我们像是处在幻城里,总是在原地徘徊,一连几个周一无所获。后来。我发现初二语文组的探讨有点眉目,我马上让他们交流。他们总结出起作文题目的若干方法,虽然有些粗浅,但是从此打开了课题实验的缺口。我们总结出了一系列的语言创意方法,如改用名言法、剪贴词语法、褒贬倒用法等等。

当语言训练基本成熟时,我发现:课题实验走入了单纯的语言训练的死胡同,学生的写作水平难有新的提高。作文更需"内涵"! 于是我们又开展了课前五分钟、每周一节专题阅读、每个月一次读书报告会等一系列活动,有时事论坛、有名著品读、有时文欣赏、有流行语言积累……学生有话说了,为什么还不出"精品"?我们又决定:进行创意构思和创意形式的研究。

课题研究的后期,我们发现作文讲评对学生写作起着不可忽视的作用,又对作文讲评课进行了积极的探讨。最初,我们对学生的习作进行"大面积表扬"。但是实验中我们发现:表扬只调动了学生的积极性,未能指明学生前进的方向。我们又开始了"广泛评议"的实验。又出现了新问题:只评不练,学生只会说不会写。于是我们又研讨出"评练结合"的作文讲评课思路,这样就能有针对性地指导学生写作中的困惑。就这样,我们在前进中摸索,在摸索中前进。

在研究过程中,我每周听四节研讨课;每周主持一次评课活动;每学期阅读修改几十篇教学设计、研究论文;每学期举行一次创意作文大赛;每个实验阶段撰写一次研究报告……经过不懈的努力,我们以"坚持个性化表达,激发创新精神"为指导思想,以"创意语言"为突破口的课题实验取得显著成效,先后被中语会课题组授予"优秀实施方案"、"优秀实验学校"、"优秀阶段性成果"等荣誉称号,我校教师的论文一百多人次获得国家级一等奖;学生的作品时常出现在各级报刊上。2004年10月2日,全国"创新写作教学观摩研讨会"在我校召开! 我在会上做的专题发言——《触动心灵,飞扬创意》,得到与会专家的一致好评。当与会教师纷纷向我索要发言稿时,我内心异常激动! 凝聚着实验教师三年心血的校本教材——《创意飞扬》,也被课题组专家评为本课题十大科研成果。

现在,我又和我们二中的教师们一起,以"相互学习借鉴,真心帮助指导,共同反思斟酌,大胆实践创新"为宗旨,以"汇报课、展示课、示范课"为载体,以"科研小组"的专题攻关为突破口,扎扎实实地开展"课堂教学研究活动",经历了"特色课堂"、"本色课堂"到"绿色课堂"的研究过程,切实地提高了课堂效率。教师的课堂教学也得到了广泛的肯定:有100多篇关于课堂教学的反思论文获奖,有十几篇课堂教学论文在省级以上的刊物上发表;有36人次在各级优质课比赛中获奖;有44人次上了各级公开课;一大批教师脱颖而出,其中包括教学能手14人,省特级教师1人,市特级教师5人。学校被评为"威海市课改先进集体"。我在2006年9月在文登市教导主任论坛上做了题为《携手共进　三足鼎立》的主题发言和《故事——助教师成长的一臂之力》的专题发言,这两个发言得到了与会领导和局领导的高度评价。

2007年12月,文登二中又争取到威海市的重点课题——生命化课堂教学研究,我又把主要精力放在了"常态课"的研究上,通过专题化、系列化、规范化的集体备课、上课、议课活动,从常态课中磨炼出精品课。学校扎实开展了"四步八问"式的校本研修活动:把九科文化课分成了六个活动小组,每个小组每周活动三节课,每次都有一位教师上课,每个教师轮流上,人人有机会上课,人人有机会评课,即"每人听、每人上、每人评"的方式。可以说,这样的教研活动已经成为文登二中教师的一种文化生活方式。这些活动的开展既展示集体智慧,又彰显了个人风格,突出"资源化+个性化"的特色。

2006年,我被评为山东省特级教师我知道这都是教育科研给予我的丰厚回报!唯有经历才是最宝贵的,唯有积累丰厚的研究经验才能获得真正的成长!我愿意继续走在教育科研这条幸福的大道上。

第六节　故事,助教师成长一臂之力

作为主管业务的副校长,我一致要求自己不断提升业务水平,以便能从业务上指导老师,以自己的业务能力来影响教师,但我逐渐发现我必须从管理学的角度好好学习,团结比自己更强的力量。今天我就想谈谈我的一个具体做法:我是如何把大家喜爱的故事运用到教师管理中来的。

一、把讲故事引到管理中的缘由

自从进入新的一轮课改,各种新的理念可谓层出不穷,而我们的教师理解了多少,又运用了多少呢?教师们为什么不接纳新的理论？我思考其中的一个重要原因是:老师们总觉得那些理念离自己太遥远。也就是说我们应该拉近理念和教师之间的距离。

我想到了故事,回顾一下我们每个人的童年,哪个人没有缠着大人讲故事的经历？我校有周一间操以年级为单位开学生会的习惯。我确定了这样一个思路:针对学生的实际情况一个周确立一个主题,围绕这一主题讲一个故事,围绕着这个故事讲一个道理。我发现学生爱听了……有一次家长会,我说了班主任平日所说的话和所做的事,家长非常受感动,班主任老师更是感到温馨。我想,这就是让事实说话的魅力吧。这太多的事情促使我思考:故事能否在我的工作中发挥作用呢？

二、我尝试着,用故事和老师沟通

我想业务副校长唯一能给教师的就是:帮助老师提升自身素质,可这是个大命题,弄不好老师要有抵触情绪。那么我们不妨用故事做帮手。我曾试着从以下四个角度给教师讲故事。

三、用故事启发教师:做人要有积极的人生态度

不知大家注意没有,我们老师的心理压力是很大的。有老师在咱们面前哭吧、有睡到三点来钟就醒来的老师吧,有老师说不能干了一点自信也找不到了吧

……如果身体再有点小毛病,更提不起精气神来,究其实质,就是教师缺乏积极的人生态度。

做人要积极,说起来是空话,我就讲小故事,我还请觉得好的老师再讲给学生听,老师重复是促使他再思考,以便打开老师心灵的窗户,形成积极的人生态度。任何事物都有它的两面性,就看我们看它积极的一面还是消极的一面。我曾为老师讲过《秀才的梦》。

有位秀才考试前两天做了三个梦,第一个梦是梦到自己在墙上种白菜,第二个梦是下雨天,他戴了斗笠还打伞,第三个梦是梦到跟心爱的表妹背靠着背躺在床上。

有两个人解梦。算命的说:"你还是回家吧。你想想,墙上种菜不是白费劲吗?戴斗笠打雨伞不是多此一举吗?跟表妹躺在一张床上了,却背靠背,不是没戏吗?"

店老板乐了:"你想想,墙上种菜不是高种吗?戴斗笠打伞不是说明你有备无患吗?跟表妹背靠背躺在床上,不是说明你翻身的时候就要到了吗?"秀才信了店老板的话,精神振奋地参加考试,居然中了个探花。

这个故事要老师明白:店主就是一个有积极人生态度的人。积极的人,像太阳,照到哪里哪里亮;消极的人,像月亮,初一、十五不一样。想法决定我们的生活,有什么样的想法,就有什么样的未来。

我常说这样的笑话:你看看人家搞传销的是怎么忽悠人的,大会小会讲、人人讲,营造了一种氛围,就是所谓的"洗脑"。"氛围"是很重要的,大家都乐观向上,就能形成积极向上的氛围,咱们经常讲这样的小故事,就能把积极向上的氛围营造出来。

四、用故事诱导教师,提高素质是自身发展的需要

进入新课改以来,可能叫得最响的是"提高素质"一词,可许多老师对此麻木不仁,为什么?老师们觉得,我的目标就是学生的成绩上去,我的知识教学生足够了。

为此,我曾为老师讲过有关选择的故事。

有三个人要被关进监狱三年,监狱长允许他们每人提一个要求。

美国人要了三箱雪茄。

法国人要了一个美女。

而犹太人要了一部电话。

三年过后,美国人鼻孔里塞满了雪茄,大喊道:"火!"原来他忘了要火了。

法国人手里抱着一个小孩子,美女手里牵着一个小孩子,肚子里还怀着第三个。

犹太人紧紧握住监狱长的手说:"我的生意增长了200%,我要送你一辆劳施莱斯!"

这个故事告诉老师:什么样的选择决定什么样的生活。今天的生活是由三年前我们的选择决定的,而今天我们的抉择将决定我们三年后的生活。我们选择拖堂、罚作业、罚站……好呢,还是选择提高自己的授课水平、激发学生的学习兴趣……好呢,这是不言而喻的。选择提升自身素质,我们未来的教学之路,就会越走越宽,越走越轻松。

如果教师赞同选择提高自己,那么就要教师明白必须在繁忙的工作之余坚持不间断地学习。我也用小故事启发教师:在工作领域上,工作挣薪水就像是挑水;而我们常常会忘记把握下班后的时间,挖一口属于自己的井——培养自己的实力。如果我们去挖了,那么当我们年纪大了,即使体力拼不过年轻人时,我们依然还会有水喝,而且还能喝得很悠闲且源源不断。

学习终身化是社会发展的必然,作为一个就在学习读书的氛围里的教师,作为一个要求他人学习的教师,怎么能不成为一个真正的读书人呢?我用故事诱导教师重视理论学习,在"高度"上着力;重视业务学习,在"精度"上提高;重视广采博收,向宽度上发展,从而不断超越自我。

五、用故事引导教师,管理是需要智慧的

学生做错了事,我们是拯救还是惩罚?有的老师认为不罚不公平、不足以惩戒。罚了就公平吗?作为教师我们应该首先想到拯救,因为惩罚的目标也是拯救一个人的灵魂。其实从惩罚到拯救体现的是我们教育者的智慧。

不是曾经有这么一个故事吗?一位女歌唱家有一个私人花园。每到周末,总有外人到园子里来玩,弄得一片狼藉。管家竖起:"私人林园,禁止入内"的牌子,没用。主人又让管家竖这样一块牌子,上面写着:"若在园中被毒蛇咬伤,最近的医院距此15公里,驾车半小时即可到达。"从此再也没有人闯入这个花园。这是智慧的威力,作为教师我们就应该动这样的脑。

咱们有的老师把学生卡得紧紧地,还戏称:我就是如来佛,你再怎么跳都跳不出我的手掌心。其实,这是不明智的,这容易把学生"卡死"。我给老师讲过一则寓言故事:瓦罐和铜罐一起顺水漂流而下,铜罐对瓦罐说:你挨着,我能照顾你。按理说瓦罐应该感激涕零,可瓦罐说:你别挨着我,只要你不碰着我,我就能安全地漂流而下。讲这个故事我想达到的目的是:让教师想想自己是不是时常在做铜罐呢,总是想保护学生,反而引起了学生的不满?

教育专著上、教育杂志上都喊破了喉咙:要做智慧型的老师。老师把这个"智慧型的老师"看得太高了,其实只要认认真真地做好工作中的每一件小事,用心去做每一件小事,然后动脑去想一想今天的这件事给了自己什么,谁都能做智慧型老师。

六、用故事启示教师,教学是需要艺术的

有人说课堂教学是缺憾的艺术,而我们的老师深入思考过课堂教学的艺术性吗?你就拿课堂提问来说,教师每节课都在提问,有多少人认真思考过提问的艺术?我认为课堂提问的艺术性主要体现在难易适度上。

为阐明这个观点,我讲了这样一个故事。一帮人旅行到乡间,看到一位老农把喂牛的草料铲到一间小茅屋的屋檐上,不免感到奇怪,于是问道:

"老公公,你为什么不把喂牛的草放在地上?"

老农说:"这种草草质不好,要是放在地上牛就连看都不看;但是放到让它勉强可够得着的屋檐上,它就会努力去吃,直到把全部草料吃光。"

我们的教师是否有老公公这个艺术:为了让牛吃草而去研究草放的高度?这需要我们的教师认真对待每一个问题,看看怎样提问才能让学生"努力地全部吃光",也只有这样才能真正地提高课堂教学的效率。

我总是想以讲故事的方式促使教师反思,以反思促使教师去观察思考自己的教育教学行为,以自己的教育教学行为去观照新的教育理念,再以新的教育理念促进自己的教育教学行为。

第七节　平淡中蕴含着神奇
——我也来感悟美国教育

来到康州后,我被分到了教育相对发达的"H·K"学区,每天有司机接送,每时有翻译陪同,住在中国家庭里,又无明显的时差不适……一切是那么完美,但我的脑袋每天都很沉很沉:塞满了,因为对我来说一切都是全新的。省厅的宋全政主任说了一句话:要进行理性思考,这让我猛醒。是的,要理性思考:美国教育中有很多东西值得我学习,但我能够学习些什么？我想我能够学习的,必须是自己能够去做而且能够做出一定成绩的。

一、"目标"人人清楚

在美国,开学初,教师要向校长提交工作目标;校长要向学监提交工作目标;学监要向教育委员会提交工作目标。而且到学期末都要对照目标进行总结,总结哪些目标达成了？哪些目标没有达成？原因是什么？

我曾问初中的校长:你们怎么开展教研活动？她说,每个学期的教研活动的时间、内容是固定的:开学前一天,期中三个半天,期末前一天。学期前的一天主要根据州课程标准,研究讨论确定本学期的教学内容;期中的三个半天,主要根据教学情况,分别讨论研究教学中存在的比较重要的问题;期末前的一天要进行期末总结,评估本学期课程达成目标的情况。

我曾问小学校长的日常工作情况,一所小校的校长说,每个周三都会听取教师的汇报,教师主要汇报一周来目标达成情况;一所小学的校长说,每一个年级的美术音乐都在同一时间上,她会利用这个时间和教师交谈,请老师谈谈对自己有什么期望,能不能达到这个目标,如何达到这个目标……

州政府有一整套的做教师的标准,每个新进教师队伍的人,学校都会给他两年的时间,给他足够的机会,学校还会安排优秀教师一对一地帮助他,如果仍达不到州政府的标准,就会被辞退……

每位教师都会把每个周的教学计划发在网上,以便让每位同学明确自己的学习任务……

在初中听完了音乐、体育、美术课后,我了解到学生是根据兴趣选学相关内容的。如音乐方面,学生有的选参加乐队,有的选加入合唱团,也有的选普通课。于是我问校长:音乐、体育、美术有课程标准吗?校长说,每个州都有不同的标准,学校根据这些标准来设计、安排课程内容,再根据标准对学生进行评估,学生很清楚这些标准。州里的标准非常高,要求非常严格,大约有80%的学生能达标。达不到标准的学生,由老师个别辅导。

在高中,新生入学时,都要领一本学生手册。上面有学校的规定,学生的作业布置、学科考试,在学校可以携带的电子产品,远足会怎么样,荣誉学生的条件是什么,图书馆的规则,大学的入学考试时间、校历(学生可以把作业记在上面)……所有高中生该注意的事项,是应有尽有。我担心地问:这么详细学生能看完?高中的副校长干脆地说,开学初,学校要求家长和学生一起看,看完后要签字,如有违反,那你就不能说不知道。

……

我曾读到这样一段话:好的皇帝就如同现代足球场上的好裁判,四处都有他的身影,不知疲倦地奔跑,却从不轻易打断比赛的节奏,即使出现违规行为,也能够及时制止并及时退出,不使自己成为场上的主角。我当时就摘抄下来,看了美国的教育以后,觉得完全可以把其中的"皇帝"二字换成"教师"、"学校的负责人"。"明确的目标"就是这些"教育场"上的裁判们的标准,他们总是站在教师或学生的身后,看到教师或学生遭遇困难挫折,"裁判"们毫不犹豫地走上前去倾心帮助,看到教师或学生"犯规"时也会毫不客气地喊停,但当"队员们"意识到错误时,"裁判们"就会毫不犹豫地退出去,继续让"队员"们亲自"拼杀",亲自体验。这样,"队员"们充分享受了冲向目标的过程,在这个过程中想必也学会了太多太多。我作为一名教师,是否做到了让我的孩子们学有目标?作为一个分管教学工作的负责人,我是否做到了让教师教有目标?显然,答案是否定的。而如何做到让学生学有目标?教师教有目标?我想不能照搬美国的模式,我也搬不来。我首先想做的是让全体教师在上学期再一次学习课程标准的基础上,把"课程标准"具体成"教学目标",然后把教学目标分到每一册、每一单元、每一节课上;第二点能做到的是每位教师都要告诉学生,未来一周将要学习什么,达到一个怎样的目标;能做到的第三就点是每学期开学初就把教研活动提前安排好,不再随意增加;并且每次会议前要定主题,让教师提前做好准备。

我会不断地勉力自己逐步成为优秀的"裁判员"。

二、"观课"天天进行

当我走进课堂时,我发现节节课都有学校的负责人走进教室,手中还拿着"掌中本",不时地记录着什么？有时他们还和学生一起开怀大笑,不一会就走了,我不知道他们在干什么,所以每每遇到校长或分管教学的负责人,我都要问一句:你通过怎样的方式了解教师的工作？

初中分管教学的负责人是这样回答的:观察老师的课堂,采用了三种方式。第一种,走动式。一般走进课堂只有四五分钟的时间,观察课堂主要从以下方面来看:教学内容(或说教学目标)、学生表现、课堂环境的控制、适当的教学工具、高科技手段的运用、课堂时间的安排、教师所在的位置、教师如何教(讲、问答、练习、在旁边教导)、分组情况、环节与环节之间的过渡怎么样、教师如何去了解学生学会了没有等。第二种,是非正式观察。一般每次20分钟,先在小本子上做好记录(记录教师的行为),回来后再把记录输入电脑,写成正式报告,报告要给学监看。也要指出教师的优缺点,并提出建议。第三种,全课程观察。随时地不提前通知式的听课,观察者要把自己当成学生来听课,站在学生的角度来观察,观察学生的收获。观课后也要写成报告,要给出适当评语,给提出合理建议,但这些只限于被听课教师本人知道。

小学校长是这样回答的:到课堂上做观察,去观察教师是否受欢迎,对不同程度的学生是否有关注;师生之间是否有互动……当然观课后,我喜欢面对面地和教师沟通,每周三都和教师交谈……

高中校长是这样回答的:对有的教师,要多听几次课,不行的话,我们有固定的程序,改善教师的课堂教学。我们会给教师一张表格,要求教师什么时间达到什么程度,我们会再去听课,看一看教师是否达到了这个程度……

由此我知道了在美国"观课"是学校负责人了解教师工作的最主要途径,由此我是否可以说:他们的要求很简单,就是要教师认认真真地上好每一节课。胡锦涛总书记曾要求我们:静下心来教书,潜下心来育人。作为一名教师,我应该踏踏实实地去上精每一节课,而不要为所谓的能证明自己能力的其他东西所累,把所有的精力花在备课上;作为一名负责学校教学工作的负责人,我必须明白我所做的工作一定是为教师能上好每一节课去服务的。我需要改变的太多了:一是改变过去的一听就是一节课的做法。听几分钟就走,怕教师说自己不尊重他们,今后每天要进行一次五分钟观课;二是改变过去凡是评价教师的课我就什么都不说的做法,生怕因为自己的发言影响到教师的成绩。今后我可以找教师个别交谈,诚恳地说出自己的意见,相信每一位教师都会明白我的用心的;三是感受比较深的课,我一定做书面记录,和教师一起整理出来,帮教师出精品教学设计;四是听到差的课,不能一味埋怨批评,而要和教师面对面地交流,深挖上课教师的优点,分析其存在的问题,并写出书面建议,帮助教师形成一套改进计划,定期地和教师交流。2009 年 12 月份,我们学校就评选出了 24 位校级名师,校长让我重点帮助这些老师,我会以感恩的心,尽我所能做最结实的"梯子",帮助这些老师,让这 24 位教师的成长更快一些;我也会让这 24 名教师成为我有力的帮手,让他们每个人再带一名教师,以使我校教师的整体素质能稳步提高。

三、"教育"人人有份

片断一:到学校的第一天,我就赶上了"青少年身心健康"会,本次的会议的主题是"防止青少年吸毒、喝酒开车和酗酒"。参加的人员有:家长委员会的成员、家长代表、儿童身心健康社团的负责人、学区内的警察、牧师、家长、青少年心理辅导教师,以及学校的副校长、护士等,会议由儿童身心健康社团的负责人主持。

主持人是这样开场的:青少年酒后驾车的问题非常严重。美国允许青少年喝酒的年龄是 21 岁,而这里的有些孩子不满十二岁就开始喝酒。迈克是这个学区里唯一的警察,青少年喝酒的问题他管不过来,需要大家共同来管理。我想通过大家的努力,争取更多的支持,以共同解决青少年喝酒、吸毒的问题。下面请各位谈谈自己的想法或做法。

首先发言的是学区的警察,他一是印发了宣传小册子,希望家长要重视孩子的饮酒问题,不要不管不问;二是请州政府的警察三月份来,向家长宣传青少年饮酒的危害及毒品等对孩子的不良影响。

第二发言的是初中的副校长,他表示要组织各种活动,以给学生良好的影响。主持人对副校长说,青少年之间还存在互相攻击的现象,如起绰号、打架等,今年三月底他们要针对这些问题对青少年进行专题教育活动。

中学校长接着说,下周要在中学举行青少年捐款的活动,以培养学生的善良的品性,让学生学会关心他人。每年的二月到六月份,六年级每周都要上一个小时的预防毒品、饮酒等不良行为的课程。

　　社区休闲活动负责人也表示：社区要保证有足够的足球场、游泳池、健身房、餐厅等设施，为孩子参加有意义的活动提供帮助，并介绍了2009年的活动情况。

　　牧师认为：应该让已经毕业的学生来教育在校的学生……

　　我必须说明的是：以上所有的参与者都是义务的。

　　片断二：和学监座谈，当我问到他的日常工作情况时，他竟然说他的工作之一是发邮件给家长，告诉家长这个周学校都做了什么，下个周还会有什么活动。他说他这样做的目的是希望每位家长都能关注孩子的成长，及时了解孩子的情况，多跟孩子谈谈心……

　　片断三：1月26日，我到纽黑文的博物馆参观。对博物馆里展出的东西我可能要靠照片来回忆，让我永远不能忘记的是那天博物馆来了好几帮学生，从幼儿园的孩子到高中的学生。老师和同学就围坐在需要学习的动植物标本前面，相互交流着；博物馆的工作人员会特别提醒参加者：不要大声讲话，不要靠近学生。为避免其他人靠近，还弄了临时木栅栏……

　　片断四：1月27日，我去高中正好赶上女工程师给女生做的报告，负责人告诉我，他们是想让更多的女生走上工程师的工作岗位。两位女工程师，一位是土木工程师，一位是航空工程师。她们先播放了光碟：两位女工程师介绍了自己的生活、工作情况；然后两位女工程师讲自己是如何走上工程师这个工作岗位的。我清楚地记得土木工程师最后说：做工程师的工作会让你很有成就感，而且总是和那些富有创造力的人一起工作。怎样才能成为一名工程师呢？一是要有学士学位；二是要学习有关的课程；三是要想办法解决问题。有人说科学家是发现世界上已经存在的事情，工程师是去创造世界上没有的东西……自豪之情溢于言表。我也经常回味只有二十八岁的女航空工程师朴实的话：我小时候不喜欢提问题，怕别人笑话，后来发现其他的小孩也是问的这个问题……这句话该激起多少女生的勇气与自信呢？

　　片断五：和警察座谈。每一所高中都有一名警察，他们的主要工作是保障学校安全、为学生提供心理咨询。当我问及他的工作时，他说，如果发现学生犯了错误后，就跟他进行个别谈话，谈清有可能产生的后果；他也会组织一些活动，比如说求援船、不当驾驶等等。他觉得他工作的主要困难是和学生有代沟，但他必须要想各种办法消除代沟。高中校长介绍说：他跟学生和学生家长配合得都非常好。

所有的这些让我感受到了这里真的是:教育,人人有责、人人有份。而我为什么就成了"孤家寡人"呢,而且每当我听到家长说:老师,我就把孩子交给你了,交给你我最放心了……我就不由得升起作为教育者的"自豪感"。看到了美国教育的这些做法,我就扪心自问:我有这个能力自豪吗?教育孩子的责任不能只由我一个人挑起来,我也挑不起来,我必须发动一切能发动起来的力量!首先要请家长走进我的课堂,让家长近距离地观察到孩子的上课状态;第二,建立家长QQ群,随时和家长联系,每周向家长汇报一次情况;第三挖掘家长资源,请在自己行业做出成绩的家长给学生做报告;第四,请心理咨询师到校给学生做报告;第五,请法院的办案员给学生做报告;第六,让学生走出校门:清扫街道到烈士灵园,到老人院、福利院、医院去做义工;第七,寒暑假,可以以小区为单位把学生组织起来,或为小区居民举办晚会,或针对小区特点做点力所能及的事,或组成各种团体……可开发的教育资源太多了,只要思路清了,可走的路就很多了。

去美国的二十天,让我对自己的教育生涯进行了全方位的反思,我要像张厅长所说的那样去做:改变我能改变的,做我能做的。泰代尔曾说:人之所以为人,是因为有精神世界,有精神支撑。我希望自己能做一个具有教育情怀的人,一个永远不丢掉理想的人,一个永远不停止前进脚步的人。

第八节　躬行践履在平等交流的课堂

回首二十六的教育生涯，我始终在追寻着平等交流的课堂，始终以课堂为核心进行教学研究，始终和老师们进行着真诚的对话。但由于素养不够，我走得磕磕绊绊，得失参半。也正是清楚自己的"根基"不厚，所以一直在实践着、思考着，从没停止前行的脚步，很努力地去做一个思考型的实践者，力争在教学实践中不断自我提升。我知道有许多同龄老师早已硕果累累，而我仍在路上。

一、在自我否定中成长

从 1986 年毕业到 2000 年的 14 个年头，我一直做着班主任、教着两个班的语文。前 7 年在一所农村中学，后 7 年在市实验中学这所全市的窗口学校。这 14 年的教学之路可以用"实践—反思—改进"来概括，是在时而"柳暗"、时而"花明"中找寻理想的课堂，是在不断地自我否定中一次又一次重生。

1. 持续地向同行学习

刚毕业那会儿，学校缺语文教师，就让我教，而我一直喜欢理科，不爱教语文。不情愿的时候，领导的一句"文登师范毕业的什么都能教"让我备感自豪，从此不肯放过任何一个细节，只想着如何上好课。教古文时，为了让学生不抵触古文，我就把课文倒背如流；教《我的老师》时，为了让学生理解作者为什么那样安排七个小片断的顺序，备课时我几十次地变动提问；白天做的卷子，晚上我一定会批完，保证第二天准时讲评……就这样，学生们喜欢上了我，我也由衷地喜欢上了语文，于是，"做学生喜欢的语文老师，打造学生喜欢的语文课堂，为学生提供优质的语文教育"便成了我的梦想。如何实现这一梦想？我开始向身边的老师学习。

脑海中最抹不掉的是于波和林继海两位老师的课堂。于波老师擅长上诗歌课，课堂上她总能以浓浓的"情"打动学生，整个课堂洋溢着诗的芬芳；林继海老师擅长上现代文阅读课，他思路清晰、从没废话，是真正的"精讲"。好像在沙漠中突遇绿洲，我一头扎进他们的课堂。我的听课本上详实地记录了他们上课的流程，密密麻麻地写满了心得和反思。课后，我将听课记录翻了一遍又一遍，细心揣摩两位老师的设计意图,加入自己的想法后再请两位老师指点,然后到班级中实践。于是,蕴含诗意、思路清晰的课堂就成了我的追求。

我深知自己处于"描红"阶段,应该博采众长。所以,我还常常一个人骑着自行车到几十里地之外的学校去听课。往往起个大早,饭都顾不得吃。我更是珍惜每一次外出学习的机会。有一年去青岛听课,不巧大雨滂沱。同行的人都说:"雨这么大,还要倒几次公共汽车才能到听课地点,等赶到了,衣服早湿透了,不去了吧。"可那样的听课机会实在难得,我不能不去!傍晚,当全身湿透的我赶回旅馆时,同行的人都站在门口,脸上写满了担忧:因为我是个特别转向的人,大家都认为我迷路走丢了。不止这些,我还一有空就扎进名家的课堂实录里,仔细揣摩每一个细节,力争内化为自己的认识。

2. 不断地在实践中改进

在学习他人的过程中,我发现:简单的学习和模仿只能是"模仿秀"式的老师,要有"自我"。于是,我投入到"单元教学"的课题研究中。"单元教学",顾名思义就是由原来的以课为单位上课变为以单元为单位上课,一个单元的教学有四种课型:通读课、精读课、自读课、总结课。在教研员老师的指导下,我到全市很多学校去上研究课。实验过程中,我精心设计每一个导语、过渡语,力求做到每一种课型之间链接自然、每一个环节之间衔接精彩,逐渐地形成了自己的课堂教学风格:板块式课堂。

1991年,我第一次执教了全市公开课,听课老师们的赞许给了我极大的鼓舞,因而更加自如地游走在"板块"间,努力地让"板块"间无缝对接。当时吸引了许多同行来听我的课,教学设计拿了很多奖,还被授予"文登市优秀师范生""文登市新长征突击手""文登市教学能手""文登市优秀教师""威海市师德标兵"等多种荣誉称号。我也曾暗自得意:什么课我都能上好了,因为有"板块"这个法宝呀。逐渐地,我发觉:一堂好课,不在于板块间衔接得多么完美,而在于学生是否有兴趣学习,进而学有所得。那时我很苦恼:觉得自己刚成功了,"会"上课了。怎么一切又回到了原点呢? 很幸运,教研员老师知道了我的想法,让我参与了"听说教学"研究。"听说"是那时教材的内容,就是要培养学生"听"和"说"的能力,这种课堂学生自然要"倾听"、要"交流"。实验过程中,我发现:学生渴望有更多的机会,来展示自己;学生有自己的见解,渴望老师、同学倾听;学生并不是一无所知,并不是容器! 课堂不应该是老师的表演场,而应该是学生的发展场! 这让我顿悟:课堂,应该是师生之间、生生之间、学生和文本间的深度"交流"!而只有师生之间是平等的,课堂上才可能产生真正的交流。

在阅读课上如何贯彻这一理念?那一段时间,我很是困惑。为了上好一堂课,从目标设计、课堂构思到一个动作、一个眼神我都不厌其烦地与同事探讨。不记得上了多少节研讨课;只记得为了构思一堂课,夜深人静,还静坐在书桌前;只记得与同事探讨,一会儿情绪低落,一会儿又喜上眉梢;只记得一堂课上了又改,改了又上。课堂上,我非常注重学生表达能力的培养。我的学生在课堂上,听者能迅速抓住他人发言的要点,发言者表现得自信满满,而且思路清晰、条理分明。老师们都愿用我的学生上公开课。经过不断地反思、实践,我不再拘泥于"板块"这种模式,而形成了新的课堂风格——一个"网络"世界:师生之间、生生之间产生了心灵的碰撞,学生和文本之间产生了情感的交流。

从"板块"走向"网络",学生学习语文的兴趣直线上升,只是学习课文已经满足不了学生的需求了。于是,我把流行美文"引进"课堂,但我不想让它和学习课文的课堂雷同。我先是和学生一起总结出了一些自主阅读美文的方法,譬如以记事为主的文章,可以这样来读:概括故事内容——品味雅词佳句——谈感受——说评价。学生读完以后,就是"开心时刻":让学生自由评说。这样,平等交流由课内到了课外:慢慢地学生不只上课评,课下还接着讨论;慢慢地学生掌握了读书方法,既能把厚书读薄也能把薄书读厚。

我想,正是自己敢于一次又一次地否定自己,才能一次又一次地找到新的突破口,不断地"走过自己",因而得到了大家的承认:先后被评为威海市教学能手、威海市学科带头人、山东省"特级教师"等称号。

二、在语文教学研究中磨砺

2000年我担任了实验中学的教导副主任,分管语文教学,且一管就是5年。那5年,我走的就是一条且"耕"且"读"的路。我所谓的"耕",就是继续在语文课堂上"耕作";所谓的"读",就是去"阅读"其他语文教师的课堂。这样,我和老师之间产生了真正的交流,老师们都愿意和我一起去研究我理想中的课堂——平等交流的课堂,我们一起在"山重水复"的课堂教学之路上寻找到"又一村"。

1. 打造平等交流的阅读课堂

2000年我分管语文时恰好威海市换教材了,大家都非常喜欢这套教材。可如何贯彻新修订的大纲精神？我给全校语文老师写了一封信:谈了新大纲的精神、新教材的特点以及中考的变动,号召大家同心协力,一起攻关,研究新形式下的语文课堂教学。这样,我校的语文课堂教学研究活动正式启动了。我先带领骨干教师把所有语文教师的课听了一遍,总结出我校语文课堂教学的优点;然后我以"我能学什么"为主题开了语文教师会,会上我把我校课堂教学的优点一一列举,请教师确定"自己能学什么",并且达成了共识:课堂必须是师生、生生、人本之间的平等交流。之后,我又领着全体语文教师相互听课,反复研讨。

我们的研究历时一年半的时间,平等交流的理念已经被语文教师接收,我还总结出一个阅读课堂教学的思路:整体感知——局部品味——想象拓展。这一思路实际上就是三次交流——

交流一:整体感知,就是从文章的结构、内容、感情等入手提出问题,然后进行交流,通过学生和文本,师生、生生之间的交流让学生从整体上把握课文。

交流二:局部品味,就是根据本节课的教学目标,师生共同去品味一个词、一个句子、一段话。在品味的过程中,师生会以不同的方法反复地读,充分地交流,这样,就能让学生深入学习重点和难点;

交流三:想象拓展,就是听说读写各方面的训练。课堂上或是激情辩论,或是静静写作,或是角色朗读……无论哪一种交流,都让学生既与课文"藕断丝连",又能走出一片新的天地:视野扩大了,能力提高了。

当然,三次交流在有的课堂可能要进行两个循环,或者是"局部品味"要进行多次。我是把"板块式教学"和"交流式教学"整合,总结出了这一思路,当时在全市产生了广泛影响,我撰写的论文《也谈三步教学法》发表在《作文教学通讯》上。我校的一大批青年教师迅速成长起来:有的上了优质课,有的成了教学能手,有的是学科带头人。

我在实验之初、在实验进行一年之后分别对初一学生进行了问卷调查,调查的主题是:你最喜欢哪科课堂？原因是什么？前问卷只有29.8%的学生喜欢语文课堂,而后调查表明有82%的学生喜欢语文课堂。学生喜欢语文课堂的理由很简单:有想法我就敢说。当时,我校的语文课堂上常常是这样的:"老师,我有不同意见""我认为我的做法很有创意""我觉得自己的发言挺精彩,大家掌声鼓励一下,好吧""我还有个问题,想请大家一起思考一下"……我们认识到:产生交流的前提是"平等",只有让每个学生感到被尊重了,有话语权了,学生才有可能思维活跃,发言积极。

2002年,我到临沂师院参加省级骨干教师培训,有机会全面深入地了解"对话教学"。我到师院的图书馆,把所有关于对话教学的文章都找了出来,仔细阅读。后来,又全部复印了,带回学校和老师们一起学习。这次理论学习,让我明白了只有像大海一样敞开胸怀,才能迎接源源不断的活水。所以,不管是人文类书籍,还是教学类刊物,我一有空就泡在书堆里。渐渐地我与鲁迅、托尔斯泰、毕淑敏有了心灵的交流;和叶圣陶、陶行知、苏霍姆林斯基有了思维的碰撞……书净化了我的灵魂,开阔了我的眼界,提升了我的理念,也丰厚了我的文化底蕴。

2. 探究平等交流的写作课堂

"平等交流"走进了阅读课堂,那么另半壁江山——写作教学怎么办呢?此前,我的写作教学非常重视"周记",周记就是"随笔",因为我觉得"随笔"最能写出真情实感,而只有写出了真情实感的作文,才能真正地让学生和自己的内心、和这个世界产生交流。虽然每周我都拿出一节课宣读优秀"随笔",但总是不能大面积地全面地提升学生写作水平。所以,我就想怎么才能让写作课堂上产生"思维的碰撞"?从而总结于适合于自己的、他人也可借鉴的方法。2001年,我申请到了国家级课题——"创新写作教学研究与实验"。于是,我带着我的团队向"写作教学"发起了冲锋。

一开始我们就本着"平等交流"的原则,走进了课堂,但我们像是处在幻城里,总是在原地徘徊,一连几个周一无所获。后来,初二的学生提出来了不会起作文题目(当时盛行材料作文),我就和初二语文组一起集中精力研究如何起作文题目。我们先是梳理了课文的题目,又把学生喜欢的美文题目汇总,总结出名家起题目的若干方法,虽然有些粗浅,但有了意外的收获:师生共同意识到了作文的语言要有创意,从此打开了课题实验的缺口。我们让学生通过"五步交流"法习得创意语言,即寻找创意句子——总结方法——仿写创意句子——分析所用方法——创作创意句子。这样,几经反复,学生们总结出了一系列的语言创意方法,如改用名言法、剪贴词语法、褒贬倒用法等等。

当语言训练基本成熟时,我发现:课题实验走入了单纯的语言训练的死胡同,学生的写作水平难有新的提高。作文更需"内涵"!于是我们又开展了课前五分钟、每周一节专题阅读、每个月一次读书报告会等系列活动,提供了时事论坛、名著品读、时文欣赏、流行语言评说等交流平台……学生有话说了,为什么还不出

"精品"？我又决定：进行创意构思和创意形式的研究，提炼出了"细节再现　强形象""类别分明　清整体"等多种构思形式。在此期间，我们还进行了思维训练，如，想象能力的培养、逆向思维、发散思维能力的训练。这些训练放飞了学生心灵，让学生走出了思维定势。就这样，我们在前进中摸索，在摸索中前进。

　　后来，我发现作文讲评对学生写作起着不可忽视的作用，但绝不能走过去的老路：老师说说主要优点、主要缺点。要让作文讲评课也成为"平等交流的课堂"，于是我们又对作文讲评课进行了积极的探讨。最终，我们探讨出这样的上课思路：广泛评议——大面积表扬——针对训练。"广泛评议"是指学生写完作文后马上互换，从三方面进行评议。第一：本次作文的要求是否达到；第二：有哪些富有创意的词句；第三：各抒己见找优点。每位批改者须将对方的闪光点制成卡片，标明作者、题目。这样，每位同学的习作都被欣赏，每位同学都在欣赏别人。学生评议完了以后，老师要收上来：一是要看学生评得怎么样，二是汇总学生的评议；"大面积表扬"主要有五表扬形式：榜上有名、登台亮相、擂主争夺、名作珍藏、创意积累。这样，大部分学生被表扬，全体学生都动起来了：说，写，互相交流；"针对训练"，一"练"指导目标，二"练"讲评目标，三"练"语言。这样前面评议和表扬所激发出来的热情就找到了用武之地，学生"修剪"文章得心应手，他们的文章就自然就再现美丽。

　　在研究的过程中，我每周听四节研讨课；每周主持一次评课活动；每学期阅读修改几十篇教学设计、研究论文；每学期举行一次创意作文大赛；每个实验阶段撰写一次研究报告……我欣喜地看到：平等交流的理念走进了写作教学的课堂。我校教师多次执教全市写作公开课；孙忠莲、王淑芹、王炳丽等老师执教了国家级的写作研讨课；我校教师的论文一百多人次获得国家级一等奖；学生的作品时常出现在各级报刊上，学生的作品专集——《凤凰初飞》成了我校学生的最爱。我们还编写了校本教材——《创意飞扬》。2004年10月，全国写作研讨会在我校召开，我在会上做了题为《触动心灵　飞扬创意》的经验交流。2005年9月，在威海市初中语文骨干教师暨新教材培训会上我做了题为《拨动心弦，抒写生活》的报告。

　　这时，我在《中学语文教学参考》上发现了"余映潮50讲"，他的六种阅读教材的艺术、六种处理教材的艺术、八种课型的设计艺术、七种教学思路的设计艺术等等，打开了我的思路，让我不再拘泥于一种上课思路，而是在平等交流的理念指导下，实践着多种思路，有很多的"变式"。因此，2006年，市教育教学研究培训中心让我培训了全市的语文教师:先是上了一节公开课——《在山的那边》,然后做了报告——《如何处理教材》。这次报告会,促使我把自己的"平等交流"的教学理念进行了全方位的梳理,因而,2009年我被评为第二届齐鲁名师人选和山东省优秀教师。

我曾这样总结自己探索"平等交流的课堂"之路:最近的路,有时是最慢的路——走的人多,反而拥堵;最弯的路,有时是最快的路——走的人少,反而快捷。最近的"路",是直截了当地闯入,常吃闭门羹,反而最远;迂回的路,看似绕远,却能登堂入室,反而最快。我和我的团队徜徉在重山复水中,一路欢歌,一路收获。

三、在校本教研中行走

2005年我调到了文登二中,担任了教导主任,2008年又担任了二中的副校长。于是,我将研究的视角从语文课堂拓展到全部课堂。如何将我的"平等交流"的追求转化为全体教师的追求?我想只有"平等交流",和各位老师的平等交流!我愿意和老师们互诉困惑,碰撞思想。我暗自想:校本教研就是我和老师们交流的平台,就是我和老师们共同成长的舞台!

1. 让老师们在课堂实践活动中争鸣

文登二中是2003年才由高中变为初中的,老师们来自四面八方,每年增加的教师都在30人左右,老师们在一起磨合的时间太短。我也是初来乍到,对老师们的课堂是不了解的。从哪入手了解?从骨干教师。于是,我召开了骨干教师座谈会。通过交流,我了解到骨干老师们是"自然发展":来到新学校,大家都按照原来的轨道前行。我想,这也是好事,"百花齐放"嘛。那怎么才能"百家争鸣"呢?叶澜教授认为:教学实践,"成事成人"。我决定让老师们在课堂教学实践中产生交流,产生碰撞,从而"达成共识",而不能把"平等交流"的理念硬塞给老师。于是,我组织了系列课堂教学实践活动。

首先是"创特色、展风格"活动。目的让教师们扬长避短、发挥潜能、释放魅力,逐步形成自己的课堂教学风格。这一活动历时一学期,分为四个阶段实施。第一阶段是"试一试,初露特色"。要求每位教师上一节能突出自己特色的课。第二阶段是"扶一扶,把握方向"。要求每位老师思考三个问题:自己在课堂教学中最突出的优势是什么?今后的课堂教学应该向哪个方向发展?如何进一步完善自己的课堂教学?并在学科组内交流,其他老师根据听课情况提出建议。第三个阶段是"赛一赛，展示风格"。比赛时要求"四同"，即同一学科、同一年级、同一天、同一节课。各教研组先进行集体备课，然后个人在集体备课的基础上进行个性化备课，最后大家同上这一节课，促使教师充分展示出自己的风格。第四个阶段是"促一促，完善风格"。每位教师进行两类问卷：一是问其他老师：我还能改进什么？二是问学生：目前的课堂，你最喜欢什么？你最不喜欢什么？然后，反思改进。

整个活动可以概括为"反思—对话"，"反思"是教师的"自我交流"，"对话"是老师间的相互交流。这让他们真切地感受到课堂教学活动丰富的内涵和蓬勃的生命，成就了一大批特色教师。在张扬个性、突出特色时，有一些老师为展示自己，把课堂搞得"五彩缤纷"。而过分追求新鲜的东西，就导致一些课堂教学形式主义过重；有一些教师心气浮躁，甚至把传统教育中的精华也摒弃了……甚至是学生喜欢的课堂，学生的基本素质却难有提高。

怎么改进？诊断学生，问卷老师，寻找课堂的问题所在。有位老师如是说：学生无兴趣不行，无刻苦不行，无背诵不行，无习惯不行，无检测不行，无'分'也不行……既要知识又要能力。

于是，我们把目光锁定在"目标教学"上，提出每节课都要让学生学有所得。从抓实备课、上课、检测、批改、讲评、反馈课堂教学六环节入手，通过课例—反思—引领—互助—再实践的过程，达到提高课堂教学有效性的目的。我们尤其重视课堂小测，为此我设计了三次"对话"进行研究：依据目标确定小测内容——依据小测结果评价教学过程——依据评价结果矫正课堂。这一过程让老师之间，老师和自己、文本、教学过程、评价之间，有了更深入的交流。

活动中，教师们一起深入研究课堂细节，努力做到每节课都让学生学有所得，有效地纠正了课堂教学的"浮躁"现象。我也和其他老师一样，反思自己的课堂，学习他人的课堂，更加突出了自己的优势——学生交流充分、课堂积累丰富；明确了自己的发展方向——目标明确、问题精粹、品读细腻、交流有效。一年多的时间里，我就做了四场报告，上了四节公开课。

抓"有效性"，让不少教师回归"老路"，把课堂当成了"训练场"，一味地进行知识技能的训练。我随即提出把"如何在丰富学生知识经验的基础上，培养学生能力，使学习成为快乐的情绪体验"作为课堂教学的目标，这是我们的理想课堂——绿色课堂。

我在全校推行了绿色课堂四步实践活动:第一步是"找一找,引来绿意"。请科研小组中的佼佼者上示范课,课后请老师找一找:示范课中的哪些优点自己已经拥有了,哪些是自己今后要努力做到的;第二步是"学一学,扩大绿意"。打破学科界限,让教学风格不同的老师结成对子,每个周互听两节课,做到"择其善者而从之,其不善者而改之";第三步是"上一上,展示绿意"。请每位教师都来上一节自己心目中的绿色课;第四步"辩一辩,铺开绿意"。通过"自由论坛",大家深入讨论:到底怎么做才能让课堂更贴近"绿色"。

活动中,教师们相互观课、相互评课、分享经验,涌现出很多优秀课例;我校的课堂教学经验《聚集课堂改革,提升教学质量》得以向全市推广,后来发表在《中小学校长》上;在威海市第二届教育科研总结大会上,我做了题为《学习 反思 前行》的典型发言,学校也被评为威海市教育科研先进单位;我的反思文章——《反观语文课堂教学》、《带着思想上路,抓牢教育科研》、《故事——助教师成长的一臂之力》等文章陆续发表。

2. 让老师们在主题教研中碰撞

通过创风格、抓目标、提兴趣这三大课堂实践活动,让老师之间展开了有效对话,更让"平等交流"的理念转化为教学实践。我深知,彼此之间能够"平等交流"的前提是参与交流的每一方都有自己的见解。渐渐地我发现要想让学生大胆交流,必须要培养学生的思考习惯,这就要求学生能够进入深度的学习状态。于是,我又将目光盯在了自主学习能力培养上。2009年,我又和老师们开始了"自主能力培养"为主题的课堂教学研究。我想通过自主课堂解决两大问题:一是教师讲得多;二是教师知道学生间存在着差异,却没有给予关注。总之,要解决课堂"思维含量"不高的问题,因为没有积极的思考,就没有高质量的交流。

为了让全体教师自觉地加入到"自主能力培养课堂教学研究"的行列中来,我总结出了"四步八问"式校本教研。第一步是集体研讨,撰写学案。即以备课组为单位确定上课内容,在深入钻研教材基础上,集思广益,达成共识,撰写学案。第二步是自主备课,突出个性。即每位教师在学案的基础上,形成自己的备课。第三步是一人上课,大家议课。就是一人上课,大家都来听都来议。第四步是共同修改,人人实践。就是听课、议课之后,大家都来修改教案,然后分头上课。在每一步中,每一位教师都要思考两个问题,再进行集体研讨,找出存在的问题,再对教学过程进行反思。这种循环式的对话,能够从常态课中磨炼出精品课,能够挖掘教师成长的内核,逐渐形成"看别人的课堂,说别人的课堂;看别人的课堂,想自己的课堂;走近别人的课堂,改进自己的课堂;人人成长,人人发展"的氛围。在这样的氛围中,我们陆续进行了设计课堂任务、学生参与面、合作学习分层要求、分层设计作业、提炼教学模式等等研究。

经过反复实践,我总结出了自主课堂的四步教学流程:抛出问题,启动思维;任务驱动,独立思考;抓手清楚,合作交流;反馈练习,巩固提升。这个流程主要包含了三种形式的学习:自主学习、合作学习、交流学习。我认为,自主学习是基础,合作学习是梯子,交流学习是升华,三者之间是"层层递进"的关系。这三种学习形式可以循环使用,每一种学习形式的用时依据学情来定,不强求每个循环用全三种学习形式。这样,"平等交流课堂"的研究走到了更高的层次,我的《心田上的百合花开》《艰难的国运和雄健的国民》均被国家课程资源库收录。

我与老师的"交流"也更加通畅,"交流"也融入每一位教师的血液。为进一步优化校本教研,真正形成学校文化,经过一年多的跟踪调研,我总结出了校本教研的三步曲:问题的聚集与解决——组织具有鉴别力的对话——策划具有竞争力的比赛。问题的聚集与解决,即在教研中,遵循"寻找问题——解决问题——反思问题"的思路,让教师能够对问题的内涵进行"确切表达",并能结合亲身体验进行"实践改进";组织具有鉴别力的对话,即着力为教师打造全方位的交流平台,以此引导教师在积极主动的倾听与回应中"分享精神和经验",进行"自觉有效的反思"。为了确保成效,我还对研讨和交流的每个阶段及每个阶段包含的具体操作步骤都做了明确规定,使其标准化、制度化,便于操作;策划具有竞争力的比赛,即我将校本教研与教学实践相结合,通过组织形式多样的比赛,有效实现了对迫切希望指导的教师帮他们"登高",对盼望展示自己才华的教师给他们"搭台",对害怕展示自己的教师为他们"加油"的目的。我的总结文章《推行教研三部曲 提升研究品质》于2011年1月发表在《中小学校长》上。

这样的校本教研,使我校教师迅速成长:在市优质课评选中,获得第一名的大多是我校教师;2007年我校5位老师被评为威海市教学能手,占了文登市初中总数的三分之一;在2009年文登名师的评选中,我校有8位教师当选,占初中总数的四分之一;威海名师评选中,文登8位教师当选,我校就有5位。文登三个课程团队被评为威海市名课程团队,我校就有两个;学校也被评为教学示范校;10年评选威海市学科带头人,我校有4人名列其中……

2010年1月,作为齐鲁名师人选,我随团赴美国康州考察学习。我像一名虚心向学的小学生,望、问、听、记,留下了大量的第一手资料。看了美国的教育后,我思考最多的是:当一个孩子从中学毕业时,我们希望看到他具备哪些基本素质?然后,我从"目标"人人清楚、"观课"天天进行、"教育"人人有份三个方面做了一些改革工作。特别是和老师们一起学习了《课堂观察——走向专业的听评课》、《听课的变革》等课堂观察方面的理论,改变以往教师被动地听课的局面,从课堂观察的角度,去审视"平等交流的课堂",进而不断地改进课堂。现在,我校教师不断被邀请展示课堂观察的全过程。今年,我又被评为威海市有突出贡献的中青年专家,自主学习能力培养课堂教学研究获得威海市首届年度教育科研创新成果一等奖。

"难",绝对是生命中幸福的开始;"易",绝不是该庆幸的事。我明白,耐力是一种智慧;坚持走难走的路,必定能见到不寻常的美景。我也知道凭自己的能力是走不出去多远的,但我会一直躬行践履在课堂教学的研究之路上——一路跋涉,一路向前。

后　记

古人著书往往几易其稿,到最后几乎不见初稿的影子。我虽然不敢跟古代名士相比,可是写写停停,停停写写却是在推翻、否定到建立、创新的煎熬中走到现在。

从做教师开始起,就一直坚持一直走在改革的路上,到今天我尝试建立自己的教学体系,这是一次巨大的挑战。鲁迅曾在小说《故乡》说过这样一句话:地上原本没有路,走的人多了才成了路。的确是这样,我提出的"白描语文",还只是在一个摸索的阶段,我不知道能不能走出"路"来。

书中从阅读教学到写作教学、拓展教学,我们都倡导一个"简"字。"简约而不失丰满"这是比较难以把握的度,因为外表看起来朴素的东西往往容易被人忽视,华丽和热闹往往更易吸引人的关注。这就要求我力排众难,用开拓者的姿态,去跋山涉水。好在我得到了上级的大力支持,也得到了师生家长的认可,这是令人欣慰的。在写书的过程中,我还得到了各位同仁的热情帮助,在此,对所有关心和支持该书的朋友一并表示感谢。

即便如此,书中还是有很多遗憾,书中积累了我们教学中大量的教学实例,这些实例来源于我们的教学实践,有切实可行性,有借鉴意义。可是在梳理归纳成教学理念的过程中还有很多不够成熟的地方,等待我进一步去考证、探究。并且书中所谈多是个人的私见,私见与偏见是近邻,因而它可能不妥当,甚至错误。因为有此可能,所以希望读者不要过于朴厚,听见什么都信以为真。可抱着怀疑的态度,批评指正的态度进行阅读——即使可信,也总当在自己的脑子里旋转一下,然后首肯才是。

回想写书的过程我一直战战兢兢,如履薄冰,因为我做的一切都是从零开始。细细想来,我从二十年前作为文登区实验中学一名普通的语文老师,到今天担任这所学校的校长,这是一个漫长的成长过程。是学校的成功教育和创新文化滋养了我,它让我在这方热土上乐于耕耘。

在前行的过程中我常有"等待死亡的来临或痛苦更新"的选择:常常在非常有成就感的时候,发现自己什么都不会了。这时,我总会去读一读"老鹰再生"的故事:老鹰是鸟类里寿命最长的,一生可达古稀之年。据说要活那么长寿命,它在而立之年必须做出艰难而重要的决定。当老鹰活到40岁时,它的喙变得又长又弯,几乎碰到胸膛,无法有效地啄准猎物;它的爪子变得老化不堪,几乎成为累赘,无法直刺苍穹。它只有两种选择:等待死亡的来临或痛苦更新。为了生存,它只能选择后者。15天漫长的操练,它必须努力地飞到山巅,在悬崖上筑巢,栖息在那里,不得飞翔。老鹰首先用它的喙击打岩石,直到完全脱落,然后静静地等候新的喙生长出来。它会用新生长出来的喙把指甲一根一根地拔出来,等新的指甲生长出来后,它便把羽毛一根一根地拔掉。5个月以后,新的羽毛生长出来了。终于"老鹰再生",重振雄风,再过30年的辉煌岁月。

我告诉自己必须选择老鹰的勇气——"再生喙、再生指甲、再生羽毛",让自己的语文教学再上台阶。

一直以来,我都坚持"且行且思,且思且改"。被印度哲学大师奥修当作祷文的是这样一句话:当鞋合脚时,脚就被忘记了。脚被忘记,是因为脚处于"忘我"状态,工作得非常好;反之,如果鞋不合脚,脚疼了,就会被时时记起。我想,教育学生也是这样的。当我的语文教学适合学生时,学生就忘记了自己在学习,忘记了自己是在课堂上,甚至忘记了自己,真正进入了"投入"的境界。我一直在追寻着这样的境界,我知道我还离得太远太远,但我告诉自己走只要一直走下去,一定会越来越近。

曾读过一篇名为《三句话教出皇帝作家》的小文章。文中有这样的一段:

在花圃前,母亲指着那些青翠欲滴的果木,语重心长地对二月河说:娃,你仔细看着这些树木果瓜,记住三句话。

一是丝瓜、豆荚长得快,一晚上就能长一大簇,水杉长得慢,但最后长得高、长得壮的是水杉。人不怕成长慢,就怕不努力。

二是丝瓜、豆荚尽管长的长,却靠攀附树木,没有对别的树木的攀爬,它就长不成。人不要靠攀附别人，得靠自己。

三是桂花不嫁接，就会丛生，长不成大树，嫁接后，才能长成桂花树。人要学习，通过学习，去转换自己，发展自己。

这三句话成就了一个皇帝作家，更给了我深刻的启示：尽管我不够智慧，但相信只要我不懈努力、不断学习，我的白描语文教育之路就能越走越远。

管红丽

2014年5月26日